# 図録日本国憲法

斎藤一久・堀口悟郎 編

第2版

石塚壮太郎
岩垣真人
大野悠介
小川有希子
奥 忠憲
河嶋春菜
久保田祐介
城野一憲
平良小百合
髙橋基樹
徳永貴志
橋爪英輔
前硲大志
三上佳佑
棟形康平
山本真敬
著

弘文堂

# 第2版 はしがき

2018年に初版を刊行した本書は、おかげさまで大変好評をいただき、多くの読者を得ました。大学の憲法の授業だけではなく、高校教育、社会教育の場などでもご活用いただきました。そして海も越え、ウズベキスタン、モンゴル、ベトナム、カンボジアなどにある名古屋大学日本法教育センターのサテライトキャンパスで日本法を勉強している学生も、本書を読んでくれています。2021年には、姉妹書として『図録知的財産法』も刊行され、シリーズ化もしました。そして何といっても、新型コロナウイルス感染症拡大による遠隔授業の間も、本書が版を重ねたことについては、この場をお借りし、読者の皆様に感謝を申し上げたいと思います。

今回の改訂の大きな特徴は、2色刷りにした点です。また内容も最新の情報にアップデートしました。この間、最高裁では、沖縄の孔子廟事件で違憲判決が下されるなど、憲法をめぐる動向には大きな動きがありました。さらにAppendixとして、法令・判例の調べ方、条文の読み方、試験の答案やレポートの書き方など、さらには「情報社会と憲法」について掲載しました。新進気鋭の若手憲法学者3名に新しく加わっていただき、総勢18名の憲法学者が執筆陣となっています。

今回も、弘文堂の登健太郎さん、デザイナーの宇佐美純子さんには、製作・編集にあたり大変お世話になりました。記して感謝申し上げます。

斎藤一久　堀口悟郎

## 初版 はしがき

「教科書を忘れても、資料集は必ずもってきなさい」。高校生のとき、社会科の先生がいつもこう言っていました。教科書の内容は授業で説明するから、教科書を忘れてもなんとかなる。でも、資料集に載っている写真や図表は、実際に目で見ないと意味がない。だから、授業では教科書より資料集のほうが重要だと。たしかに、高校などで配られた資料集には、印象的な写真や、スッキリと整理された図表が、たくさん載っていましたよね。ところが、本書のテーマである「憲法」も含めて、大学で学ぶ科目には、残念ながら資料集がほとんど存在しません。そこで思い立ちました。ならば、私たちが「憲法の資料集」をつくろう！

こうして誕生した本書『図録 日本国憲法』には、大きな特徴が3つあります。

第1に、本書の主役は文章ではなく、写真や図表などの視覚的なコンテンツです。たとえば、本書の56ページ〔第2版では58ページ〕をご覧ください。その左上には、国民学校の生徒たちが整列し、体の前で銃を縦に構えている写真が載っています。これは「捧げ銃」という軍隊式の敬礼で、その先にある奉安殿には、教育勅語（教育に関する天皇のお言葉）や御真影（天皇・皇后の写真）が納められていました。百聞は一見に如かずと言いますが、戦前における教育の実態について、いくら言葉を重ねても、この1枚の写真にはかなわないでしょう。

第2に、本書は、単なる資料集ではなく、資料集と教科書の「いいとこ取り」をしたテキストです。つまり、写真や図表などを豊富に掲載し、一般的な教科書では扱われていないような最近の時事問題を積極的に扱い

つつも、伝統的な憲法学の体系に基づいた構成をとり、憲法の授業で学ぶべき事項をほとんど網羅しています。そのため、本書は、大学で教科書や参考書としてお使いいただくのはもちろん、18歳選挙権の実現により主権者教育の充実が期待されている高校での発展的な学習教材としても、また憲法にご関心のある一般の方々に憲法学の入門書としてお読みいただくのにも適していると思います。

第3に、本書の執筆者は、ほとんどが30代前半の若手です。学生時代から授業評価アンケートが実施されていたような世代ですから、自分自身が教壇に立つようになってからも、学生が退屈するような授業だけはすまいと、日々創意工夫をしています。憲法はどうしても難解な印象をもたれがちですが、本書には私たちがこれまでに重ねてきた創意工夫が存分に盛り込まれていますから、わかりやすさと面白さには自信があります。

本書には、最大の功労者がおふたりいらっしゃいます。1人目は、弘文堂の登健太郎さんです。登さんには、原稿を細部に至るまで極めて丹念にお読みいただき、いくつもの貴重なご指摘を頂戴しました。また、百数十枚もの写真等の掲載交渉も、登さんがたった1人で担当してくださいました。2人目は、デザイナーの宇佐美純子さんです。宇佐美さんは、執筆者が無数に繰り出してくるワガママな要求に120％応えてくださり、とてもセンスのいいイラストや図表を作成してくださいました。本書のオシャレな装丁も宇佐美さんの作です。おふたりのご尽力がなければ、本書の完成はありえませんでした。深く御礼申し上げます。

執筆者を代表して　斎藤一久　堀口悟郎

# 目次

# 判例日本地図

本書に掲載されている主な憲法判例を日本地図で整理してみました。本書にはこのほかにも多くの判例が紹介されています。皆さんの地元の判例を探してみてください（旅行のついでに「ご当地判例」の現場を巡るというマニアックな楽しみ方もありますよ！）。

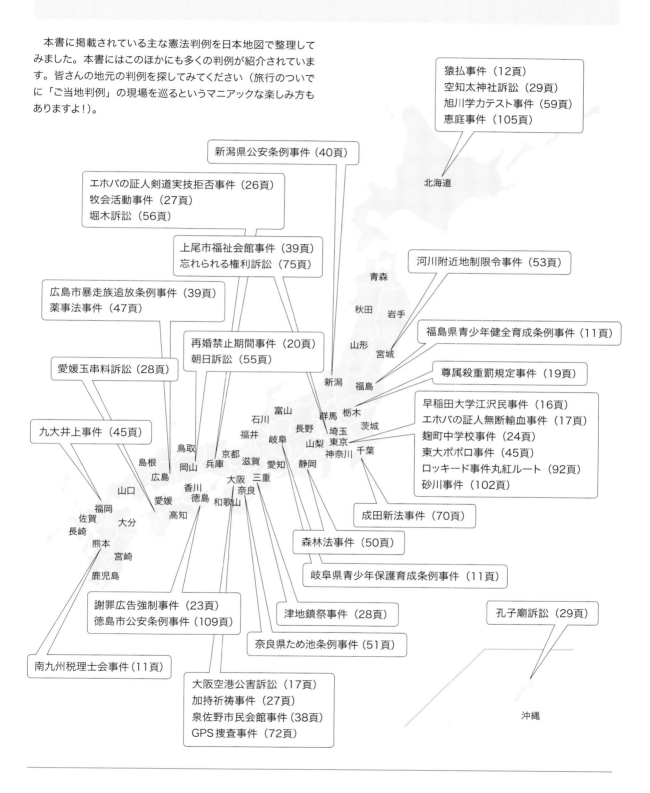

猿払事件（12頁）
空知太神社訴訟（29頁）
旭川学力テスト事件（59頁）
恵庭事件（105頁）

新潟県公安条例事件（40頁）

エホバの証人剣道実技拒否事件（26頁）
牧会活動事件（27頁）
堀木訴訟（56頁）

上尾市福祉会館事件（39頁）
忘れられる権利訴訟（75頁）

河川附近地制限令事件（53頁）

広島市暴走族追放条例事件（39頁）
薬事法事件（47頁）

再婚禁止期間事件（20頁）
朝日訴訟（55頁）

福島県青少年健全育成条例事件（11頁）

愛媛玉串料訴訟（28頁）

尊属殺重罰規定事件（19頁）

早稲田大学江沢民事件（16頁）
エホバの証人無断輸血事件（17頁）
麹町中学校事件（24頁）
東大ポポロ事件（45頁）
ロッキード事件丸紅ルート（92頁）
砂川事件（102頁）

九大井上事件（45頁）

成田新法事件（70頁）

森林法事件（50頁）

岐阜県青少年保護育成条例事件（11頁）

謝罪広告強制事件（23頁）
徳島市公安条例事件（109頁）

津地鎮祭事件（28頁）

孔子廟訴訟（29頁）

奈良県ため池条例事件（51頁）

南九州税理士会事件（11頁）

大阪空港公害訴訟（17頁）
加持祈祷事件（27頁）
泉佐野市民会館事件（38頁）
GPS捜査事件（72頁）

# 1 憲法とは何か

## I 憲法のはじまり

↓ウル・ナンム法典

Bridgeman Images／アフロ

↓マグナ・カルタ

アメリカ国立公文書館

人類の誕生は700万年前といわれているところ、世界最古の法典はメソポタミア文明にさかのぼります。最も有名なのはハンムラビ法典ですが、最古の法典はウル第3王朝初代のウル・ナンム（紀元前2115〜2095年）がつくらせたウル・ナンム法典といわれています。

世界で最初の憲法となると、1215年のイギリスのマグナ・カルタ（大憲章）になります。これは、議会の同意なく課税することを禁止するなど、王権を法で拘束することが文書として確認されたものであり、まさに「憲法（constitution）」、そして「立憲主義（constitutionalism）」（☞18-1）の源流として位置づけられます。

憲法によって国家権力を制限するという技術は、近代に入り、イギリス、アメリカ、フランスなど、国民の自由や権利を守るために国家権力を制限するという近代立憲主義として精錬され、現在に至っています。憲法は、人類の歴史に比べれば、そこそこ800年程度の歴史しかありませんが、国家をつくり、そしてそれを運営するうえでは重要な知恵といえます。

## II 世界の憲法

↓外国語で憲法は？

| 日本語 | 憲法 |
|---|---|
| 英語 | Constitution |
| ドイツ語 | Verfassung |
| フランス語 | Constitution |
| スペイン語 | Constitución |
| ロシア語 | Конституция |
| 中国語 | 宪法 |
| 韓国語 | 헌법 |
| アラビア語 | دستور |

筆者作成

現在、国連加盟国は193か国ですが、そのうち日本国憲法のように1つにまとまった憲法典を有する国は180か国ほどといわれています。2011年に独立した南スーダン共和国も、憲法典を有しています。またカトリックの総本山であるバチカンは、国連ではオブザーバー国ですが、憲法典をもっています。

憲法の内容は各国の歴史や体制などによってかなり異なります。アメリカの憲法には奴隷制の禁止や銃をもつ権利が定められているのはよく知られていることでしょう。フランスの憲法には国旗・国歌が定められており、死刑の廃止も定められています。ドイツの憲法には標準時や度量衡の規定が、フィリピンの憲法には人権教育の規定があったりします。憲法でコーランが最高法規であると定められている国もあります。

世界を見渡すと、いろいろな憲法がありますが、日本の憲法はアメリカの影響が大きい一方、ドイツ、フランスなどの影響も多く受けています。たとえば生存権の議論でプログラム規定説（☞13-1②）というものがありますが、これはドイツのワイマール時代（1919〜1933年）に提唱されたものです。

1983年に国際憲法学会が設置され、世界の憲法学者が4年に1回集い、憲法に関する議論をしています。1995年には東京で開催され、2018年の第10回大会はソウルで開催されました。ソウル大会では、世界の約80か国から500人の憲法学者が参加しました。憲法は国際的にも重要な議論の的なのです。

↓国際憲法学会ソウル大会

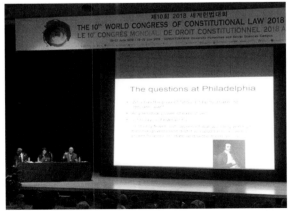

筆者撮影

---

★○×問題でチェック★

問1　イギリスのマグナ・カルタは、憲法の源流である。
問2　日本の憲法学は、ドイツの影響はあまり受けていない。

## 1　日本における「憲法」

　日本で憲法といえば、厩戸皇子（聖徳太子）が604年に制定した十七条憲法が思い浮かぶでしょう。マグナ・カルタより600年も早いことになりますが、十七条憲法は役人の心得ですので、憲法学で学ぶ「憲法」ではありません。現在の「憲法」は、英語の constitution の訳語です。英語の辞書を引くと、「憲法」のほかに、「構成」「組織」「構造」という意味もあるように、憲法は国家の組織構造を定めているものなのです。

　十七条憲法の次には、大日本帝国憲法（明治憲法）が思い浮かぶでしょうか。これは今の「憲法」に近くなります。大日本帝国憲法では、「天皇ハ国ノ元首ニシテ統治権ヲ総攬シ」とあるように、天皇が主権者でしたが、「天皇ハ……此ノ憲法ノ条規ニ依リ之ヲ行フ」として、天皇も憲法により拘束されることを定めており、立憲主義的要素も存在しました。

　そして、現在の日本国憲法です。日本国憲法は国民主権（☞ **18 - Ⅲ**）を採用し、人権についても自由権・平等権だけでなく、社会権など、多くの自由・人権が規定されました。また国会・内閣・裁判所という三権分立を採用し、とりわけ違憲審査制が採用されていることは画期的です（☞ **18 - Ⅱ**）。

　小学校や中学校では、日本国憲法の三大原則を学びました。国民主権、基本的人権の尊重、平和主義です。国民主権は前文と1条に、基本的人権の尊重は第3章に、平和主義は9条に規定されています。この3つは日本国憲法の特徴を表す重要なキーワードです。

　三大原則と並んで、三大義務も、小中学校では学びました。勤労の義務（憲法27条）、納税の義務（同30条）、教育を受けさせる義務（同26条）です。しかし、勤労の義務といっても、罰則などが定められているわけではないので、憲法は心構えを説いているにすぎません。また小中学校に通わせない親に対しては学校教育法で10万円以下の罰金が科せられますが、実際には不登校などの理由で学校に通えない子どもたちの親に罰金が科せられているわけではありません。

　これに対して納税の義務は別です。脱税はもちろんのこと、税金の滞納も所得税法・法人税法などで厳しく罰せられます。もっとも他の国の憲法に納税義務の規定があまりみられないことからすると、憲法レベルでは他の義務と同じように、単なる心構えを説いているにすぎないともいえます。

↓厩戸皇子（聖徳太子）

public domain

## 2　日本国憲法の位置

> **98条1項**　この憲法は、国の最高法規であつて、その条規に反する法律、命令、詔勅及び国務に関するその他の行為の全部又は一部は、その効力を有しない。

　日本には様々な法令があります。まず国会でつくる法律です。命令として内閣が定める政令、各省庁が定める省令があり、衆議院や参議院それぞれの議院規則、裁判所の規則などがあります。なお憲法98条には規定されていませんが、外国と結ぶ条約、地方議会が定める条例などもあります。

　たとえば大学について定めているのは教育基本法ですが、より詳しく定めているのは学校教育法で、大学の修業年限を4年とし、医学部や歯学部などは6年と定めています。それぞれの学部に何人の専任教員が必要かについては、文部科学省令が定めています。

　そのほか公立高校の退学処分、運転免許の取消しや公立保育園の入園許可など、法律などの法令に基づいて下される処分を行政処分といいますが、このような処分も含めて、日本国憲法は法体系の中で最高のランクにあります。つまり日本国憲法は最高法規なのです。

　日本国憲法が最高法規ということは、法律以下のランクにある法令などはすべて憲法に反することができず、つくることもできませんし、仮につくられたとしても無効なのです。これをチェックするのが裁判所の違憲審査（☞ **24 - Ⅱ**）です。

↓法の段階構造

憲法

法律・条約

命令・規則

行政処分など

筆者作成

## 3　憲法学習

　小学校や中学校で憲法というと、条文暗記というイメージがあるかもしれませんが、大学の憲法学では条文を暗記するのではなく、条文の解釈を学びます。裁判所の判例や憲法学者が唱えている学説を学ぶことになります。判例の中ではやはり、最高裁の判決が一番重要です。学説では、憲法学者の多くが支持している通説をまずは学ぶことが重要ですが、有力説や少数説も、通説をより深く理解するうえで不可欠といえます。

↓開成中学校の社会の入試問題（2018年）

> 　日本国憲法第13条　すべて国民は、個人として尊重される。生命、自由及び幸福追求に対する国民の権利については、□□□に反しない限り、立法その他の国政の上で、最大の尊重を必要とする。
>
> 　問　条文中の □□□ にあてはまる語句を答えなさい。

筆者作成

★○✕問題でチェック★
　問3　憲法の英訳は、constitutionである。
　問4　憲法に反する行政処分は無効である。

# Ⅳ　憲法の意味

## 1　憲法の分類

↓ドイツの六法（右）、ドイツの憲法（基本法）と関連する法令が掲載されている六法（左）

筆者撮影

　世界の憲法を形式的に分類してみると、まず成文・不文という分類があります。フランスなど世界の多くの国がまとまった条文からなる成文憲法を有しています。これに対して、イギリスの憲法はマグナ・カルタ、1689年の権利の章典、1998年の人権法などが憲法として存在しますが、1つの憲法典にまとめられていないので、不文憲法と呼びます。

　また硬性、軟性という分類があります。これは憲法の改正が法律の成立と同じように過半数で成立するのか、または特別多数決、つまり3分の2以上の多数を必要としていたり、国民投票を必要とするなど、より厳しい条件かどうかの違いです（☞30-Ⅰ2）。日本国憲法は硬性憲法に分類されます。

　さらに憲法を制定する主体が誰かによって、君主が定める欽定憲法、国民が制定する民定憲法、君主と国民との合意によって制定される協約憲法に分類されます。大日本帝国憲法は欽定憲法であり、日本国憲法は民定憲法になります。

　もう少し憲法の内容に踏み込んで分類してみましょう。もともと憲法は統治の基本、すなわち国家の組織構造を定めているものですが、これを固有の意味の憲法と読んでいます。近代ではより実質的な意味を込め、「立憲的意味の憲法」という言い方が用いられます。国家権力を制限して国民の自由や権利を確保するという立憲主義に基づく憲法のことをいいます。

## 2　憲法典と憲法附属法

↓主要な憲法附属法

| 皇室典範 |
| 国籍法 |
| 国会法 |
| 公職選挙法 |
| 内閣法 |
| 裁判所法 |
| 地方自治法 |
| 国民投票法 |

筆者作成

　日本では憲法典のほかに、憲法に密接に関係する法律があります。たとえば国籍法です。憲法では、「国民」については法律で定めると規定しており、その法律が国籍法です。原則として両親のどちらかが日本国籍保有者ならば、子どもは日本の「国民」になれます。また裁判所についても、憲法では「最高裁判所」と「下級裁判所」しか定められ

ておらず、「下級裁判所」に高等裁判所、地方裁判所、家庭裁判所および簡易裁判所があると明記しているのは裁判所法です。憲法には三審制（☞23-Ⅰ1）は書かれていないのです。

　さらに地方自治については、憲法典上は4か条しかなく、基本的な事項しか記載されていません。地方自治法を見ないと、地方自治については理解できません。たとえば首長や議員の解職（リコール）を求める直接請求権などは地方自治法に規定されています（☞25-Ⅲ3）。このように憲法附属法も広い意味での憲法の一部をなしているといってもよいでしょう。その意味では、憲法学を学ぶ際には、これらの附属法にも目を向けなければなりません。

## 3　憲法の前文

> 前文　第2段　日本国民は、恒久の平和を念願し、人間相互の関係を支配する崇高な理想を深く自覚するのであつて、平和を愛する諸国民の公正と信義に信頼して、われらの安全と生存を保持しようと決意した。……われらは、全世界の国民が、ひとしく恐怖と欠乏から免かれ、平和のうちに生存する権利を有することを確認する。

　憲法の前文は、憲法典の中にある以上、法規範性、すなわち法としての拘束力はあるとされます。しかし、裁判で用いることのできる裁判規範性があるかどうかが問題となっています。とりわけ前文第2段には、平和的生存権が規定されており、その裁判規範性が争われました。平和的生存権によって自衛隊のイ

ラク派遣を差し止める余地を認めた判決もありますが（名古屋高裁平成20年4月17日判決）、一般的には裁判規範性はないとされています。

　2012年に自民党の憲法改正草案が発表されました。日本国憲法の前文と比較すると、かなり保守的な内容となっています。

↓自民党の憲法改正草案

前文
　日本国は、長い歴史と固有の文化を持ち、国民統合の象徴である天皇を戴く国家であって、国民主権の下、立法、行政及び司法の三権分立に基づいて統治される。
　我が国は、先の大戦による荒廃や幾多の大災害を乗り越えて発展し、今や国際社会において重要な地位を占めており、平和主義の下、諸外国との友好関係を増進し、世界の平和と繁栄に貢献する。
　日本国民は、国と郷土を誇りと気概を持って自ら守り、基本的人

権を尊重するとともに、和を尊び、家族や社会全体が互いに助け合って国家を形成する。
　我々は、自由と規律を重んじ、美しい国土と自然環境を守りつつ、教育や科学技術を振興し、活力ある経済活動を通じて国を成長させる。
　日本国民は、良き伝統と我々の国家を末永く子孫に継承するため、ここに、この憲法を制定する。

自由民主党 HP

★〇✕問題でチェック★

問5　イギリスの憲法は不文憲法である。
問6　日本国憲法は軟性憲法である。

# Ⅴ　法の支配と法治国家

## 1　法の支配

　法の支配（rule of law）は、法によって国家権力を制限し、国民の自由や権利を確保することを目的とするものです。これに対立する概念は「人の支配」です。法の支配は、ナチスドイツのヒトラーのような「人」による恣意的な支配ではなく、「合理的な法」に基づいて統治が行われなければならないという考えです。

　法の支配はもともとイギリスやアメリカから輸入した概念ですが、日本国憲法でも憲法の最高法規性、人権の保障、違憲審査制なども有する司法権の優位、適正手続の保障などから、法の支配に立脚しているといわれています。

　なお法の支配は、国際法や国際政治でも用いられていますが、この文脈では国家間の関係の基盤が、力のバランスに拠るので

はなく、法に拠るべきだという考えです。たとえば国際司法裁判所が国際社会における法の支配の現れといえるでしょう。もっとも国際司法裁判所は、国内に

↓国際司法裁判所

裁判所 HP

おける一般の裁判と異なり、訴えられた国の同意が必要であったり、判決を執行する権限がなかったりと、国際社会であるがゆえに、法の支配の貫徹は不十分なままとなっています。

## 2　法治国家

　法の支配に類似した概念で、法治国家（Rechtsstaat）という、ドイツから輸入された概念があります。憲法学では法の支配がよく出てきますが、ドイツの影響を強く受けている行政法学などでは、法の支配よりも法治国家のほうをよく見かけます。

　法治国家とは、国家の統治は法に基づかなければな

↓アウシュビッツ強制収容所

富井義夫／アフロ

↓ドイツ連邦憲法裁判所

筆者撮影

らないということです。もっともドイツでは当初、「法」であれば何でもよいという発想でしたが、ユダヤ人の迫害などのナチス時代の経験を経て、戦後、「合理的な法」、つまり個人の尊厳、そして自由を侵害しないような法でなければならないとされるようになりました。つまり形式的法治国家から、実質的法治国家へ移行したと説明されます。

　実質的法治国家の特徴として重要なのは、法律を憲法に基づ

いて審査できる違憲審査制が確立していることです。ドイツでは、通常の裁判所とは別に、憲法について専門的に判断する憲法裁判所が設置されています。連邦憲法裁判所では、通常の裁判所で憲法が問題になった際に、同裁判所に事件を移送して判断してもらうだけでなく、市民が直接に人権侵害を同裁判所に訴えることもできます。もっとも最近では欧州人権裁判所や欧州司法裁判所の判断との緊張関係が生じる事態も起こっています。

## 3　コモンローと大陸法

↓世界の憲法の教科書：左からドイツ、アメリカ、日本。総ページ数は、ドイツは349、アメリカは1639、日本は428。

筆者撮影

　法または法の体系について、大陸法とコモンローの国に分類されます。前者はドイツやフランスであり、制定された法律などの法令が裁判の基準の中心となる成文法主義を採用しています。日本もこちらに属します。これらの国では憲法を含めた法令の数が多く、したがって六法も分厚くなります。これに対してイギリスやアメリカは後者です。裁判の基準として判例が重視される判例法主義を採用しており、法令は大陸法の国と比べて少ない傾向にあります。

　世界の憲法の教科書を比較すると、日本やドイツの憲法の教科書は憲法典の各条文の解説が中心となります。他方、アメリカの憲法の教科書は判例（とりわけ連邦最高裁の判例）が数多く掲載されていることもあり、ページ数が多くなります。

　一方、こうした法体系の違いを越えて、ヨーロッパではEU法が発展しています。ドイツの憲法の教科書には欧州司法裁判所や欧州人権裁判所、そしてそれらの判例についての説明の箇所があり、憲法を勉強するときでさえEU法の知識が必須となっています。

---

★○×問題でチェック★
問7　日本国憲法は法の支配を採用していない。
問8　日本の法体系は大陸法系に属する。

## Ⅰ 法令・判例の調べ方

### **1** 法令の調べ方

↓e-Gov法令検索

e-Govポータルサイト（https://elaws.e-gov.go.jp/）

憲法の学習を進めていくうえでは、憲法はもちろん、法律や命令など、各種法令を確認することが必要です。最新の法令を調べる場合には、e-Gov ポータルサイト内の法令検索のページが便利です。e-Gov は、総務省が運営するサイトで、誰でも無料で最新の法令情報を確認できます。

また、法学の学習に欠かせないのが六法と呼ばれる法令集ですが、ひとくちに六法といっても様々なものがあります。『六法全書』は、約1000近くの法令を収録しており、情報量としては随一です。ただ、写真を見ていただくとわかるとおり、『六法全書』は大変厚く、重量もあるので持ち運びには適さないで

↓代表的な六法

編集部撮影

しょう。世間で一般的にもたれている、『六法全書』を持ち歩く法学部生といったイメージは非現実的なものなのです。普段の学習では、収録法令をより重要なものに絞った『ポケット六法』や『デイリー六法』、『法学六法』などがよいでしょう。また、各条文について参照すべき判例とともに法令を掲載しているものとして、『判例六法Professional』などの判例付き六法があります。

以上のような、様々な分野の法令を掲載する六法とは別に、『教育六法』や『社会福祉小六法』など、収録法令の分野を限定した六法もあり、特定の分野について専門的に学習する際に役立ちます。

### **2** 判例の調べ方

↓判例の引用形式

| 最大決 | 平25・9・4 | 民集67巻6号1320頁 |
|---|---|---|
| ↑ | ↑ | ↑ |
| **最**高裁判所**大**法廷**決**定 | 日付 | 最高裁判所判例集（民事） |

筆者作成

判例という言葉は、様々な意味で用いられますが、一般的には、過去の裁判所の判断で、先例としての価値をもつものを指します（単なる裁判所の判断である「裁判例」とは区別されます）。判例の情報は、上図のように示されることがあります。この図の場合だと、平成25年9月4日の最高裁判所（最高裁）の大法廷決定で、『最高裁判所判例集』という判例集の民事編の67巻6号の1320頁以下に決定文が掲載されている、ということを示しています。詳しくは民事訴訟法や刑事訴訟法の授業で学

↓代表的な判例集

編集部撮影

びますが、簡単にいうと、決定は、判決よりも簡易迅速な裁判が求められるときにとられる形式をいい、また、裁判官が主体となって行う裁判を命令といいます。

判例としての価値があるものなど、重要な裁判例は、判例集に掲載されます。『最高裁判所判例集』には民事編と刑事編があり、最高裁判例の中でも特に重要なものが掲載されます。また、『判例時報』、『判例タイムズ』などの判例雑誌は、最高裁だけで

↓裁判所HP内の「裁判例情報」

裁判所HP（https://www.courts.go.jp/app/
hanrei_jp/search1）

なく、下級裁判所（☞23-Ⅰ）の裁判例も掲載され、さらに、裁判官が執筆した解説が付されており、判例の理解を深めるのに有益です。こうした判例雑誌は、判決が出されてから掲載までのスピードが速い（3か月程度）という特徴があります。

判例集・判例雑誌のほかに、裁判所ホームページ内の「裁判例情報」のページで判例を探すこともできます。こちらでは、誰でも無料で最高裁や下級裁判所の裁判例を調べることができます。

## II　条文の読み方

↓条・項・号の例（司法試験法3条）

> 第3条　短答式による筆記試験は、裁判官、検察官又は弁護士となろうとする者に必要な専門的な法律知識及び法的な推論の能力を有するかどうかを判定することを目的とし、次に掲げる科目について行う。
> 　一　憲法
> 　二　民法
> 　三　刑法
> 　2　論文式による筆記試験は、〔以下略〕

（条・項・号）　筆者作成

↓前段・後段の例（遠野市わらすっこ条例1条）

> 第1条　この条例は、児童の権利に関する条約を基にして、子どもの権利を守り、子どもの成長を支援するしくみなどについて定めます。これにより、市が、子どもの最善の利益を第一に考えながら、子どもの権利を保障することを目的とします。

（前段・後段）　筆者作成

↓本文・ただし書の例（学校教育法87条1項）

> 第87条　大学の修業年限は、4年とする。ただし、特別の専門事項を教授研究する学部及び前条の夜間において授業を行う学部については、その修業年限は、4年を超えるものとすることができる。

（本文・ただし書）　筆者作成

↓「及び」・「並びに」の例（壱岐焼酎による乾杯を推進する条例1条）

> 第1条　この条例は、麦焼酎発祥の地である壱岐市の特産品で、伝統産業でもあり、世界貿易機関の地理的表示の産地指定によって国際的にも認められた壱岐焼酎による乾杯の習慣を広めることにより、壱岐焼酎の消費拡大及び普及並びに焼酎文化への理解の促進に寄与することを目的とする。

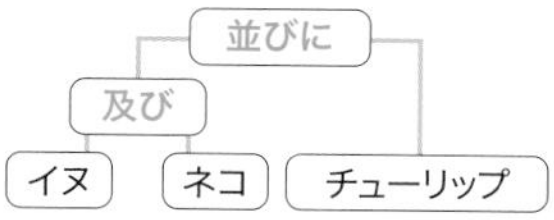

筆者作成

↓「又は」・「若しくは」の例（軽犯罪法1条30号）

> 第1条　左の各号の一に該当する者は、これを拘留又は科料に処する。
> 　三十　人畜に対して犬その他の動物をけしかけ、又は馬若しくは牛を驚かせて逃げ走らせた者

筆者作成

↓「及び」・「並びに」の関係　　↓「又は」・「若しくは」の関係

筆者作成

条文は、「条」という単位を基本単位として構成されます。1つの条文の中でいくつかの段落分けが必要な場合には「項」という単位が用いられ、条や項の中で具体例などを列挙する場合には、「号」という単位が用いられます。また、条文の中で号が設けられている場合、号の部分を除いた部分を「柱書」と呼びます。左図の例では、司法試験法3条1項の「短答式による筆記試験は、……次に掲げる科目について行う。」という部分が柱書です。

1つの条や項の中で2つの文に分かれる場合、1文目を「前段」、2文目を「後段」と呼びます。また、後段が「ただし」という言葉で始まり、例外を規定する場合、その部分を「ただし書」、前段の部分を「本文」と呼びます。

「及び」・「並びに」は、〈AとB〉のように横並びの関係（英語でいうとandの関係）にあるものをつなぐ用語です。通常は「及び」を用いますが、（A and B）and Cのように、小さなグループと大きなグループに分かれる場合には、前者のandに「及び」、後者のandに「並びに」を用います。左図（6段目左）でいうと、小さなグループの「イヌ」と「ネコ」が「及び」でつながれ、「イヌ及びネコ」（動物）と「チューリップ」（植物）が「並びに」でつながれています。また、〈AかB〉のように選択の関係（英語でいうとorの関係）にあるものをつなぐ場合には、基本的に「又は」を用いますが、（A or B）or Cのように、小さなグループと大きなグループに分かれる場合には、前者のorに「若しくは」、後者のorに「又は」を用います。今度は、左図（5段目）の例をみてみましょう。軽犯罪法1条30号をみると、「人畜に対して犬その他の動物をけしかけた者（「人畜」とは、人と家畜のことです）」と「馬若しくは牛を驚かせて逃げ走らせた者」が、「又は」でつながれ、後者のグループの中で「馬」と「牛」が「若しくは」でつながれています。このように「又は」・「若しくは」を使い分けることで、「人畜に対して犬その他の動物をけしかけた者」・「馬を驚かせて逃げ走らせた者」・「牛を驚かせて逃げ走らせた者」のいずれかにあたる者が、拘留または科料に処せられるということを表せるわけです。左図（4・5段目）の例は、それぞれの語が1つずつ入った単純なものですが、現行の法令の中にはこうした語がいくつも用いられた複雑な条文が存在します。

## III　判例の種類

↓最高裁判決における意見の種類の具体例

| 推しのアイドル（A vs B） | |
|---|---|
| 多数意見 | Aは歌がうまいのでAを推す。 |
| 補足意見 | Aは歌もダンスもうまいのでAを推す。 |
| 意　見 | Aは神対応なのでAを推す。 |
| 反対意見 | AではなくBを推す。 |

（個別意見）

| 尊属殺重罰規定事件判決（最高裁昭和48年4月4日判決） | |
|---|---|
| 多数意見 | 尊属殺重罰規定は手段が憲法14条1項に違反する。 |
| 補足意見 | 意見・反対意見への反論 |
| 意　見 | 尊属殺重罰規定は目的が憲法14条1項に違反する。 |
| 反対意見 | 尊属殺重罰規定は憲法に違反しない。 |

（個別意見）　筆者作成

最高裁の判決文では、判例としての価値をもつ最高裁としての意見（多数意見）のほかに、各裁判官が個別に意見を述べることができ、それは慣例上、次のようなものに分類されます。まず、補足意見は、多数意見と理由づけや結論を同じくし、多数意見に付け足して意見を述べるものを指します。また、意見は、多数意見と結論は同じであるが、異なる理由づけを述べるものを指します。左図の推しのアイドルの例でみると、Aを推すこと（結論）には変わりありませんが、その理由は「神対応だから」ということで、多数意見とは理由づけが異なります。そして、反対意見は、文字どおり多数意見に反対する意見で、多数意見と結論が異なる場合に述べられるものです。

# 2 人権の射程

## Ⅰ 人権の主体

### 1 総説

**↓通説的な理解**

| 主な自由・権利 | 国民 | 外国人 | 団体（法人） |
|---|---|---|---|
| 平等権 | ○ | ○ | ○ |
| 参政権 | ○ | △ | × |
| 公務就任権 | ○ | △ | × |
| 思想・良心の自由 | ○ | ○ | △ |
| 信教の自由 | ○ | ○ | ○ |
| 表現の自由 | ○ | ○ | ○ |
| （再）入国・在留の自由 | ○ | × | × |
| 国籍離脱の自由 | ○ | × | × |
| 職業選択の自由 | ○ | ○ | ○ |
| 財産権 | ○ | ○ | ○ |
| 学問の自由 | ○ | ○ | ○ |
| 生存権 | ○ | △ | × |
| 刑事手続上の諸権利 | ○ | ○ | △ |
| 裁判を受ける権利 | ○ | ○ | ○ |

△＝認められる場合のあるもの
×＝認められないまたは考えられないもの　　　　　筆者作成

憲法上の権利は誰に対して保障されているのでしょうか。この点について、憲法第3章は「国民の権利」と明示しています。そのため、権利の主体（権利をもっている人）は日本国籍をもっている人（国民）だけだとも読めます。しかし、実は国民に限られません。たしかに、憲法の中には国籍離脱の自由（22条2項）のように国民にとってしか意味のない権利もありますが、表現の自由（21条1項）や信教の自由（20条1項）のように、誰もがもっているべき権利が多くあります。

また国内では、株式会社や報道機関といった、人ではない団体（法人）も活動しています。それらの団体には営業の自由（22条1項）や報道の自由（21条1項）があると考えるのが素直でしょう。しかし団体に生存権（25条）があるというのは不自然です。このように、問題となる具体的な権利ごとに考えていくことが必要です（左表は1つの参考です）。

他方、未成年のように、権利の主体ではあっても、その判断能力の未熟さ等を理由に、権利が制約されると考えられる人たちもいます。問題となる主体ごとに、どの程度権利が保障されるかも考えていかなければなりません。

### 2 外国人

**↓指紋採取に応じる外国人（2007年）**

ロイター／アフロ

外国人の権利について、マクリーン事件判決（最高裁昭和53年10月4日判決）は「権利の性質上日本国民のみをその対象としていると解されるものを除き」保障されるとし、政治活動の自由が原則として外国人に保障されるとしました。これは学説が権利性質説と呼ぶものにあたります。

もっとも、外国人の（再）入国は大きく制限されています。マクリーン事件判決は、外国人には入国や在留の自由がないこ

とから、在留延長を許すかどうかを決めるときに在留中の政治活動をその人にとって不利に評価してよいとし、在留更新の不許可を認めました。また、森川キャサリーン事件判決（最高裁平成4年11月16日判決）は、在留外国人に海外旅行の自由はないとし、外国人登録法が求めていた指紋押捺を拒否したことを理由とした再入国の不許可を認めました。

指紋押捺が出てきましたが、最高裁はこの指紋押捺制度を合憲としています（最高裁平成7年12月15日判決）。最高裁は、指紋情報も使い方次第でプライバシーを害しうると認め、指紋押捺を強制されない自由が憲法13条によって外国人にも保障されるとしました。しかし、外国人の居住・身分関係を把握するために必要であること、3年に一度、指1本を登録するだけで特段の苦痛はないことを理由として、指紋押捺制度を合憲としました。

なお、外国人登録法上の指紋押捺制度は1999年に廃止されましたが、2006年に改正された「出入国管理及び難民認定法」が、テロ対策等を目的に指紋押捺と顔写真撮影を原則として義務づけています。手続の流れとしては、入国審査の際、両手の人差し指を指紋読取機器の上に置いて指紋情報を記録し、その上部のカメラで顔写真の撮影をします。

---

★○×問題でチェック★

問1　憲法では「国民の権利」と明記されているが、外国人や法人にも一定の権利が保障される。
問2　判例上、外国人の入国の自由は保障されないが、在留外国人の海外旅行の自由は保障される。

# 3 団体（法人）

↓団体の活動が問題となる諸状況

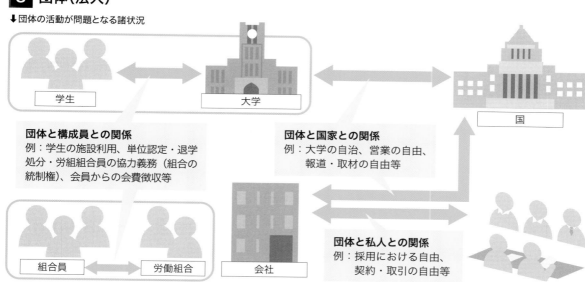

**団体と構成員との関係**
例：学生の施設利用、単位認定・退学処分・労組組合員の協力義務（組合の統制権）、会員からの会費徴収等

**団体と国家との関係**
例：大学の自治、営業の自由、報道・取材の自由等

**団体と私人との関係**
例：採用における自由、契約・取引の自由等

学生　大学　国

組合員　労働組合　会社

筆者作成

団体の権利について、八幡製鉄事件判決（最高裁昭和45年6月24日判決）は、団体にも性質上可能な限り権利が保障されるとしました。

問題となるのは団体と国との関係だけではありません。①団体内部で個人と関わる場面や、②団体外で個人と関わる場面（私人間効力☞Ⅲ）も問題となります。①の例として、税理士会が政治運動資金のために組合員から金銭を徴収した南九州税理士会事件判決（最高裁平成8年3月19日判決）があります。

最高裁は、「政治団体に対して金員の寄付をするかどうかは、選挙における投票の自由と表裏を成すものとして、会員各人が市民としての個人的な政治的思想、見解、判断等に基づいて自主的に決定すべき」であり、「このような事柄を多数決原理によって団体の意思として決定し、構成員にその協力を義務付けることはできない」としました。その他の団体内部の関係については、大学については本書10、労働組合については本書15を参照してください。

# 4 未成年

判断能力が未熟な未成年を保護するためにその権利が制約されることがあります。本人の利益のために本人の権利を制限するパターナリズムに基づく制約です。その例が、青少年（多くは18歳未満）の健全な育成を目的とした有害図書規制です。有害図書を自動販売機で売ることの禁止が、青少年の情報取得の自由（憲法21条1項）を制約しているとして、かつて争われました。岐阜県青少年保護育成条例事件判決（最高裁平成元年9月19日判決）は、思慮分別が未熟な青少年の健全な育成のための一定の規制は許されるとします。そして、自動販売機での販売は、対面なく一日中購入可能である点で青少年が気軽に購入できるので、対面販売の書店等よりも悪影響を及ぼすことから、その禁止を合憲としました。ならば、遠隔操作等で青少年以外にだけ販売できる仕組みならよいのでしょうか。福島県青少年健全育

↓成人向け雑誌の自動販売機

朝日新聞社

↓成人向け雑誌の自動販売機をモニターでチェック

読売新聞／アフロ

成条例事件判決（最高裁平成21年3月9日判決）は、今度は監視者に視点を移し、他人からの視線がない監視者が青少年と知って販売する可能性がある以上は、青少年への販売を防ぐのに万全ではないとして合憲としました。そのような懸念について皆さんはどう思うでしょうか。未成年者保護のための規制であっても、過剰な介入になっていないかどうかは慎重に考えなければならないでしょう。

★○×問題でチェック★
問3　南九州税理士会事件判決は、税理士会が政治運動資金を組合員から徴収することを認めた。
問4　未成年者は判断能力が未熟であることから、その保護のために権利が制約されることがある。

# Ⅱ 特別権力関係

↓猿払村（1972年）

北海道新聞社

　公務員など国に従うべき立場にある者との関係では、①法律の根拠なく人権制約ができる、②国家の行為は原則として司法審査の対象とならない、と説く特別権力関係論という考え方がありました。しかし今日では、個々の権利の性質や制約目的をふまえて考えます。以下、公務員と刑事施設の被収容者をとりあげます。

　公務員の政治的活動については、猿払事件判決（最高裁昭和49年11月6日判決）があります。その舞台が写真の猿払村です。郵便局員（当時は公務員）であった被告人は、公務員が組織する猿払地区労働組合協議会の決定に従い、勤務時間外に特定政党の選挙ポスターを公営掲示場に掲示したりしたため国家公務員法違反で起訴されました。最高裁は、行政の中立性とそれに対する国民の信頼確保のために、それらを害する公務員の政治的行為を禁止することを合憲とし、被告人の行為を有罪としました。

　その後、公務員が政党の機関紙を配布したことが問題となった堀越事件判決（最高裁平成24年12月7日判決）は、禁止された政治的行為かどうかを、その公務員の地位・職務内容や権限、行為の性質・態様・目的・内容等を総合して判断するとし、結論は無罪としました。最高裁は、「公務員により組織される団体の活動としての性格」がなく、特定の政党候補者を「積極的に支援する行為であることが一般人に容易に認識され得る」ものではなかった点で、猿払事件と事案が異なると述べています。

↓報道陣に公開された東京拘置所の舎房のモデルルーム。写真は3畳間にトイレ、洗面台付きの単独室（2012年）

毎日新聞社

　では、刑事施設（刑務所、少年刑務所、拘置所）に収容されている人たちについてはどうでしょうか。よど号ハイジャック記事抹消事件判決（最高裁昭和58年6月22日判決）は、逃亡・証拠隠滅の防止や所内の秩序維持のために、新聞や図書等の閲読制限をする規定も憲法に反しないとし、特定の新聞記事を黒塗りにすることも許されるとしました。また、刑事施設内での喫煙の禁止を合憲とした判決もあります（最高裁昭和45年9月16日判決）。

　このように、刑事施設の被収容者には、自身の刑事事件との関係や、多くの人が生活している施設内にいるという立場から、一定の制約が課されてもやむをえない面があります。しかし、刑事施設に収容される場合、生活が規律され、プライバシーも一般人より保護されない状態が続きます。また左の写真のように、独房であれば基本的に部屋は狭く、窮屈な生活を強いられると思われます。その中で、自分の好きなことを満喫できないというのは被収容者にとって酷な場合もあるでしょう。その点にも配慮をしなければなりません。

　なお、判例当時の監獄法は改正され、「刑事収容施設及び被収容者等の処遇に関する法律」では、新聞や図書等の閲読を制限しないことが明記されています。もっとも、新聞についてはその範囲や取得方法を制限できるので、よど号ハイジャック記事抹消事件判決はまだ有効だといえるでしょう。

★○×問題でチェック★

問5　判例は、行政の中立性等の確保を目的として公務員の政治的行為を禁止することも合憲とした。

問6　判例は、逃亡・証拠隠滅防止や所内秩序維持のために新聞記事を黒塗りにすることも合憲とした。

# Ⅲ　私人間効力

↓私人間効力の構図

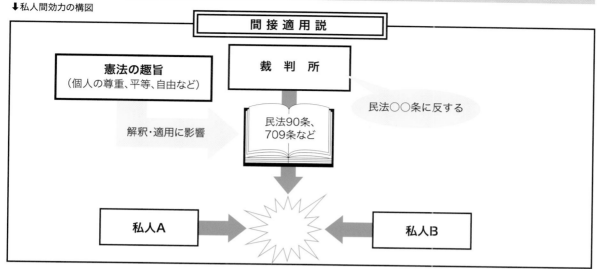

```
            間 接 適 用 説

  憲法の趣旨              裁 判 所
（個人の尊重、平等、自由など）
                                民法○○条に反する
      解釈・適用に影響    民法90条、
                        709条など

  私人A                              私人B
```

筆者作成

　憲法に定められている権利は、国の行為を制限する、対国家的権利だとされています。では、権利を侵害してくるのが国ではなく私人であったらどうでしょうか。たとえば、私人が他人の私生活を勝手に暴いたり、理由なく差別することが、プライバシー権や平等権等とまったく関係がないといえるのでしょうか。このように、私人の間で、国家を相手とする場合と同じように、私人の行為を憲法違反とする効力が生じるのか、というのが私人間効力という問題です。この場合も国の場合と同様に、その行為が憲法違反かどうかを判断するのだという見解（直接適用説）もあります。しかし通説は、直接的効力を有すると解されるものを除き、私人間に適用される法令（たとえば民法等）に憲法上の権利の趣旨を読み込み、憲法の要請に沿うような結論を出すのだとしています（間接適用説）。この場合、ある私人の行為を憲法違反と宣言するのではなく、たとえばその行為の違法性等を判断するときに、相手の権利の重要性を憲法から引

き出す等してその行為が違法だと宣言することになります。
　私人間効力に関する重要な判例として三菱樹脂事件判決（最高裁昭和48年12月12日判決）があります。民間企業である三菱樹脂株式会社が、仮採用した人物が学生時代の政治運動を秘匿していたことを知り、本採用を拒否した事件です。ここでは、一定の政治信条を理由に採用を拒否しているように思われることから、思想・信条の自由を侵害しないかが問題とされました。しかし最高裁は、経済的自由が保障されている企業には契約締結の自由があり、いかなる人を雇用するかは原則として自由であるとしたうえで、特定の思想等をもっていることを理由に採用拒否しても、また思想等に関する事実を申告するように求めても、違法ではないとしました。
　私人同士は法の世界では対等な関係ですから、両者のバランスをとることになるでしょう。その中で、思想・信条の自由等の憲法上の権利をいかに加味するかが難しい問題です。

↓女子社員、パートタイマー選考の基準を示した
　紀伊国屋書店のマル秘文書（1983年）

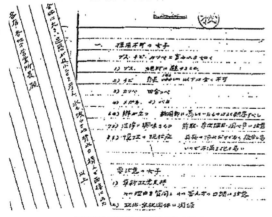

毎日新聞1983年2月10日東京朝刊22面2段目より抜粋

　私人間の人権問題は身近に多くあります。左の写真は紀伊国屋書店の内部文書です。採用不可の女性として「ブス」「チビ」「カッペ、田舎っぺ」「メガネ」「バカ」「弁が立つ」「法律に興味をもつ」といったことが、また要注意の女性として特定の政治団体や宗教団体に関わっている者・婚姻歴のある者・父が大学教授である者等といったことが、そこには記されており、差別的な採用基準を設けていたのではないかと批判されました。
　またアメリカでは、自身の信仰や表現の自由等に反するとして、同性カップルに対してウェディングケーキの製作を拒否した菓子店が問題となりました。さらに、Twitter社が規約違反を理由にトランプ大統領（当時）のアカウントを凍結したことも広く私人による表現の自由侵害の問題といえるでしょう。
　このように、日常に生じる大小様々な人権問題に目を向けることが重要です。

★○×問題でチェック★
　問7　憲法上の権利は国家に対する権利なので、私人間ではまったく役に立たない。
　問8　判例は、企業が特定の思想等を理由に採用拒否することも違法ではないとした。

# 3 新しい人権

**12条** この憲法が国民に保障する自由及び権利は、国民の不断の努力によつて、これを保持しなければならない。又、国民は、これを濫用（らんよう）してはならないのであつて、常に公共の福祉のためにこれを利用する責任を負ふ。

**13条** すべて国民は、個人として尊重される。生命、自由及び幸福追求に対する国民の権利については、公共の福祉に反しない限り、立法その他の国政の上で、最大の尊重を必要とする。

## Ⅰ 人権保障の限界と「公共の福祉」

↓人権制約原理としての外在的制約原理と内在的制約原理

**外在的制約原理**

「公共の福祉」＝人権を外側から制限する「公益」

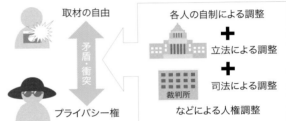

**内在的制約原理**

「公共の福祉」＝人権相互の矛盾・衝突を調整する原理

筆者作成

　人権とは、人間が「人間らしく生きる」ために保障されているものです。人間誰もが生まれながらに人権を有することができるようにするためには、誰かが自分の人権を行使するために他人の人権を脅かすようなことを許すことはできません。憲法12条に定められているように、「憲法が国民に保障する自由及び権利」である人権が保障されているからといって、私たちはそれを「濫用してはならない」のです。

　ところでこの12条は、私たち人間が「常に公共の福祉のために」人権を利用する責任を負っていることも規定しています。また13条でも同様に、「生命、自由及び幸福追求に対する国民の権利については、公共の福祉に反しない限り」、それが尊重されることが規定されています。つまり私たちが有する人権には、「公共の福祉」による限界が定められていることが読み取れます。では、この「公共の福祉」とは一体何でしょうか。

　人権を制約することができる「公共の福祉」の理解については、学説上では人権の限界をその外側におく外在的制約原理とする立場と、人権の限界をその内側におく内在的制約原理とする立場に分かれています。外在的制約原理の理解によれば、人権の外側に「公益」というような抽象的な概念をおき、これを「公共の福祉」と捉え、これによって人権を制限で

きると考えます。そこで、この抽象的な「公益」のために、それを設定する者（具体的には立法権を有する立法府）によって事前かつ容易に人権が制限され、人権保障の範囲が縮小されてしまうおそれがあります。これに対して内在的制約原理の理解によれば、人権に対する外側からの制限によってその保障範囲を縮小されないようにするために、「公共の福祉」を他者の人権の尊重に基づいた人権の相互調整と捉えて、これによって人権が制限されると考えます。つまり、人間として自分自身にも人権があるのと同様に他人にも人権があるため、一方の人権を保障することによって他方の人権と必然的に衝突する可能性があることから、この衝突を調整する目的で人権が制限されると考えるのです。こうした人権の相互調整による人権制限という理解に立てば、私たちが、互いの人権が公平に保障できるようにするために、人権の衝突を避け、人権の範囲を自制して調整するという意味で、外側からその制限が設定される外在的制約原理よりも必要最小限度の人権の制限にとどめられます。そこで現在の日本国憲法における人権を制約する原理としては、人権の制限は必要最小限度にすべきと理解したうえで、内在的制約原理を採用していると考えられているのです。

---

★〇×問題でチェック★

問1　憲法が保障する人権は絶対不可侵であり、制限は一切許されない。
問2　内在的制約原理によれば、人権は相互調整を目的として制限される。

## 1 「新しい人権」の根拠規定としての幸福追求権

　日本国憲法は14条以下で詳細に人権について規定しています。しかし、ここに列挙された人権は、歴史的に国家権力により侵害されることの多かった重要な権利についてのみであり、すべての人権を列挙することはできていません。また時代や社会が変わるとともに、人間が「人間らしく生きる」ために必要な「新しい人権」も生じてきます。たとえば、かつては無意識に公開されていた自分の氏名等の情報についても、科学技術等の発達した現在では、それらの情報がインターネットを通じて世界に発信されるおそれがあります。そのため、個人情報に関する意識が時代や社会とともに変化し、これらの情報を保護する必要性が生じています。現行憲法は約70年も前に制定されたものであるため、こうした現代的な人権は明記されていませんが、人間が「人間らしく生きる」ために必要な人権は、たとえ憲法に明文がなくとも保障されるべきでしょう。そこでこうした「新しい人権」を保障できるものとして、憲法13条に幸福追求権が保障されているのです。

　そして幸福追求権は、様々な人権が保障されている14条以下の規定の前の13条に規定されているため、人権保障の一般原則と捉えることができることに加えて、国民の「幸福追求」に対する権利を尊重するという抽象的な表現が用いられていることから、時代や社会状況の変化に応じて生じる新たな人権を保障する根拠規定であると考えられており、それは人間が幸福に生きることができるようにするための人権を保障しているのです。その意味で幸福追求権は、包括的な人権保障としての意味をもっており、この点で幸福追求権は包括的基本権とも呼ばれます。

　それでは幸福追求権は、憲法14条以下で保障されていない自由を、どこまで保障することが可能でしょうか。私たち人間は、「十人十色」という四字熟語があるように、それぞれ異なる考え方をもっています。自分自身にとって何が「幸福」であるのかという理解についてもきっと一人ひとり異なっていることでしょう。そこで、自分自身が望む「幸福」に対する自由が幸福追求権として最大限に保障されるべきと考える学説として、一般的自由説という立場があります。この学説においては、人間をエゴイスティックな考えももちうる存在として理解するため、人間が自らありのままに「幸福」を求めて選択をすることもすべて、幸福追求権として保障すべきと考えます。そのためこの学説の立場からは、他人の人権を侵害しない限り、自分自身の考える「幸福」な選択や生き方は最大限に保障されるべきと考えます。たとえば、自分自身の趣味嗜好としてパチンコを楽しむ自由や、喫煙可能な空間で喫煙を楽しむ自由も、この立場からは幸福追求権として保障されます。

　これに対して、私たち人間が「人間らしく生きる」ために必要な範囲で幸福追求権が保障されると考える学説として、人格的利益説という立場があります。この学説においては、理性的な人間像を前提とし、理性的な人間にとっての「幸福」を追求することが幸福追求権によって保障されると考えます。そこでこの学説の立場からは、人権の制限の枠組みとして、他人の人権を侵害しな

↓東京・湯島天神の合格祈願絵馬に書かれた個人情報

Rodrigo Reyes Marin ／アフロ

↓願い事や個人情報が読まれないようにシールが貼られた京都・下賀茂神社の絵馬

読売新聞／アフロ

↓「幸福」の理解に対する2つの学説と幸福追求権の保障範囲

| 一般的自由説の立場から導かれる幸福追求権の範囲 | ＝ | 他人の人権を侵害しない限り、自分が望むあらゆる自由を幸福追求権として保障する。 |
|---|---|---|
| 人格的利益説の立場から導かれる幸福追求権の範囲 | ＝ | 人格的生存に不可欠な利益に限定し、その範囲で幸福追求権として保障する。 |

（幸福追求権によって保障される人権の例）＝理性ある人間の生き方にかかわる権利など
＊「自己情報コントロール権」のようなプライバシーにかかわる権利

（幸福追求権によって保障されない傾向が強い人権の例）＝趣味・ライフスタイルの選択にかかわる権利など
＊飲酒の自由
＊喫煙の自由
＊ギャンブルの自由
＊髪型の自由

筆者作成

いことに加えて、理性的な人間が人間らしく生きるために不可欠な自由だけが保障されるという限界が設けられることになります。そこで、人格的生存に不可欠な人権のみが幸福追求権として保障されるため、たとえば麻薬の使用や賭博行為、売春といった行為はそもそも理性ある人間の生き方に値しないとして、これらの自由は幸福追求権として保障されないということが導かれます。幸福追求権について、学説上は人格的利益説が通説となっていますが、この2つの学説のうち、どちらの「幸福」の理解に応じた人権を幸福追求権は保障していると考えるべきでしょうか。

---

★ ○×問題でチェック ★
問3　一般的自由説に基づけば、憲法13条は、「人間らしく生きる」ために必要な範囲の人権を保障する。
問4　人格的利益説に基づけば、憲法13条は、私たちが私生活すべてを自由に決定することをも保障する。

## 2 プライバシー権の保障

↓「宴のあと」事件

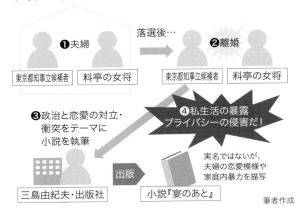

❶夫婦　　　落選後…　❷離婚

| 東京都知事立候補者 | 料亭の女将 | | 東京都知事立候補者 | 料亭の女将 |

❸政治と恋愛の対立・衝突をテーマに小説を執筆

❹私生活の暴露プライバシーの侵害だ!

実名ではないが、夫婦の恋愛模様や家庭内暴力を描写

三島由紀夫・出版社　　出版　　小説『宴のあと』

筆者作成

↓「宴のあと」事件で損害賠償が命じられた判決後の三島由紀夫による記者会見

毎日新聞社

↓『宴のあと』の初版本（1960（昭和25）年出版）

筆者撮影

　現代の情報化社会の中では、この幸福追求権から「自分自身の情報を保護する権利」が保障されるべきことについては、■で述べました。そこで判例から、この権利の保障について考えてみましょう。「宴のあと」事件判決（東京地裁昭和39年9月28日判決）をとりあげます。本判決では、作家・三島由紀夫が小説『宴のあと』において、当時、東京都知事に立候補していたある政治家の私生活をモデルとした内容を執筆したことが問題となりました。そこでこのモデルとされた政治家は、この小説はプライバシーの侵害にあたるとしてその絶版と謝罪広告の掲載、損害賠償を三島由紀夫と小説の出版社に求めて裁判所に提訴しました。本判決において東京地裁は、被告である作家・三島由紀夫には小説を発表し、刊行する自由としての表現の自由（憲法21条）の保障がなされるとしても、公開された内容が、①私生活上の事実または私生活上の事実らしく受け取られるおそれのある事柄であること、②一般人の感受性を基準にして当該私人の立場に立った場合、公開を欲しないであろうこと、③一般の人々にいまだ知られていない事柄であることの3つの条件を満たす場合、プライバシー権の侵害が成立すると判断しました。そのうえで、原告の「私生活をみだりに公開されないこと」をプライバシー権として認め、原告の損害賠償の請求を認めました。すなわち裁判所は、幸福追求権との関係からプライバシー権の保障を導き出し、人権の相互調整の必要性からプライバシー権を侵害する表現の自由への制限を認めたのです。

↓早稲田大学での江沢民・元国家主席による講演の様子（1998年）

Fujifotos／アフロ

　次に早稲田大学江沢民事件判決（最高裁平成15年9月12日判決）をとりあげます。本判決では、中国国家主席だった江沢民氏の講演会を企画した早稲田大学が、それへの参加を希望する学生に氏名と学籍番号、住所、電話番号を書かせて名簿を作成し、当日の混乱防止を目的として、学生には無断でこの名簿を警察に提出していたことが問題となりました。そして最

↓早稲田大学江沢民事件

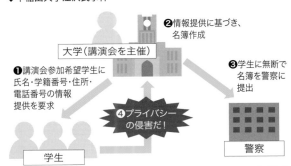

❷情報提供に基づき、名簿作成

大学（講演会を主催）

❶講演会参加希望学生に氏名・学籍番号・住所・電話番号の情報提供を要求

❸学生に無断で名簿を警察に提出

❹プライバシーの侵害だ!

学生　　　警察

筆者作成

高裁は、早稲田大学が名簿に記載した本人には無断で警察に個人情報を提出していたことについて違法と判断しました。この判例から、憲法13条に規定された幸福追求権に基づいて「自己情報コントロール権」が保障されることがわかります。こうした自分自身にかかわる情報を自分自身で統制する権利は、特に情報化社会が進展している現代においては重要な権利であり、保障すべき必要性がある人権であると考えられます。

★〇×問題でチェック★

問5　「宴のあと」事件判決は、プライバシーの保護のために表現の自由は制限されると判示した。
問6　早稲田大学江沢民事件判決で最高裁は、氏名や住所等の個人を識別できる情報を警察に提供することを認めた。

## 3 自己決定権の保障

　幸福追求権は、私たちの「幸福」な生き方を自分自身で決定する権利としての自己決定権も保障しています。この点について、エホバの証人無断輸血事件判決（最高裁平成12年2月29日判決）から検討してみましょう。本判決で問題となったエホバの証人の信者の女性は、肝臓の悪性腫瘍の診断を受けた際に、輸血をしないで手術・治療してくれる病院を探し出して入院していました。しかしこの病院では、エホバの証人の信者に対して、輸血拒否の意思をできるだけ尊重するという一方で、他に救命手段がない場合には本人や家族の許可がなくとも輸血を実施して救命するということを治療方針としていたため、手術中の出血が予想を超えてしまった対応として、輸血を実施してこの患者を救命しました。手術後、この事実を知った患者は、信教の自由（憲法20条）の侵害がされただけでなく、自分自身の生き方を決める権利としての輸血を拒否する選択権を幸福追求権が保障していると考え、その権利も侵害されたと主張して、病院および医師を相手に損害賠償を求めて提訴しました。以上が、裁判となった経緯です。そして、それを受けて最高裁は、この輸血拒否の意思決定が「人格権の一内容として尊重される」と述べました。しかし最高裁は、この「人格権」の内容として死に直結する可能性のある輸血拒否の選択権を正面から認めたわけではありません。担当医師の患者に対するインフォームド・コンセント（説明責任）が十分になされていなかったことを指摘したうえで、本判決では患者のインフォームド・コンセントを受ける権利が侵害されたと判断したのです。つまりこの判例から、自分自身の考える幸福な生き方に関するあらゆる自由を、すべて幸福追求権から保障されると最高裁は認めていないことがわかります。

　以上のように判例から検討すると、幸福追求権は私たち一人ひとりが考える様々な「幸福」の理解すべてを保障するものではなく、そこに一定の限界が設定されていることが理解できるでしょう。

↓エホバの証人無断輸血事件

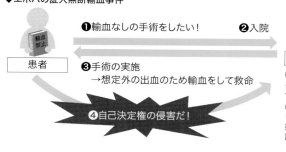

❶輸血なしの手術をしたい！　　❷入院

患者

❸手術の実施
　→想定外の出血のため輸血をして救命

❹自己決定権の侵害だ！

医師・病院

輸血なしの手術実績あり
〈方針〉
できる限り輸血を行わない。
必要時には輸血を実施する。
（本人に説明すれば手術を
拒否するおそれがあるため、
説明をしなかった。）

筆者作成

## 4 環境権の保障

　時代や社会変化に対応して新たな人権を保障する幸福追求権は、現代の経済の進展に伴う大気汚染・水質汚濁・騒音・侵害などの環境破壊につながる公害から身を守り、良好な環境で生活する権利（「環境権」）の保障とも結びついたものと理解することができます。この権利については、憲法13条に規定された幸福追求権だけではなく、「健康で文化的な最低限度の生活」の保障を掲げる生存権（☞13-1❷）も、その根拠規定となりうると考えられます。これに関する判例としては、航空機の離着陸に伴う騒音・振動・排気ガスによって周辺住民の身体的・精神的被害と生活環境破壊等の被害が生じているとして、航空機の夜間使用の停止と損害賠償が請求された大阪空港公害訴訟（最高裁昭和56年12月16日判決）があります。本判決で最高裁は、一審（大阪地裁昭和49年2月27日判決）および二審（大阪高裁昭和50年11月27日判決）において、個人の生命、身体、精神および生活に不利益をもたらすような場合に「人格権」に基づいた損害賠償やその妨害行為への排除・予防請求を認めると判示したことを受けて、これまでに住民が被った過去の被害に対する損害賠償を認めました。ただし本判決では、「環境権」という権利について明確に言及していないためか、空港の夜間使用は現在も継続されています。とはいえ現代社会においては、私たちが良好な環境で生活を営む権利についても、憲法13条に規定された幸福追求権に基づいて保障される必要のある権利だと考えられます。

↓大阪空港公害訴訟

周辺住民

❶21時〜7時までの
　空港の使用差し止め
　　＋
❷過去の損害賠償請求
　　＋
❸将来の損害賠償請求

昼夜を問わず
多数の離着陸

筆者作成

↓住宅街に近接した大阪国際空港

アフロ

---

★ ○×問題でチェック ★
問7　エホバの証人無断輸血事件判決は、輸血を拒否して死を選ぶ自由が保障されることを判示した。
問8　大阪空港公害訴訟の最高裁判決は、環境権の保障を明示的に認めた。

# 4 法の下の平等

## Ⅰ 法の下の平等の意義

**14条**　すべて国民は、法の下に平等であつて、人種、信条、性別、社会的身分又は門地（もんち）により、政治的、経済的又は社会的関係において、差別されない。
2　華族その他の貴族の制度は、これを認めない。
3　栄誉、勲章その他の栄典の授与は、いかなる特権も伴はない。栄典の授与は、現にこれを有し、又は将来これを受ける者の一代に限り、その効力を有する。

↓ベアテ・シロタ・ゴードン氏の自伝（邦語版）。日本国憲法制定作業の経緯が書かれている

編集部撮影

### 1 日本国憲法の「平等」に込められたもの

　憲法14条に示される法の下の平等は、不合理な理由に基づく法的取扱いの区別（差別）を禁止する原理です。実は戦前の憲法に平等の2字はありませんでした。戦後、GHQ憲法草案の平等条項作成を担当したのはベアテ・シロタ・ゴードン氏という20代のアメリカ人女性でした。戦前の日本で長く生活した経験もあったベアテ氏は、日本社会での女性の地位の低さに心を痛めていました。日本国憲法の「平等」に込められた1人の女性の願いを、私たちは忘れてはなりません。

### 2 家族制度と平等

**24条**　婚姻は、両性の合意のみに基いて成立し、夫婦が同等の権利を有することを基本として、相互の協力により、維持されなければならない。
2　配偶者の選択、財産権、相続、住居の選定、離婚並びに婚姻及び家族に関するその他の事項に関しては、法律は、個人の尊厳と両性の本質的平等に立脚して、制定されなければならない。

↓ベアテ・シロタ・ゴードン氏の最初の草案

> 　家庭は、人類社会の基礎であり、その伝統は善しにつけ悪しきにつけ国全体に浸透する。それ故、婚姻と家庭とは、両性が法律的にも社会的にも平等であることは当然であるとの考えに基礎を置き、<u>親の強制ではなく</u>相互の合意に基づき、かつ<u>男性の支配ではなく</u>両性の協力に基づくべきことをここに定める。これらの原理に反する法律は廃止され、それに代わって、配偶者の選択、財産権、相続、本居の選択、離婚並びに婚姻及び家庭生活に関するその他の事項を、個人の尊厳と両性の本質的平等の見地に立って定める法律が制定されるべきである。

筆者作成（第147回国会参議院憲法調査会会議録第7号より）

　民法上の家族制度と法の下の平等は、密接に関連しています。憲法24条では家族制度を法で定める際に、個人の権利と平等を重視すべきだと定めています。14条に加え、24条でも平等が重視される理由は戦前にあります。戦前の家族制度は家制度（いえ）と呼ばれ、家族一人ひとりの権利や平等よりも家という団体を優先していました。家の長として戸主（こしゅ）の地位を民法で定め、戸主は道徳的権威だけでなく法的権限をもちます。戸主には原則として父親が就き長男がこれを継承したので、家族の中での女性や子どもの権利や男女平等はないがしろにされました。

　ベアテ氏は憲法草案の作成にあたり、女性や子どもの権利を詳細に規定しました。左の憲法24条の元になった草案中の「親の強制ではなく」や「男性の支配ではなく」の言葉は、家制度を明確に否定するものです。これらの言葉はGHQや日本政府の検討により削除され現在の24条には残りませんでしたが、憲法制定後の民法改正で家制度は廃止されました。

---

★〇✕問題でチェック★

問1　法の下の平等は、戦前から憲法で保障されていた。
問2　憲法24条2項では、家族制度を法で定めるにあたり、男女平等を重視するべきであるとしている。

## 3 単一民族国家ではない日本──アイヌ肖像権裁判の例から

↓『アイヌ民族誌』

一橋大学附属図書館所蔵

憲法14条1項は「人種、信条、性別、社会的身分又は門地〔家柄のこと〕により」差別されないと定めています。ここに列挙された5つは14条1項後段列挙事由と呼ばれ、歴史上、不合理な差別の理由づけに使われてきた事柄です。逆にいえば、この5つのいずれかに基づいて法的取扱いを区別している場合、それは不合理な差別になっている疑いが強く、憲法に違反していないか特に慎重に審査する必要があります。

ところで人種差別と聞いて、あなたは何をイメージするでしょう。そして日本に人種差別はあるのでしょうか。憲法が禁止する人種差別には、実は民族差別も含まれています。日本は単一民族国家ではありません。1986年には当時の首相が「日本は単一民族国家」と発言し批判される事件がありました。少数民族であるアイヌ民族差別、植民地支配を起源とする在日朝鮮人差別、琉球（沖縄）への歴史的差別など、日本にも多くの差別問題が存在しています。差別問題に取り組むうえで注意すべきは、多数派からは差別が見えにくいということです。たとえば左の写真は、著名なアイヌ学者らによって1970年に出版された図書の一部ですが、被写体のアイヌの人々の写真の掲載許可を得ずに出版されたため、肖像権侵害をめぐり訴訟に発展しました。訴訟では肖像権問題に加え、アイヌに関する事実の誤りや差別的な表現が含まれていたこともアイヌの証人によって明らかにされました。専門家が編纂したはずなのに、研究対象のアイヌへの配慮ができていなかった点に、差別の根深さが表れています。現代を「当たり前」と考えて生きる多数派の人々からは差別が見えにくく、差別を認識できなければ憲法に平等が書かれていても無意味になってしまいます。法の下の平等を学ぶ前提として、差別を生んできた社会の歴史を学ぶことも大切なのです。

## II 平等にかかわる訴訟

## 1 日本初の違憲判決──尊属殺重罰規定事件判決

↓初の違憲判決を報じる新聞記事

**最高裁、初の違憲判決**
「尊属殺重罰」の判例変更

親殺し三件、減刑
法の下の平等に違反

十四─一の大差

刑法改正、早急に

朝日新聞1973年4月4日
東京夕刊1面

↓刑法旧200条：尊属殺人罪

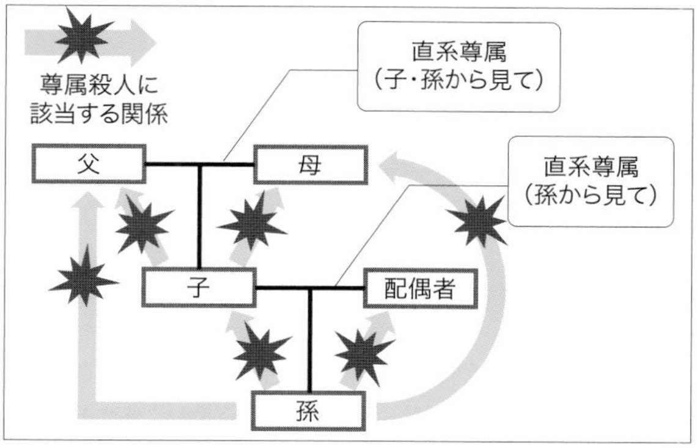

尊属殺人に
該当する関係

父 ── 母
直系尊属
（子・孫から見て）

子 ── 配偶者
直系尊属
（孫から見て）

孫

筆者作成

法の下の平等は、違憲判決が多い分野です。日本で初めて最高裁が下した違憲判決も、刑法旧200条が憲法14条に反するとした尊属殺重罰規定事件判決（最高裁昭和48年4月4日判決）でした。左上の新聞記事は判決当日の夕刊ですが、大きな見出しで大々的に報道されていることがわかります。見出しの中に「親殺し」とありますが、刑法旧200条は、自分または配偶者（婚姻しているパートナー）の直系尊属を殺した者を死刑または無期懲役とする尊属殺人罪を定めていました。直系尊属とは父母と祖父母を指し、上図にあるとおり家系図の真上にいる親世代を殺害した場合に尊属殺人罪が適用され

ることになります。つまり特定の人間関係において殺人が生じた場合、通常の殺人罪（刑法199条）とは区別して特に重く処罰されることになっていたのです。

問題となった事件は、14歳の時から15年間実父の支配下におかれ、レイプされ出産までした娘が、支配から逃れようと父を殺害したというものでした。このような壮絶な事件であるにもかかわらず、親殺しという点をとりあげて刑法旧200条を適用すれば、娘は重い罰に処せられることになります。そこで、刑法旧200条が憲法14条1項に違反し無効となるかが争われたのです。最高裁の多数意見は、親への尊敬や恩返しといった道徳を法で守ろうとする立法目的は正当であるとしつつ、加重された刑罰の程度が厳しすぎるとして違憲無効としました。結果、娘には通常の殺人罪が適用され、執行猶予付き判決が下されています。なお1973年に違憲判決が出たあとも国会は長い間刑法改正を行わず、刑法旧200条は適用されないまま存置され、1995年の法改正でようやく廃止されました。

★○×問題でチェック★
問3　憲法14条1項後段列挙事由は、歴史上差別の理由として扱われてきた事柄の例である。
問4　尊属殺重罰規定事件判決で、最高裁の多数意見は尊属殺人罪の立法目的が憲法に違反するとした。

## 2 婚外子相続分差別違憲決定

↓民法旧900条4号ただし書：婚外子相続分差別

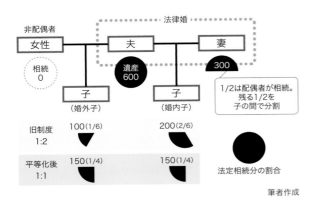

筆者作成

婚外子（非嫡出子、嫡出でない子）とは、婚姻していない男女の間に生まれた子のことです。例としていわゆる愛人の子や未婚の母の子などが考えられ、このような立場の子に対する社会からの偏見や差別が問題視されてきました。民法旧900条4号ただし書は、婚外子の法定相続分を婚内子の半分と定めていました。婚外子という地位は出生時に決定し、本人の努力では変えられませんから、これを理由に相続分を減らして子に不利益を与えることは不合理な差別ではないかとの疑いがありました。もしこれが法による差別なら、社会による差別を法が助長していることになります。最高裁は、以前はこの制度を合憲と判断していましたが（最高裁平成7年7月5日決定）、平成25年9月4日決定で結論を変更し、違憲と判断しました。そして同年中に民法が改正され、婚外子と婚内子の相続分は平等化されました。

## 3 国籍法違憲判決

↓国籍法旧3条1項下での国籍取得

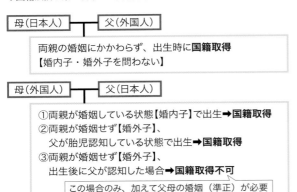

筆者作成

日本国籍の取得条件は、両親の少なくとも一方が日本人であることです。母が日本人の場合、子は当然に国籍を取得しますが、父が日本人で母が外国人の場合は複雑です。国籍法旧3条1項は、父のみ日本人のケースを①両親が婚姻している場合、②両親が婚姻しておらず出生前に父が認知した場合、③両親が婚姻しておらず出生後に父が認知した場合に分けていました。そして③のみ出生時に国籍取得できず、さらに両親が婚姻した場合に国籍を取得できるとされていました。これを準正要件と呼びます。しかし②と③を比べると、父の認知の時期が出生前か後かの違いしかありません。また父母が婚姻するかどうかは子の意思では決められませんから、準正要件には不合理な差別の疑いがありました。最高裁平成20年6月4日判決で準正要件は違憲とされ、同年の国籍法改正により父の認知のみで国籍取得が可能になりました。

## 4 再婚禁止期間違憲判決

↓民法旧733条1項：女性の6か月の再婚禁止期間と嫡出推定

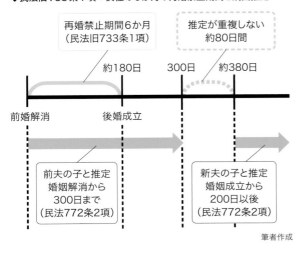

筆者作成

民法旧733条1項は離婚後6か月間の再婚禁止期間を女性にのみ定めており、男女差別の疑いがありました。再婚禁止期間は、民法772条2項の嫡出推定の仕組みと関係しています。婚姻中の両親から生まれた子を婚内子（嫡出子）と呼びますが、離婚後300日以内に生まれた子は離婚前の婚内子と推定され、婚姻成立後200日以後に生まれた子は婚姻後の婚内子と推定されます。離婚後すぐ婚姻し子が生まれると、離婚前と婚姻後の推定期間に同時に該当してしまいます。この嫡出推定の重複を避け、子の父を確定しやすくするために再婚禁止期間が設けられたと説明されているのです。しかし左図のとおり、再婚禁止期間が6か月あると2つの推定期間のどちらにもあたらない余分な期間が80日分生じます。最高裁平成27年12月16日判決は、この余分な80日を違憲とし、翌年の民法改正で再婚禁止期間は100日に短縮され、さらに婚姻解消時に妊娠していない女性には禁止期間が適用されないことになりました。

---

★○×問題でチェック★

問5　最高裁は婚外子の法定相続分を婚内子の半分と定める制度を違憲と判断している。
問6　最高裁は女性の6か月の再婚禁止期間を違憲と判断し、再婚禁止期間は廃止された。

## Ⅲ　夫婦別姓訴訟と家族の多様化

### ❶　夫婦同氏制合憲判決

**↓2018年に訴訟を提起した原告団の事情**

男性・一部上場企業の社長
結婚により改姓したが通称（旧姓）で働く

> 通称と戸籍名の使い分けが煩雑。社内書類・公的書類・他社との契約書等、場面ごとにルールの確認が必要。パスポートや保険証等との整合性のため、海外では戸籍名で活動。価値を生まない確認作業が増え、企業活動が阻害される

映画監督と映画プロデューサーの夫妻
アメリカで現地の法律に基づき別姓で結婚

> 別姓では戸籍が作れず、日本国内で婚姻関係を証明できない

弁護士の夫妻
お互いに連れ子がいる再婚同士

> 親が再婚同士の場合、どちらかの子どもは改姓を強制される

筆者作成

### ❷　家族の多様化と法制度

**↓婚姻の際の姓のあり方についての意識調査（2020年）**

■A 自分は夫婦別姓が選べるとよい。／他の夫婦は同姓でも別姓でも構わない。
　B 自分は夫婦同姓がよい。／他の夫婦は同姓でも別姓でも構わない。
■C 自分は夫婦同姓がよい。／他の夫婦も同姓であるべきだ。
■D その他／わからない

> 選択肢の特徴「自分が同姓にしたいか」と「他者が別姓でもよいか」を区別した選択肢

> 選択的夫婦別姓に賛成70.6%

総人数
7000人　| A 34.7% | B 35.9% | C14.4% | D15.0% |

※賛成の割合は女性の方が高く、20代～50代の女性では約80%が賛成

早稲田大学法学部・棚村政行研究室／選択的夫婦別姓・全国陳情アクション合同調査
47都道府県「選択的夫婦別姓」意識調査レポート（2020年11月18日発表）
選択的夫婦別姓・全国陳情アクションHPをもとに筆者作成

　選択的夫婦別姓が望まれる理由としては、姓への思い入れに加え、姓の変更手続がもたらす不利益も挙げられます。役所に婚姻届を出しても手続はまだ山ほどあり、銀行口座、印鑑、クレジットカード、保険証、免許証、パスポート等を1つずつ変更する必要があります。研究者の論文や特許など、姓変更により仕事上の混乱をきたす場合もあります。上の2020年の意識調査では、選択的夫婦別姓に賛成する声が合計70%に達しました。ニーズに対してメニューが足りていない状態だからこそ、法改正が求められています。
　現代社会では家族のあり方が多様化しているといわれます。何のために結婚するか、子供をもつか等、人それぞれ事情が違います。多様化の中で従来の法制度が深刻な不利益を生むことがあり、その時にこそ人権の観点から新しい法制度が求められるのです。別の例として同性婚を考えてみましょう。日本の法律では同性婚は認められていませんが、条例で同性パートナーシップ制度を導入する地方自治体が増え、2021年1月現在、

　民法750条は夫婦がどちらかの姓に統一することを定めており、別姓のまま結婚することはできません。生来の姓に愛着がある夫婦は一方がその愛着を捨てることになり、実態は夫の姓に合わせるケースが96%なので男女差別の疑いもあります。同姓でも別姓でも結婚できる制度（選択的夫婦別姓）を求める動きが何十年も続いていますが、国会は法改正に動かず憲法訴訟に発展しました。しかし最高裁平成27年12月16日判決は、夫婦同氏制は憲法13条・14条・24条に反しないとして合憲判断を下し、あくまで国会の法改正に実現を委ねるとしました。この訴訟の原告の70代の女性は「本名で生き、本名で死にたい」と想いを語りましたが、その後亡くなりました。2018年には新たに複数の原告団が訴訟を提起しましたが、そのうちの一部について、最高裁は2021年6月に合憲判断を下しました。また地方議会が夫婦別姓実現を求める意見書を国会に提出する動きも高まり、2021年7月現在、その数は230件を超えています。

**↓世田谷区同性パートナーシップ宣誓書受領書**

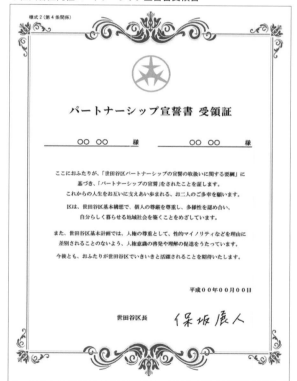

世田谷区HP

70を超える自治体で導入されています。この制度に法的効力はないものの、性的マイノリティへの差別に反対し同性カップルの権利を認めようとするメッセージを社会へ発信しています。2019年には同性婚を求める憲法訴訟も提起され、いろいろなアプローチで法制定を求める動きが展開されています。

★○×問題でチェック★
　問7　最高裁は夫婦同氏制が憲法に違反しないとしている。
　問8　家族の多様化に対応するため、日本では同性婚が法律で認められている。

# 5 思想・良心の自由

> **19条** 思想及び良心の自由は、これを侵（おか）してはならない。

## Ⅰ　前史──大日本帝国憲法下における思想・良心の自由

▶治安維持法違反で検挙される人

奥平康弘『治安維持法小史』（岩波現代文庫・2006年）口絵

大日本帝国憲法には、思想・良心の自由の保障について特に条文がありませんでした。明治初期からの治安立法に加えて制定された治安維持法は、当初は「国体の変革」と「私有財産制度の否認」を目的とする結社の結成・参加を取り締まるものでした。治安維持法は、当初は共産主義の実現を目的とする結社（具体的には、当時の日本共産党）を念頭に置いた法律でしたが、後には、当局や裁判所が天皇制という「国体」に少しでも脅威であると感じたあらゆる活動をも処罰の対象とするものに変化していきました。その結果、もはや日本共産党とはまったく関係のない反ファシズム活動や、研究会、サークル、宗教団体、そして個人までもが「国体否定」として弾圧の対象となるに至りました。この治安維持法と、その他関連する仕組みの総動員のもとで、特定の思想を抱くことが禁じられ、当局の望ましい思想への「転向」が強いられました。

## Ⅱ　「思想及び良心」の意義

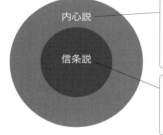

▶「思想及び良心」の意義をめぐる学説

[内心説]
人の内心における
ものの見方ないし考え方
（広く個人の内面的な精神作用を指す）

[信条説]
信仰に準ずる世界観・
人生観等の個人の
人格形成の核心をなすもの

筆者作成

　思想・良心の自由に関しては、まず、憲法19条の「思想及び良心」という文言について「思想」と「良心」を区別するかが問題となります。通説は、両者が憲法上同じに扱われている以上は両者を区別する必要が特段存在しないと考えています。通説によれば、思想・良心の自由とは、個人の「内心の自由」（内面的領域の自由）だということになります。他方で、学説の中には両者を区別するものもあります。すなわち、「思想の自由」を広く人間の内心領域を国家の侵害から保護する権利として、「良心の自由」を各人が自己の人格を形作る良心ないし信条に従って生きることを許すための権利として理解するものもあります。
　次に、「思想」と「良心」を特段区別しない通説に従って考

えると、保護される「思想及び良心」とは何かが問題となります。これに関しては、大きく分けて、「思想及び良心」を広く理解する内心説（広義説）とそれを狭く理解する信条説（狭義説）という2つの考え方が対立しています。これについては左の図を見てください。
　最後に、思想・良心の自由を「侵してはならない」の意味としては、どのようなものがありうるでしょうか。これについては、公権力が、①個人の思想・良心に基づいて不利益を課したり、特定の思想・良心を抱くことを禁止したりすることが許されないこと、②個人がいかなる思想・良心をもっているかを強制的に露顕（ろけん）させることが許されないこと、③一方的な教化等により個人の思想・良心の形成を直接的に操作することが許されないこと、の3つを意味すると一般に考えられています。さらに、①〜③のように個人の内心それ自体に対する制約に加えて、個人が思想・良心に基づく外部的行為を行った場合にも、一定の場合にはその行為に憲法19条の保障が及ぶと考える必要があることが指摘されています（これについてはⅢで述べます）。たとえば、あなたが思想的に忌避するようなシンボルが国旗になったとして、その国旗に起立しなければ処罰される場合を考えましょう。その国旗が嫌いだ（思想）という理由で起立しなかった（外部的行為）場合、思想・良心の自由によってその不起立は保護されるでしょうか。

---

★○✕問題でチェック★

問1　治安維持法は、無政府主義や共産主義を掲げる団体にのみ適用されていた。
問2　信条説は、世界観・人生観等の個人の人格形成の核心のみを憲法19条が保護すると考える。

# 1 謝罪広告強制事件

↓謝罪広告の文面（イメージ）

## 謝罪広告

私は昭和27年10月1日施行された衆議院議員の総選挙に際し日本共産党公認候補として徳島県より立候補しその選挙運動に当って、同年9月21日午後9時20分より同25分、同月25日午後9時30分より同35分及び同月27日午後9時20分より同25分にいたる各5分間宛3回に亘り日本放送協会徳島放送局で候補者政見放送を行った際、右放送中に「X前副知事は坂州の発電所の発電機購入に関し800万円の周旋料をとっている」旨述べ、又同月29日発行の徳島新聞紙上で前徳島県知事B氏が「公開状」と題して右放送事実を指摘し之についての釈明を求めたのに対し、翌30日付同紙上に私は同じく「公開状」と題しその文中に「当時C社が多数の業者の競争をよそに高い値段で県に売りつける権利を獲得し、X君がこの斡旋に奔走して800万円のその下をもらった事実は打ち消すことが出来ない」及び「X君はわが党が3ヶ月も以前から曝露しているにも拘らず一言の申訳もできないのはどうしたわけか」と記載いたしましたが右放送及び記事は真実に相違して居り、貴下の名誉を傷つけ御迷惑をおかけいたしました。ここに陳謝の意を表します。

X殿

Y

第一審判決から書き起こし（氏名および社名は伏せた。また漢数字を算用数字に改め、現代仮名遣いに一部修正した）

思想・良心の自由の侵害が争われた事件として、まず、謝罪広告強制事件を挙げることができます。この事件の法的構造の図を見てください。まず、公職の選挙に立候補していたYが、元県副知事であったXに対して、政見放送や新聞紙上において「Xは発電所の発電機購入にあたり賄賂をもらった」等述べたものの、Xに関してそのような事実はありませんでした。XはYを相手どって、Yの発言により傷つけられた名誉を回復すべく、新聞紙上に謝罪広告の掲載を求める訴訟を提起しました（民法723条は、名誉毀損について、裁判所は損害賠償のほかに「名誉を回復するのに適当な処分」をすることができると定めており、そのような処分の1つとして謝罪広告があります）。この訴訟の一審も二審もYのXに対する発言が名誉毀損であり不法行為（民法709条）にあたるとして、Xの求める謝罪広告をYが行うよう命じました。これに対してYは、仮にYの発言が名誉毀損であり不法行為であるとしても、上に掲げたような謝罪広告の掲載を裁判所がYに強制することは、自らの発言が名誉毀損にあたらないと考えているYにとって、Yの意図しない言説（陳謝の意）をYの名前で掲載させることになる点で憲法19条に違反すると上告しました。

最高裁（最高裁昭和31年7月4日判決）は、一方では、

↓謝罪広告強制事件の法的構造

❷YはXの名誉を毀損した。謝罪広告せよ！

裁判所

❸広告強制は違憲だ！

Y　❶名誉毀損　X

筆者作成

謝罪広告を命ずる判決の中にも、「時にはこれを強制することが債務者の人格を無視し著しくその名誉を毀損し意思決定の自由乃至良心の自由を不当に制限する」ことになる場合がありうると述べます。しかし他方で、「単に事態の真相を告白し陳謝の意を表明するに止まる程度」のものであれば、謝罪広告を強制することは許されるとしました。そして、上掲の謝罪広告のように、発言が「事実に相違」していることに「陳謝の意」を表明する内容の本件謝罪広告を強制してもYの良心の自由を侵害しない、としました。

この最高裁判決では、最高裁の多数意見が「思想及び良心」をどのようなものと考えているのか判然としません。一方で、各裁判官の個別意見をみると、「思想及び良心」に関して様々な見解が唱えられています。たとえば、田中耕太郎裁判官は、「良心」はもともとは宗教上の信仰の自由として理解されてきたが、「今日においてはこれは宗教上の信仰に限らずひろく世界観や主義や思想や主張をもつこと」にも及ぶとします。しかし、憲法19条の「良心」には「謝罪の意思表示の基礎としての道徳的な反省とか誠実さというものを含まない」と考えます。したがって、謝罪広告は、内心がどうあろうとも、行為が法の要求を満たすことを求めるにとどまるので、思想・良心には無関係であるとします。これに対して、藤田八郎裁判官は、「思想及び良心」は、単に事物に関する是非弁別の内心的自由だけでなく、この是非弁別の判断に関する事項を外部に表現する自由および表現しない自由を含むと考え、Yの本心に反して、事の是非善悪の判断を外部に表現させ、心にもない陳謝の念の発露を判決をもって命ずることは許されないとしました。IIで説明したところからすると、田中裁判官の考え方は狭義説（信条説）に、藤田裁判官の考え方は広義説（内心説）にあたるものと考えられています。

★○×問題でチェック★

問3　他者の名誉を毀損した者に、裁判所は、謝罪広告の掲載を命じることもできる。

問4　謝罪広告の強制は、本人の意思に反して本人名義の謝罪文を掲載させるので憲法19条に反する。

↓内申書（調査書）の例

| 別紙（一） | 調 査 書 | （昭和37年度以降の者に適用） |
| --- | --- | --- |

*（様式3の1）*　成績一覧表の番号　　番　　男・女　現 住 所　　　　　※受検番号　全・定　　科　　番　　都立高校との関係（項目の〇をつけること）

判例時報921号43頁より

公立麹町中学校の生徒Cは、希望した複数の高校の入学試験に合格できませんでした。Cの調査書（通知表とは異なるもので、進学先に入学者選抜の資料として提出される書類。内申書ともいいます）には、「校内において麹町中全共闘を名乗り、機関紙『砦』を発行した。学校文化祭の際、文化祭粉砕を叫んで他校生徒と共に校内に乱入し、ビラまきを行つた。大学生 M L 派（マルクス・レーニン）の集会に参加している。学校側の指導説得をきかないで、ビラを配つたり、落書をした」等の記載があり、Cは不合格の原因がこの記載だと考えました。Cは、政治的・思想的立場を想起させる上記記載により合否が左右されたとすれば、それはCの思想信条により合否が左右されたことにほかならず、調査書に思想信条に関する事項を記載することは憲法19条に反すると訴えました（麹町中学校事件）。

最高裁は、上記記載はCの「思想、信条そのものを記載したものでないことは明らか」であり、この記載にかかわる外部的行為によってはCの「思想、信条を了知し得るものではないし」、Cの「思想、信条自体を高等学校の入学者選抜の資料に供したものとは到底解することができない」として、訴えを退けました（最高裁昭和63年7月15日判決）。最高裁は、上記記載が思想信条と関係ないとすることで、思想信条（内心）と外部的行為との関連という論点に立ち入りませんでした。

**3** 「日の丸」・「君が代」問題

↓永井愛「歌わせたい男たち」のワンシーン

同作 DVD（二兎社・2008年）より

卒業式や入学式で、掲揚された「日の丸」に起立せず「君が代」を斉唱しなかった教員が処分された、というニュースを耳にしたことがある人もいるでしょう。文部省により「日の丸」の掲揚と「君が代」の斉唱を行うべきであるという指導がなされる中で、1999年には国旗国歌法が制定され、「日の丸」（日章旗）が国旗、「君が代」が国歌として法定されました。国旗国歌法は私人に対する義務づけを含むものではありませんでしたが、その後、たとえば東京都では、卒業式や入学式で都立の学校の教職員は「国旗に向かって起立し、国歌を斉唱する」とする通達（「10.23通達」）が出され、この通達に従って、職員に対して、国旗に向かって起立し、国歌を斉唱せよという職務命令が出されました。他方で、次のように考える教員もいました。学校には、第二次世界大戦で侵略された経験をもつ国に出自をもつ児童・生徒もおり、そのような児童・生徒がいる中で、日本の侵略戦争の象徴にもなった「日の丸」・「君が代」を式典に組み込むことは適切ではない、と。そして、上記のような職務命令は教職員の思想・良心の自由を侵害するので、憲法19条に違反するとして争われたのが、一連の「日の丸」・「君が代」訴訟です。

★〇×問題でチェック★

問5　最高裁は、政治集会に参加した等の記載からは思想・信条を読み取ることができないとした。
問6　国旗国歌法は公立学校の式典等では国旗に向かって起立し国歌を斉唱すべきと定めている。

| 事件名 | 判決日 | 争点 | 判断 |
|---|---|---|---|
| ピアノ伴奏拒否事件 | 2007 (平成19) 年2月27日 | 公立学校の音楽専科の教員に対して「君が代」のピアノ伴奏を命じる職務命令の合憲性 | ピアノ伴奏行為は当該教員の思想の外部への表明といえず、職務命令が当該教員に特定の思想をもつことを強制・禁止せず、特定の思想の有無の告白を強いるものでもない。 |
| 起立強制職務命令事件 | 2011 (平成23) 年5月30日<br>2011 (平成23) 年6月6日<br>2011 (平成23) 年6月14日 | 公立学校の教員に対して卒業式で「日の丸」に向かって起立し「君が代」を斉唱すべき旨命じる校長の職務命令（起立斉唱義務）の合憲性 | 「日の丸」・「君が代」が戦前に果たした役割からそれらに否定的評価を抱く者に対する起立斉唱義務は、思想・良心の自由に対する「間接的な制約」となる。したがって、上記義務を課すには必要性および合理性がなければならない。 |
| 懲戒処分事件 | 2012 (平成24) 年1月16日<br>2012 (平成24) 年1月16日 | 上記起立斉唱義務に違反したとしてなされた懲戒処分（停職・減給・戒告）の適法性 | 起立斉唱義務違反として戒告以上の減給・停職処分をする場合、不起立行為の性質上「慎重な考慮」が必要なので、学校の規律・秩序維持と処分の不利益の権衡の観点から「当該処分を選択することの相当性を基礎付ける具体的な事情が認められる」必要がある。 |
| 予防訴訟 | 2012 (平成24) 年2月9日 | 上記起立斉唱義務の不存在確認および当該義務違反に対する懲戒処分の差止めの許容性等 | 義務不存在確認は公法上の当事者訴訟（行訴4条後段）としては確認の利益があり適法、差止訴訟（行訴3条7項）も停職・減給・戒告処分につき「重大な損害を生ずるおそれ」（行訴37条の4）があり適法（本案は棄却）。 |

筆者作成

これらの訴訟では主に、起立斉唱を命じる職務命令それ自体が憲法19条に違反するか否かという論点と、職務命令に違反したことを理由に戒告・減給・停職・免職という懲戒処分を下すことが許されるかという論点が争われました（表を参照）。ここでは職務命令と懲戒処分のみをとりあげることにします。

まず、職務命令の合憲性について、最高裁は次のように述べました（最高裁平成23年5月30日判決ほか）。①「日の丸」や「君が代」が戦前の軍国主義等との関係で一定の役割を果たしたという歴史観・世界観は「思想及び良心」にあたるが、しかし、②式典での国歌斉唱行為は慣例的・儀礼的な所作なので、起立斉唱が上記の歴史観・世界観を否定することと不可分に結びつくものではない。加えて、③起立斉唱行為が職務命令に基づいて行われている場合には、起立斉唱行為が特定の思想またはこれに反する思想の表明とは外部からは評価できない。したがって、④この職務命令は、特定の思想をもつことを強制したり、これに反する思想をもつことを禁止したり、特定の思想の有無の告白を強要したりするものでもないので、思想・良心の自由を「直ちに」制約しない。

他方で、最高裁は、次のようにも述べます。⑤起立斉唱行為は、国旗・国歌に対する「敬意の表明」の要素を含む行為であり、自らの歴史観・世界観からして「日の丸」・「君が代」に敬意を表明し難いと考える者に対して、敬意の表明の要素を含む起立斉唱行為を強制することは、思想・良心の自由に対する「間接的な制約」となる。したがって、⑥このような間接的な制約は、職務命令の目的・内容・制約態様等を総合的に較量して、職務命令に「必要性及び合理性」が認められる場合のみ、憲法19条に反しない。⑦本件の場合、上記の職務命令は教員の思想・良心の自由への間接的な制約にあたるものの、教育上重要な節目である式典の円滑な進行を図る必要性があること、学校教育法に国家の現状と伝統の正しい理解と国

際協調精神の涵養が定められ、学習指導要領では入学式・卒業式の意義をふまえて国旗掲揚・国歌斉唱の指導が定められていること、公立学校の教員は住民全体の奉仕者（憲法15条等）として法令および職務命令に従わなければならないことから、上記の「必要性及び合理性」が認められる。

このように最高裁は、教員の上記歴史観・世界観は憲法19条の保障する思想・良心に含まれるとしたうえで、職務命令は思想・良心の自由の直接的な制約とはいえないが、他方で間接的な制約にはあたる。しかし、この制約にも必要性および合理性が認められるので憲法に反しない、としました。思想・良心（「日の丸」・「君が代」への否定的評価）と外部的行為（起立斉唱の拒否）の関連がここでは認識されています。

次に、懲戒処分に関して最高裁は、戒告を超えてより重い減給以上の処分を選択することには「慎重な考慮」が必要であると述べています。最高裁は、減給処分は、その処分自体によって教職員に一定の間給与の一部を支払わないという直接の給与上の不利益が及び、将来の給与アップ等にも一定の影響があること、そして、毎年度行われる卒業式や入学式等の式典のたびに懲戒処分が累積して加重されると短期間で反復継続的に不利益が拡大していくことを理由に、減給以上の処分は、過去の処分歴等に鑑みて、学校の規律・秩序の保持等の必要性と処分による不利益の内容のバランスという観点から、その処分を選択することの相当性を基礎づける具体的な事情がなければ違法となる、と判断しました（最高裁平成24年1月16日判決ほか）。

このように、最高裁は、職務命令で起立斉唱義務を課すことは合憲としつつ、職務命令違反を理由とする懲戒処分の場面では思想・良心の自由に一定程度「配慮」しようとしているようにみえます。

---

★○×問題でチェック★

問7　国旗に向かい起立し国歌を斉唱することを公立学校教員に命ずることは憲法19条に反する。

問8　起立斉唱すべき職務命令に反した教員に減給以上の処分を行う場合には慎重な考慮が必要である。

# 6 信教の自由

## I 信教の自由の保障

### 1 信教の自由の保障の内容とその意義

↓青森県から靖国神社に参拝する
戦争遺児の様子（1942年10月）

毎日新聞社

憲法20条が保障する「信教の自由」には、①宗教を信仰することや信仰する宗教を変更することは各人の自由であること（信仰の自由）といった心の内部の自由に加えて、②特定の宗教の信仰にかかわる活動も各人の自由であること（宗教的活動の自由）、③自身の信仰する特定の宗教を基礎にした集団をつくることも自由であること（宗教的結社の自由）といった信仰にかかわる外部的行為の保障が含まれています。また、これら①〜③の自由を行わないことの保障もここには含まれます。

ところで、明治憲法でもこの信教の自由の保障を規定していました（28条）。しかし日本の歴史を思い出せば、この明治憲法下で、国が、天皇を尊ぶ神社神道の信仰をその他の宗教とは同等に取り扱わずに、それに事実上の国教としての地位を与え、教育等を介して国民にこの信仰を強制していた時代がありました。そのため、遠方の青森県に在住していた戦争遺児に、天皇を中心とした国家を神とする信仰をもち、天皇のために戦死した者が祀（まつ）られる靖国神社に参拝することを求める教育が行われていました。そして、こうした神社神道の信仰を国が国民に強制することは、その他の信仰や宗教の弾圧にもつながり、また神社神道のみに対する国民の信仰心が当時の天皇を中心とした軍国主義の精神的支柱となっていました。つまり明治憲法下では、個々人の信仰や宗教を選択する自由が十分に保障されていませんでした。そこで現在の日本国憲法では、信教の自由を手厚く保障しています。

### 2 信教の自由の限界

↓エホバの証人剣道実技拒否事件

信仰する宗教のため、格闘技を学びたくない！

「体育」科目での剣道の学習は必須！

❶剣道実技の拒否＝欠席扱い
→必修科目（体育）の単位認定が不可能
⇒退学処分

高専1年生　❷退学処分を取り消すことを要求　校長

公立工業高等専門学校

❸信教の自由の侵害だ！

筆者作成

信仰の自由は、思想・良心の自由と同様に個人の内心における自由であって、個人の人格的な要素の一部であるため、それが内心にとどまっている限りは、他人の人権を侵害することがないので、絶対的に保障される必要性があります。しかし、宗教的活動の自由と宗教的結社の自由については外部的行為を伴うため、規制される可能性があります。たとえば、自分がもつ信仰を、信仰の自由に基づいて他人に無理やり押し付けることは、他人の信教の自由と衝突するため、規制の可能性が指摘できます。それでは、どのような規制が許されるのでしょうか。判例から、信教の自由の限界を考えてみましょう。

まずはエホバの証人剣道実技拒否事件判決（最高裁平成8年3月8日判決）をとりあげます。本判決では、公立の高等専門学校（高専）に通っていた、エホバの証人（☞3-Ⅱ3）の信者である学生が、宗教上の信仰を理由として、体育の授業で剣道実技に参加しなかったところ、学校から退学処分を命じられたことが問題となりました。この退学処分をめぐって最高裁は、退学処分が「学生の身分をはく奪する重大な措置」であることから、この処分は「教育上やむを得ないと認められる場合に限って」選択されるべきものであることを述べたうえで、公立高専における剣道実技の履修が必須であることを否定し、剣道実技以外の代替措置を検討せずに校長が退学処分を命じたことが、信仰の否定につながる強制であり、裁量権の逸脱であると判断しました。そして、この学生への退学処分の取消しを言い渡しました。この判決の結論は、信教の自由に対する制限は必要最小限でなくてはならないとの観点から考えれば、妥当な判断であったと思われます。

★○×問題でチェック★

問1　国が国民に対して、特定の信仰を強制または禁止することは、信教の自由に反する。
問2　信教の自由は、個人の人格的な要素となりうるものであることから、絶対的に保障される。

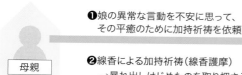

↓加持祈祷事件

母親

娘

❶娘の異常な言動を不安に思って、その平癒のために加持祈祷を依頼

❷線香による加持祈祷（線香護摩）
→暴れ出しはじめたのを取り押さえ、線香で憑いているタヌキを燻り出す祈祷＝線香護摩
（約3時間・線香800束使用）

傷害致死罪？
（刑法205条）

住職・宗教教師

❹平癒のための宗教的行為・他人を傷つける目的はない！

❸全身に熱傷・皮下出血
→これをきっかけに死亡

↓護摩行の様子

中島洋祐／アフロ

筆者作成

しかし、信教の自由に対して一切制限が行われないというわけではありません。たとえば、娘の異常な言動を不安に思った母親が、お寺の住職に娘の治療を依頼したことがきっかけで問題となった加持祈祷事件判決（最高裁昭和38年5月15日判決）があります。本判決では、この娘に対して住職が、自分自身の信仰に基づく行為によって治療できると確信し、宗教的

↓牧会活動事件

学園紛争の計画

高校生A・B

キリスト教牧師

❶通学先高校の校舎封鎖の計画・実行→未遂

❷建造物侵入（刑法130条）等の犯罪行為者として、捜査対象

警察官

❸A・Bを教会内施設に宿泊させ、牧会活動として説得（約1週間）

❹A・B任意出頭

❺犯人隠匿の罪？（刑法103条）

筆者作成

治療法としての過度な加持祈祷を行って死に至らしめてしまったため、傷害致死罪に問われました。最高裁はこの住職に対して、「信教の自由の保障の限界を逸脱した」と判断して、傷害致死罪に該当し有罪、懲役2年を命じました。

とはいえ、宗教的活動によって、刑法に規定された犯罪行為を行ったとしても必ず有罪になるのではなく、宗教的活動の自由を尊重し、無罪と判断している判例もあります。それが牧会活動事件判決（神戸簡裁昭和50年2月20日判決）です。本判決では、牧師である被告人が、犯罪行為をして逃亡中の高校生を匿った行為について、犯人隠匿の罪に問われました。これに対し裁判所は、被告人が高校生に対して自分の行動を省みる機会を与えるなどした牧会活動は、信教の自由によって保障される行為であり、その結果として高校生が自主的に警察に出頭したという事情も考慮すれば、この行為は「全体として法秩序の理念に反するところがなく、正当な業務行為として罪にならない」というべきである、と判断したのです。

以上の2判例から、刑法上の規定に違反する宗教的活動であるからといって必ず有罪となるわけではありませんが、他人の生命・身体に危険を及ぼすような場合には、信教の自由は規制されることが読み取れます。

↓政界進出を目指したオウム真理教の様子
（1990年1月7日）

読売新聞／アフロ

↓オウム真理教が引き起こした地下鉄サリン事件
（1995年3月20日）

Kaku Kurita／アフロ

的側面を対象とし、かつ、専ら世俗的目的によるものであって、宗教団体や信者の精神的・宗教的側面に容かい〔介入すること〕する意図によるものではな」いと述べて、これを合法と判断しました。つまりこの解散命令は、宗教法人格を与えられた宗教団体が「著しく公共の福

次に、オウム真理教解散命令事件決定（最高裁平成8年1月30日決定）をとりあげます。オウム真理教に対しては、宗教法人法81条に基づいて解散命令が命じられましたが、この解散命令が信教の自由に反しないのかが本決定では問題とされました。最高裁は、この解散命令が「専ら宗教法人の世俗

祉を害する」活動を行ったためにそれを失わせるものであって、宗教的な信仰に対する精神的側面に介入するものではないことを述べて、最高裁はこれを合法であると判断したのです。そのため本決定から、信教の自由に対する精神的な側面への規制は必要最小限にとどめられるべき必要性が理解できます。

## II　政教分離原則

### 1　政教分離の意義と目的効果基準による分離

↓警視庁の新庁舎建設の際に行われた地鎮祭の様子

毎日新聞社

憲法20条1項後段と3項、89条には、国や公の機関が特定の宗教のみを優遇しないように、政治と宗教を切り離すべきとする政教分離原則が定められています。なぜ政教分離原則が定められているのかというと、Iで述べたとおり、かつて日本が明治憲法下で特定の宗教（神社神道）のみを優遇し、その他の宗教を弾圧して、各人の信仰の自由を認めなかった歴史があるからです。国や公の機関が特定の宗教と結びつくと、その宗教を信仰しない個人の信教の自由が侵害されるおそれがあるため、このような原則が定められているのです。しかし現在の日本では、国内に多数存在する宗教系の私立学校に対して国による助成が行われているなど、両者の間には一定の関係があります。それではこの政教分離原則に基づいて国や公の機関と宗教との関係はどこまで許されるべきでしょうか。

まず津地鎮祭事件判決（最高裁昭和52年7月13日判決）をとりあげます。本判決では、市長が、公立体育館建設の際に、地鎮祭を執（と）り行ったことが問題となりました。この儀式を執り行うためには、一般的に神職が主宰（しゅさい）する必要があるため、津市長は公立体育館建設の予定地に神社から宮司（ぐうじ）らを呼んで挙行し、その際の費用を公金から支出しました。そこで、この公金の支出が政教分離原則に違反するかどうかについて、裁判で争われることになったのです。本判決で最高裁は、「それぞれの国の歴史的・社会的条件」によって政教分離の関係が様々であることをふまえ、日本の社会的・文化的諸条件に照らして、「相当とされる限度を超える」場合に政教分離原則違反であると判断するとの立場をとりました。そのうえで最高裁は、政教分離に違反

する「宗教的活動」（憲法20条3項）について、「行為の目的が宗教的意義をもち、その効果が宗教に対する援助、助長、促進又は圧迫、干渉等になるような行為」を意味すると解しました（目的効果基準）。そしてこれに基づき最高裁は、地鎮祭を執り行う目的がすでに世俗的になっていること、そして地鎮祭を公金で執行することによる特定の宗教を優遇する効果も、その他の宗教を抑圧する効果ももたないことから、市長の地鎮祭への公金支出は政教分離原則に違反しないと判断しました。

津地鎮祭事件判決で示された目的効果基準を用いたうえで、政教分離原則違反にあたると最高裁が判断したのが愛媛玉串（たまぐしりょう）料訴訟判決（最高裁平成9年4月2日判決）です。愛媛県知事は、春季・秋季の例大祭に参拝して玉串を捧（ささ）げる代替として、靖国神社への玉串料を公金から支出したため、本判決ではこれが政教分離原則に違反するかどうかが問題となりました。最高裁は、津地鎮祭事件判決で用いた目的効果基準を本判決でも用いたうえで、玉串料の奉納（ほうのう）には地鎮祭のように一般的な慣習・世俗的な行為とは異なり、特定の宗教に対して優遇する意義を有する目的があることから、公金支出による玉串料の奉納は、特定の宗教を優遇する効果とその他の宗教を抑圧する効果をもち、「我が国の社会的・文化的諸条件に照らし相当とされる限度を超えるもの」であると捉えて、政教分離原則に違反すると判断しました。

以上の2判例から、日本国憲法における政教分離原則は、国や公の機関と宗教との間に厳格な分離を要求するものではありませんが、国や公の機関が宗教的な行為にかかわる場合、その目的と効果から判断し、特定の宗教と国や公の機関とが過度に関係する場合には政教分離原則に違反すると裁判所が判断していることがわかります。

↓玉串

及川修／アフロ

★○×問題でチェック★

問5　政教分離原則は、信教の自由の保障のために、国が宗教に対して中立でいることを要求する。

問6　津地鎮祭事件判決によれば、政教分離原則は、国と宗教の完全な分離を要求する。

## **2** 政教分離の困難性と信教の自由の保障の問題

↓空知太神社訴訟

砂川市長

**❷**市有地の無償貸与は憲法20条と89条に違反する！

砂川市の住民

**❶**市有地の無償貸与

政教分離原則違反！

空知太神社

筆者作成

　次に、空知太神社訴訟判決（最高裁平成22年1月20日判決）をとりあげて検討します。本判決で問題となった北海道砂川市の市有地の中にある空知太神社は、町内会館に併設された建物の内部にありましたが、その土地が市から無償貸与されており、また「神社」であることが建物に掲げられていたため（判決前の写真の鳥居の額・鳥居の奥の建物の上部に注目）、これに対して市民が政教分離原則に違反しているとして訴訟を提起しました。これを受けて最高裁は、この神社の宗教的性格とそこで宗教的活動を行う集団の宗教性に対する一般的な評価といった点の総合的判断から、市と神社との関係が、政教分離原則によって許容することのできる「相当とされる限度を超えるもの」として、違憲と判断しました。つまり本判決からは、これまでの目的効果基

準に基づく判断ではなく、より総合的な視点から政教分離原則違反かどうかの判断を最高裁が行ったということがわかります。

　また、この判断基準を踏襲して政教分離原則違反かどうかを判断した判例として、孔子廟訴訟判決（最高裁令和3年2月24日判決）があります。本判決では、那覇市が管理する都市公園内に許可を得て、儒教の創始者である孔子とその弟子を祀る廟が設置され、加えてその公園使用料が市から全額免除されていたことが政教分離原則に違反するかどうかが争われました。そのうえで、この孔子廟の宗教的な性格（たとえば写真に掲載した門が祭礼のために年に一度しか開かれないことなど）、土地の無償提供に至った経緯や態様、これらに対する一般人の評価といった点を考慮して、総合的に判断し、政教分離原則違反であると判断しました。

　ところで、以上のように政教分離原則に違反するとした判決があるとはいえ、現在の日本では政治と宗教との間に一定の関係性があることが前提となっているように思えます。しかし政教分離原則は、各人の信教の自由の保障のためにこそ必要な原則であることを忘れてはいけません。国や公の機関が特定の宗教のみを優遇するように関与することで、それ以外の宗教や信仰をあたかも間違いであるように捉えさせるような社会がもし形成されてしまったら、画一的な社会がもたらされかねないということを忘れてはならないのです。

↓空知太神社の外観（判決前）

毎日新聞社

↓1年に一度、祭礼の際にのみ中央扉が開かれるために、宗教的意義を有するとされた孔子廟の至聖門

岩垣真人氏撮影

↓空知太神社の外観（判決後）

伊藤雄馬氏撮影

↓儒教の創始者である孔子を祀った孔子廟の内部

岩垣真人氏撮影

★〇×問題でチェック★
　問7　空知太神社訴訟判決は、市が神社に土地を無償貸与した点などを違憲と判示した。
　問8　孔子廟訴訟判決は、特定の宗教に優遇措置をとっているとして、市による土地の無償貸与を違憲と判示した。

# 7 表現の自由・総論

## I もし「表現の自由」がなかったら？

### 1 出版検閲の仕組み

> 大日本帝国憲法29条　日本臣民ハ法律ノ範囲内ニ於テ言論著作印行集会及結社ノ自由ヲ有ス

　明治憲法（大日本帝国憲法）の時代、政府は法律を制定することで、言論や集会を思うままに統制できました（法律の留保）。言論統制は、主に、雑誌や新聞といった定期刊行物を対象とした新聞紙法と、その他の著作物を対象とする出版法によって行われました。天皇や皇室への批判は、刑法の不敬罪で処罰されました。最終的に新聞産業は、用紙の配給や国策の合併によって、戦争遂行のための道具にされます。

**↓戦前の出版・言論統制の仕組み**

| 行政的統制（内務省） | | 司法的統制 | 産業統制<br>（1938年～） |
|---|---|---|---|
| 事業規制 | 出版規制 | | |
| 納付金制度<br>納本義務 | 発売頒布禁止<br>記事差止命令 | 治安法制<br>不敬罪 | 合併（一県一紙）<br>用紙の配給制 |

筆者作成

### 2 隠される言論と真実

　戦前、内務省は、印刷物の検閲を行っていました。印刷物を発行しようとする場合、事前に内務省に納本をすることが義務づけられていました。納本された本や雑誌の中に、皇室の尊厳を傷つけたり、性風俗を乱したりするような記述があるかどうか、役人が日々目を光らせていました。もし不適切な記述が含まれていた場合、その印刷物は、書店で販売したり図書館の本棚に並べたりすることができなくなりました。これを発売頒布禁止（発禁）といいます。

　せっかく作った本を売れなくなると、出版社は売り上げが減ります。売れない在庫を大量に抱えれば、倒産の危機です。そのため出版社は、印刷物の中に内務省から問題視されそうな記述がある場合、その部分を、「×××」や「○○○」に置き換えて読めなくすること、つまり、伏せ字にすることで、内務省の規制の目をかいくぐろうとするようになりました。単語や文章の一部だけではなく、極端な場合には、1頁がほぼすべて「○○○」で埋め尽くされることもありました。また、印刷済みの本の一部をハサミで切り取ったり、手で破り取ったりするという、かなり乱暴な手段も用いられました。こうして無残な姿になった本の一部は、現在では、国立国会図書館のデータベースで見ることもできます。

**↓戦前の「伏せ字」<br>森田草平『輪廻』（新潮社・1926年）**

国立国会図書館デジタルコレクション

　言論統制の結果、当時の日本国民には重要な情報が知らされないことがしばしばありました。軍隊や戦争に関する情報も、その1つです。軍隊の基地や作戦に関する情報は、軍機保護法などの法律によって厳しく統制され、従軍した記者による戦地の状況を伝える手記なども、検閲や発禁の対象になりました。1942年6月のミッドウェー海戦は、日本海軍の空母4隻が全滅する太平洋戦争の転換点でしたが、戦争指導を行う大本営は、この敗北をごまかすために虚偽の発表を行い、新聞にはそのままそれが掲載されました。「大本営発表」は、権力者が自分に都合のよい情報だけを伝えることを表す言葉として、現在でも使われています。

　明治憲法の時代は、戦争や軍隊の実態を知っていたのは、政府の中でもほんの一部の人だけでした。多くの国民は、真実を知らされないまま、戦争への支持や協力を求められていたのです。

**↓戦争をメディアはどのように伝えたのか**

朝日新聞1942年6月11日東京朝刊1面

---

**★○×問題でチェック★**

問1　明治憲法の「言論著作」の自由のもとで、国民は自由に表現をすることができた。
問2　戦前の出版社は、内務省による検閲を恐れて、しばしば「伏せ字」をしていた。

## Ⅱ　表現の自由の価値

### 1　自己実現と自己統治

憲法21条の表現の自由は、印刷物だけではなく、街頭での署名活動やデモ、インターネット上の活動なども、その保障範囲に含んでいます。

それでは、なぜ表現の自由は保障されなければならないのでしょうか。表現の自由を保障する意義や必要性について、第1に、自己実現の価値が挙げられます。私たちは、他者とのコミュニケーションを通じて、自分や他人、社会を理解し、成長していきます。絵を描いたり、歌ったりすることは、人によってはそれほど大事なことではないかもしれません。ここでは、自分自身にとって大事だと思う表現が保障されることにも意義があります。

第2に、社会や国家との関係でも、表現の自由は重要な役割をもっています。主権者である私たち国民は、政治に参加することができますが、そのためには、政治や社会に関する意見や事実を伝える権利が保障されていなければなりません。表現の自由が保障されていなければ、民主主義のプロセスは成り立ちません。これを自己統治の価値といいます。

また、自由な表現が保障されることで、まるで市場（いちば）に並べられた品物のように、様々な思想や意見に私たちは触れることができます。このような思想の自由市場（しじょう）の中で、良いものが選ばれ、より真実に近づいていくことができるという、真理の追究という価値もあると考えられています。

このように様々な価値に支えられている表現の自由は、人権の中でも特に大事にされなければならない、「優越的地位」にある、といわれています。

↓誰でも、予告なしに、何を話してもよい場所、ロンドンのハイドパークのスピーカーズ・コーナー

アフロ

### 2　報道の自由と「知る権利」

表現には、その送り手（発信者）だけではなく、その受け手（受信者）も必要です。送り手の側の権利だけではなく、受け手の側の「知る権利」も表現の自由の一部であると、現在では考えられています。

特に、政治や社会に関する情報を、私たちは、テレビや新聞といったマス・メディアを通じて手に入れています。インターネットの発展によって、やや状況は変わってきましたが、現在でも、新聞社やテレビ局といった報道機関は、私たちの思想や意見に対して、強い影響力をもちます。博多駅事件決定（最高裁昭和44年11月26日決定）は、報道機関に、表現の自由の一部分としての報道の自由を認めています。そしてこれには、取材の自由も含まれます。ただし、報道の自由は、「言いたいことを言う」という個人の表現の自由とは、性質が異なります。報道の自由は、市民の「知る権利」に奉仕するためのもので、社会にとって役立つ報道をするための自由、機能的な自由であると考えられています。したがって、報道機関やジャーナリストには、一般人に比べて、高い専門性や倫理観をもつことが求められます。

政府のもつ情報を私たち市民が利用することができるように、現在では、情報公開条例や情報公開法が制定されています。国の行政機関や地方公共団体に対して、公文書の開示請求をすることで、誰でも、様々な情報を入手することができます。ただし、政府のもつすべての情報が公開されているわけではありません。外交機密などの国家秘密や個人情報は、特定秘密保護法や国家公務員法、個人情報保護法といった法令によって、秘匿（ひとく）しておくことが認められています。

たしかに、公にされるべきではない情報もありますが、その範囲が不当に広がることは、民主主義との関係で大きな問題になります。政府や権力者にとって不都合な情報（たとえば、イラクに派遣された自衛隊が「戦闘行為」と関わっていたかどうかを示す公文書）を「黒塗り」にして開示したり、公文書の存在を隠したり、場合によっては公文書を改ざんしたりすることが、いまだに日本では問題になり続けています。公文書のより適切な管理や、国家秘密の範囲を「知る権利」との関係で限定していくことが、今後の重要な課題になります。

↓イラク派遣自衛隊「週間空輸実績」の「黒塗り」情報公開文書

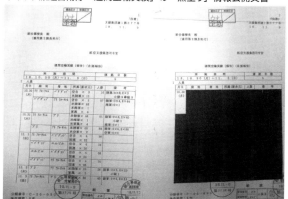

水島朝穂教授HP「平和憲法のメッセージ」より

---

★〇✕問題でチェック★

問3　表現の自由の価値とされるのは、真理の探究と自己実現の2つだけである。
問4　情報公開法に基づいて、誰でも、国の行政機関のもつ情報の開示を請求できる。

# III 表現の自由の保障範囲

## 1 「検閲」の範囲

**↓ 税関検査と「検閲」**

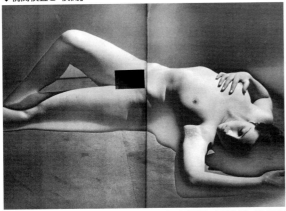

『写真家マン・レイ』（みすず書房・1983年）20-21頁

**↓ 情報化社会と「検閲」：フィルタリング**

 有害サイトから子供を守る！

電気通信事業者協会 HP

憲法21条2項は、検閲を絶対的に禁止しています。検閲とは何か、というのは難しい問題ですが、新聞や本が公表される前に、その内容を政府にチェックされたり、公表を禁止されたりすること、つまり、表現に対する事前抑制はよくない、という考え方が基本になります。心地よい音楽、美しい絵、説得力ある思想、といった表現のもつ価値は、本来、表現の受け手（たち）が判断するべきです。もし政府による事前抑制が認められると、権力者が好む表現ばかりが流通するようになり、権力者を批判する言論は行き場をなくしてしまいます。

もっとも、あらゆる事前抑制が許されないというわけではありません。名誉やプライバシーを保護するためには、表現物が公表される前に何かしらの措置をとらなければならない場合があります。「北方ジャーナル」事件判決（最高裁昭和61年6月11日判決）は、名誉毀損のおそれがある記事を掲載した雑誌の出版を、裁判所が事前差止めすることについて、憲法21条の趣旨に照らして、「厳格かつ明確な要件」のもとでのみ許されるとしています。

検閲に該当するかどうかが問題になるものとして、税関検査があります。税関は、海外から日本に輸入されてくる物品のチェックをする役所ですが、「風俗を害する」という理由で、性的な内容を含む表現物の輸入を差し止めることがあります。日本国内では、差し止められた表現物は流通しなくなります。税関検査事件判決（最高裁昭和59年12月12日判決）は、①行政機関が、②表現物の公表前に、③その思想内容に基づいて、④公表を禁止することだけが「検閲」であるとして、税関検査は検閲に該当しないとしています。税関は、高名な写真家の撮影したヘア・ヌードを輸入しようとした出版社に対して、写真の一部を「黒塗り」にするよう命じたこともあります。

インターネット上の特定のコンテンツへのアクセスを制限するフィルタリングやブロッキングも、インターネット検閲とされることがあります。これは、憲法21条2項の通信の秘密ともかかわる問題です。

**↓ 主な自主規制機関の概要**

| 名　称 | 通称 | 設立 | 媒体 | 概　要 |
|---|---|---|---|---|
| 放送倫理・番組向上機構 | BPO | 2003年 | 放送 | 放送倫理検証委員会、放送人権委員会、青少年委員会で構成され、放送への苦情処理、報道被害の救済、放送倫理の向上などを担う |
| 独立プレス基準機構<br>（旧・プレス苦情処理委員会） | IPSO<br>(PCC) | 2014年<br>（1991年） | 新聞<br>雑誌 | レヴェソン委員会の2012年の報告書に基づいて、PCCを廃止して設置されたイギリスの新聞・雑誌メディアの自主規制機関 |
| 映画倫理機構<br>（旧・映倫管理委員会） | 映倫 | 2017年<br>（1956年） | 映画 | 占領下で設置された業界内組織が前身で、現在は、業界から独立した第三者機関として、映画の事前審査やレーティングなどを行う |
| コンピュータソフトウェア<br>倫理機構 | ソフ倫 | 1992年 | ゲーム | アダルトゲームの審査やレーティング、業界振興などを行い、多くの自治体の青少年保護育成条例によって指定団体とされている |

筆者作成

表現の自由といえども、公共の福祉に基づく一定の制約から逃れることはできません。名誉毀損表現やわいせつ表現は、民事上の損害賠償や刑法による処罰の対象になります。こうした公権力による規制だけではなく、表現者や表現者の団体が自らに課す、表現の自主規制もあります。

現在では、映画や新聞、テレビ、ゲームといった様々な分野に、自主規制機関があります。これらの組織の実態は多様ですが、性的・差別的な言葉について「禁止用語」や「言い換え」のリストをつくったり、年齢に関するレーティングを設定したり、表現物の流通を制限したりすることが行われています。これらは私的検閲と批判されることもあります。放送倫理・番組向上機構（BPO）のように、報道に対する苦情の処理や報道被害の救済といった、紛争の裁定機能をもつ自主規制機関もあります。

政府による検閲や刑事処罰、出版の差止めといった、公権力による表現規制と比べると、表現の自主規制は、ルールの内容や運用方法、そのつくり方の点で、より表現者の側にも配慮した柔軟なものになる可能性があります。その一方で、自主規制であっても表現の規制であることには変わりはありません。自主規制を公権力が事実上強制しているような場合には、特に表現の自由の観点からの検討が必要になります。

★○✕問題でチェック★

問5　税関検査は、憲法21条2項が禁止している検閲には該当しない。
問6　BPOは、放送に関する自主規制機関である。

## 2 内容規制と内容中立規制

　静穏保持法と呼ばれる法律があります。国会議事堂や政党の事務所、大使館などがある地域で、拡声器を使用することを制限する法律です。表現に対する規制には、わいせつ処罰や児童ポルノ規制といった、表現の中身に注目した、表現の内容規制だけではなく、表現が行われる時間帯や場所、表現の方法・手段に注目したものもあります。これを表現の内容中立規制といいます。たとえば、深夜に住宅街で大音量の演説をすることを禁止することが、これにあたります。表現の内容規制は、しばしば、権力者にとって不都合な思想や意見を狙い撃ちにして行われるので、自由な表現に深刻な悪影響を与えます。内容規制と比べると、表現の内容中立規制は、表現を別の場所や時間帯、方法で行うことができるため、表現の自由に与える影響は少ないといえるでしょう。内容規制が憲法に違反するかどうかを判断するときには、厳格な審査が必要ですが、内容中立規制の審査は、より緩やかなものでもよい、と考えられています。

　もっとも表現には、送り手と受け手に加えて、表現のために使える「場所」も必要です。より効果的な表現をするためには、その表現に適した場所で行う方がよいでしょう。誰もいない路地裏で署名活動をしてもあまり意味はないでしょうし、芸術作品の鑑賞には落ち着いた静かな環境が必要です。パブリック・フォーラムという考え方は、道路や駅前広場、公民館など、政府や私人が所有・管理している場所の中でも、表現をするのに適している場所を、公衆の表現のための場所として開放することを求めています。

　権力者にとって不都合な表現を封じ込める1つの方法は、権力者の周辺で表現をすることを禁止することです。静穏保持法による規制は、表現の場所と方法に関する内容中立規制です

↓静穏保持法指定地域

編集部撮影

が、政党や政治家に対する効果的な批判を実質的に禁止する機能をもっています。

## 3 規制と給付

↓「天皇コラージュ」事件：大浦信行「遠近を抱えて」

CINRA.NET「天皇と9条から見る日本戦後美術〜
大浦信行インタビュー」より（オリジナルはカラー）

　2018年にカンヌ最高賞を受賞した映画「万引き家族」は、文化庁の映画製作への支援事業による助成金を受けていました。現代の政府は、表現を規制するだけではなく、表現や表現者への援助や支援も行っています。公立の美術館や博物館が、様々な作品や資料を保管・展示することは、表現者だけではな

く、施設を利用する市民の「知る権利」にも寄与しています。国立大学や科学研究費助成という仕組みは、学問研究への支援です。こうした文化や芸術、学術への公的な支援や給付は、公的言論助成と呼ばれています。

　公的言論助成の場面でも、表現の自由は一定の役割を果たすと考えられています。助成のための財源は限られているため、どのような表現に助成をするかの選別は必要不可欠です。芸術への助成の場合は芸術的卓越性が、研究者への支援の場合には研究の意義や実現可能性などが、選別の根拠になります。こうした選別は、権力者の好き嫌いではなく、芸術や学術に秀でた専門職の判断に基づいて行われるべきです。ある県立美術館では、昭和天皇の写真をコラージュした著名な芸術家の作品を展示していましたが、県議会議員や右翼団体などからのクレームを受けて、作品を売却し、作品が掲載されていた図録も焼却してしまいました。たしかにその芸術家は、県立美術館以外の場所で、自由に表現をすることができます。しかし、もし、権力者が好む表現には膨大な公費を投じる一方で、政府に批判的な表現者には表現の機会や支援を提供しないということになれば、政府は、規制とはまた別の方法で、市民の表現や言論市場を歪ませていることになります。

---

★〇×問題でチェック★

問7　表現のテーマや主題に関する規制を内容中立規制という。
問8　市役所や国立大学は、パブリック・フォーラムだと考えられている。

# 8 表現の自由・各論

## I 性表現の規制

### 1 わいせつ

　性的好奇心を刺激し、性的興奮を引き起こす表現は、わいせつやポルノグラフィとして、日本を含む多くの国で規制されています。刑法175条は、わいせつな文書や写真を販売したり、販売目的で所持したりすることを処罰しています。こうした処罰は、明治憲法の時代から行われていましたが、表現の自由を保障する日本国憲法のもとでも、わいせつ表現を処罰することが認められるのでしょうか。

　ロレンスの著作を翻訳した小説『チャタレイ夫人の恋人』の中には、性行為の描写が含まれていました。最高裁は1957年に、同書を販売した出版社の社長らを処罰することを認め、わいせつとは「徒らに性欲を興奮又は刺戟せしめ、且つ普通人の正常な性的羞恥心を害し、善良な性的道義観念に反するもの」と定義しました（チャタレイ事件判決（最高裁昭和32年3月13日判決））。同書は、わいせつに該当する箇所を削除してアスタリスク（＊）に置き換え、1964年に再度出版されました。

　1973年には、削除箇所のない同書の完全版も出版されています。現代では、この程度の性行為の描写を問題視する人は、ほとんどいないでしょう。わいせつ表現を処罰する根拠は、健全な性道徳の保護と、性表現を見たくない人の権利を守ることだと、一般にはいわれています。したがって、何が「わいせつ」なのかが時代や状況によって異なるため、わいせつ表現の処罰が、創作や表現活動を過剰に制約していないかどうか、今後も注視していかなければなりません。

↓『チャタレイ夫人の恋人』

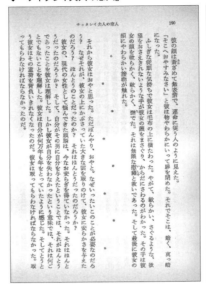

左：ロレンス（伊藤整訳）『チャタレイ夫人の恋人』（新潮社・1964年（1980年34刷））190頁
右：ロレンス（伊藤整訳・伊藤礼補訳）『完訳　チャタレイ夫人の恋人』（新潮社・1996年）209頁

### 2 青少年保護のための規制

↓有害図書回収のための「白ポスト」

佐世保市HP

　一般的な大人と比べると、成長・発育の途上にある子どもは、表現の影響をより強く受けるといわれています。ほとんどの自治体は、18歳未満の児童が性的・暴力的な表現物に触れることを防ぐために、青少年保護育成条例を制定し、青少年に「有害」な表現物（「有害図書」）の流通や閲覧の規制をしています。同様の規制は、風俗営業法や出会い系サイト規制法などの法令の中にもあります。

　よく使われるのは、「18禁」とか「中学生以下は禁止」というふうに、年齢や学齢によって、コンテンツや表現物へのアクセスを制限する方法です。コンビニや書店で「有害図書」を区分・分離して陳列したり、インターネット上のアダルトサイトにアクセスする際に年齢確認をしたりすることが、これにあたります。ゾーニングと呼ばれることもあります。この種の規制は、有害図書を指定する自治体や警察などの公権力による規制と、出版社や書店などによる自主規制（☞7-III 1）とが組み合わされている場合も多くあります。

　青少年保護のための規制は、性暴力や性的搾取から児童を保護するという正当な目的があるため、ある程度は許容されるべきです。その一方で、青少年の「保護」だけではなく、「健全育成」に重点がおかれている場合には、権力者や大人が正しいとか望ましいと考える表現を若者に押し付けている可能性もあります。

★〇×問題でチェック★

問1　最高裁によれば、わいせつ表現の処罰は憲法に違反する。
問2　青少年を保護するための表現規制は認められている。

↓ CEROのレーティングマークとコンテンツアイコン

恋愛　セクシャル　暴力　言葉･その他

CERO（コンピュータエンターテインメント
レーティング機構）HP

映画やゲーム、アダルトビデオといった娯楽表現については、その表現内容に基づいて対象年齢を表示するレーティングの仕組みが整えられています。家庭用ゲームのレーティングを行う民間団体のCEROは、5段階の年齢区分と「セクシャル」や「暴力」といったコンテンツ内容を示すアイコンを設定しています。

こうした規制は、18歳以上の大人が触れることのできる表現を直接に規制するものではありません。しかしながら、大人も対象になる表現の内容や流通を結果的に規制することになるため、表現の自由との調整が必要になります。アメリカでは、暴力的ゲームの未成年者への販売を禁止した州法が言論の自由を侵害し違憲であるとされた例があります。

## 3　被写体の保護のための規制——性表現と女性・児童への「暴力」

↓わいせつ表現規制と児童ポルノ規制との違い

| 根拠法 | | | 構成要件 | 刑 |
|---|---|---|---|---|
| 刑法 | 175条 | 1項 | わいせつな文書や図画を頒布・公然と陳列 | 2年以下の懲役または250万円以下の罰金・科料 |
| | | 2項 | 有償頒布する目的での所持・保管 | |
| 児童ポルノ規制法（※） | 7条 | 1項 | 自己の性的好奇心を満たす目的で、児童ポルノを所持 | 1年以下の懲役または100万円以下の罰金 |
| | | 3項 | 提供目的で児童ポルノを製造・所持・運搬・輸出入 | 3年以下の懲役または300万円以下の罰金 |
| | | 6項 | 児童ポルノを不特定・多数の者に提供、公然と陳列 | 5年以下の懲役または500万円以下の罰金 |

※児童買春、児童ポルノに係る行為等の規制及び処罰並びに児童の保護等に関する法律（平成11年法律52号）
筆者作成

近年では、性表現の被写体を保護するための規制が注目されています。特に問題になっているのが、児童を被写体とした児童ポルノの規制です。児童ポルノ規制法は、児童虐待や搾取を防止するために、児童ポルノの販売や製造だけではなく、単純所持も厳しく取り締まっています。被写体が実在しない、アニメやゲームにおける児童の性描写も、「準児童ポルノ」や「仮想児童ポルノ」として処罰する国もあります。

性表現や暴力表現の背後には、被写体となる人や動物への虐待や搾取が潜んでいることがあります。アダルトビデオの中には、出演者の女性を脅迫して制作されたものがあります。闘牛や闘犬といった、動物が死んだり大けがをしたりするまで闘う様子を映したドキュメンタリーは、動物虐待を助長している可能性があります。これまで、表現の自由の問題は、表現者と規制者が主役でした。現在では、被写体についても考慮をする必要があります。

## II　表現の自由と他の保護法益との調整——名誉・プライバシー・尊厳

### 1　名誉毀損

↓高額化する名誉毀損訴訟の損害賠償

| 判示年 | 媒体 | 原告 | 名誉を毀損するとされた内容等 | 損害賠償額 |
|---|---|---|---|---|
| 2001年 | 週刊誌 | 女優 | 近隣住民とのトラブル | 500万円 |
| 2002年 | 週刊誌 | 野球選手 | 暴力団との交際、野球賭博への関与 | 600万円 |
| 2004年 | 週刊誌 | 大学教員の遺族 | 遺跡のねつ造疑惑 | 920万円 |
| 2004年 | 週刊誌 | 病院・同理事長 | 保険金目当ての事故疑惑 | 1980万円 |
| 2010年 | 週刊誌 | 相撲協会・力士ら | 八百長疑惑 | 4400万円 |

筆者作成

他者の名誉を傷つけることを、名誉毀損といいます。日本では、名誉毀損は民事上の損害賠償だけではなく、謝罪広告（☞5-III■）や刑事罰の対象にもなります。

政治家や公務員の名誉が過剰に保護されると、権力批判が封じられ、民主主義のプロセスが働かなくなるおそれがあります。公衆の関心事にかかわる報道や言論の場面では、表現の自由と名誉の保護の調整が必要になります。日本では、刑法230条の2が、名誉毀損の免責を規定しています。具体的には、公共の利害に関する事実の報道が他者の名誉を毀損する場合、報道目的に公益性があり、報道したことが真実であるこ

と、または、真実だと信じたことに相当の理由があることを証明できた場合には、免責される可能性があります（真実性・相当性の法理）。この考え方は、民事上の名誉毀損にも適用されます。

この20年ほどの間に、名誉毀損の損害賠償額は高額化しました。近年では、大企業に対する批判的な報道をした個人やメディアに対して、スラップと呼ばれる威嚇的な名誉毀損訴訟が起こされる事例も散見されます。名誉の保護は重要ですが、その保護に傾きすぎると、表現に対する萎縮効果が強くなることになります。

★○×問題でチェック★
問3　児童ポルノの所持が処罰されるのは、販売目的で所持している場合だけである。
問4　名誉毀損を処罰することは、表現の自由の問題を引き起こさない。

## 2 プライバシー・個人情報の保護

↓メディア・スクラム

ロイター／アフロ

プライバシー権は、「1人で放っておいてもらう権利」として、19世紀末のアメリカで提唱されました。現在では、プライバシー権の保障は、結婚や出産、交際といった私的な自己決定にも及んでいますが、本来は、私生活を「のぞき見」するようなイエロー・ジャーナリズムから、人々の平穏な生活を保護するための権利でした。

「宴のあと」事件判決（東京地裁昭和39年9月28日判決☞3-Ⅱ2）は、プライバシー権の侵害に対しては、民事上の損害賠償や出版の差止めが命じられることを認めました。『宴のあと』は、フィクションの体裁をとっていましたが、実在の人物や出来事をモデルにした、いわゆるモデル小説でした。「石に泳ぐ魚」事件判決（最高裁平成14年9月24日判決）は、小説『石に泳ぐ魚』の登場人物の1人のモデルとされた一般人の女性が、女性の病歴や心情、家族の経歴を暴露・誇張されたとして、小説の単行本化の取りやめなどを求めた事例です。裁判所は、女性の名誉やプライバシー権、名誉感情を侵害するとして、出版の事前差止めも認めました。その一方で、一般人とは違い、政治家の私生活、たとえばアルコール濫用や離婚歴などは、公衆の関心事とまったく無関係ではありません。名誉毀損の場合と同様に、プライバシー権の保護も、表現の自由との調整が必要だと考えられています。

20世紀も終盤になると、情報通信技術、特にインターネットの発達によって、それまでとは比べ物にならないほど、大量の情報が高速で日常的に行き交うようになりました。現在では、個人情報を取り扱う企業や団体（個人情報取扱事業者）に対して、個人情報の適切な入手や利用を求める個人情報保護法が制定されています。ただし、個人情報保護法は、大学や宗教団体に加えて、報道機関に対しても、個人情報の取り扱いについての例外を認めています。これは、学問の自由における大学や信教の自由における宗教団体の場合と同様に、報道の自由の主体であるマス・メディアに一定の特権を認めていることになります。

隠されている事実を暴き、真実を白日のもとに晒して公衆の判断を仰ぐ、ということが報道機関の社会的使命である限り、その活動がプライバシーや個人情報と衝突することは避けられません。大きな事件、話題があると、当事者の自宅や職場周辺に大勢の報道関係者が集まることを、メディア・スクラムと呼びます。これは当事者や近隣住民の平穏な日常生活に深刻な影響を与えます。イギリスでは、誘拐・殺害された少女の携帯電話を、記者が盗聴していたことが大きな社会問題になりました。これらの報道被害の問題を考えるうえでは、法規制だけではなく、ジャーナリズムの倫理についても考える必要があります。

## 3 ヘイトスピーチ

↓「私はシャルリー」

ロイター／アフロ

21世紀の表現の自由の問題のうち、最も深刻なものの1つが、ヘイトスピーチ（憎悪言論、差別表現）の規制です。ヘイトスピーチには様々な定義がありますが、一般的には、人種や宗教に対する憎悪をことさらに煽る過激な言動のことです。ヘイトスピーチは、それを見聞きした人や攻撃の対象になった人が不快・不安になるだけではなく、暴動や虐殺（ジェノサイド）、テロの引き金になるなど、社会の不安定化の原因にもなります。2015年にフランスで発生した新聞社襲撃事件は、報道機関に対するテロであるとして、表現の自由などの観点から、襲撃された新聞社への共感を示す動き（「私はシャルリー」）がSNSなどでもみられました。その一方で、この新聞には、特定の宗教をしつこく風刺、揶揄するなど、宗教対立や排外主義を煽るような描写も多く含まれていました。

ヘイトスピーチの放置は、差別の固定化や、個人や集団の尊厳や生命の侵害を引き起こします。歴史上の人種差別政策や民族虐殺は、ヘイトスピーチと結びつくものが少なくありません。人種差別撤廃条約に基づいて、ヘイトスピーチを法律で規制する国も次第に増えています。日本では、今のところ、ヘイトスピーチそのものを処罰・禁止する法律はありませんが、排外主義的な街宣活動が、侮辱罪や威力業務妨害罪、不法行為責任に問われた事例があります。また、2016年にヘイトスピーチ解消法が制定され、「本邦外出身者に対する不当な差別的言動」を解消するための取り組みが求められています。さらに、罰則や拡散防止措置、発言者の氏名の公表なども盛りこんだヘイトスピーチ規制条例を制定する自治体も出てきています。

★○×問題でチェック★

36 8 表現の自由・各論 問5 他人の私生活を公開する内容の小説を出版することは、プライバシー権の侵害になりうる。
問6 ヘイトスピーチをすると、民事上・刑事上の責任を問われることがある。

# Ⅲ　政治参加と表現の自由

## 1　選挙運動の自由

↓選挙ポスター・ビラの証紙と「政治活動用自動車」の標章

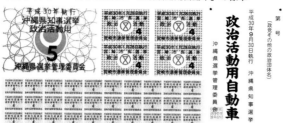

宮崎市選管（証紙）および沖縄県選管（証紙・標章）提供

　表現の自由に自己統治の価値（☞7-Ⅱ■）が認められているように、民主主義の社会では、政治や選挙に関する言論や集会は、なるべく自由に行われる必要があります。しかし日本では、選挙期間中に候補者や政党への投票や支持を呼びかけるために行われる選挙運動には、公職選挙法によって様々な規制がかけられています。たとえば、投票依頼のために個々の家や事務所などを訪問する「戸別訪問」は、禁止されています。候補者のポスターは、大きさや掲示の方法、枚数が決められており、選挙管理委員会から交付された証紙を貼り付けておかなければなりません。インターネット上での選挙運動は、2013年にようやく一部が解禁されました。そのほかにも、演説や集会、ビラ配布、選挙運動員などについて、守らなけ

ればならない決まりが数多くあります。あまりにも禁止事項が多く、自由な選挙運動の余地が少ないことから、公職選挙法は「べからず法」と揶揄されることもあります。

　こうした規制は、選挙の公正や候補者間の平等を確保するために、ある程度は必要でしょう。もし、候補者への投票を呼びかける方法について一切の規制がなければ、お金や運動員を多くもつ候補者は、大量のテレビCMやポスター、チラシを絶え間なく垂れ流すことで、他の候補者の声をかき消してしまうことも可能です。その一方で、あまりにも多くのルールに縛られた選挙は、私たち市民の政治的な見解や判断を国や地方の政治に反映するための仕組みというよりは、公権力によって設定されたアリーナ、プロレスのリングのようなものになってしまうでしょう。

　日本における選挙運動のルールの中には、戦前の制限選挙の時代のものが、今なお生き残っています。明治憲法の時代は、帝国議会といっても、その半身である貴族院は公選ではありませんでしたし、そもそも国民（臣民）は主権者ではなく、法律によっても制限されない基本的人権という発想も認められていませんでした。選挙運動や政治活動は、表現の自由による保障を受けるものであるということをふまえて、より自由な選挙の仕組みを考えていくことが必要です。

## 2　18歳選挙権と高校生の政治活動の自由

↓高等学校と政治活動制限

【 高校生の政治活動について 】

公職選挙法の改正により、選挙権が「18歳以上」に引き下げられたことで、高校生が放課後や休日に校外で行う政治活動や選挙運動が、容認されることになりました。（学校内外を問わず全面的に禁止していた1969年（当時の文部省）の通知は廃止。）つまり、校外でのデモや集会への参加が認められるようになりました。一方、政治的中立の確保を求めた教育基本法を踏まえ、授業だけでなく、生徒会活動や部活動も「学校教育の一環」として、校内での政治活動及び選挙運動は禁止となります。
　私ども教職員も、個人的な政治主張を述べることを避け、公正中立な立場で生徒を指導していかなければならないことになります。

| 高校生の政治活動（デモ・集会を含む）・選挙運動について | |
|---|---|
| 校　　内 | |
| 【放課後や休日】 | 【授業中・生徒会活動中・部活動時】 |
| 一　切　禁　止 | |
| 校　　外 | |
| 家庭の理解の下、生徒が判断して行う | |

【禁止行為】
　(1)　選挙運動は、18歳の誕生日の前日以降可能となる。（18歳の誕生日の2年前までは、3年生であっても禁止行為とする。）
　(2)　校内における広告・チラシの配布。
　　　（制服・私服を問わず、正門前・正門付近での配布を含む。）
　(3)　本人が熱中し、自身や他の生徒の学業や生活に支障があるもの。
　(4)　放課後や休日に校外で行う選挙運動や政治活動が、違法・暴力的なもの、また、その恐れが高いもの。

　※　上記のような禁止行為を行った際は、指導対象とする。また、場合によっては厳しい指導措置を講ずる。

筆者保有資料（ある私立高校の「掲示」）

　学生運動が激化していた1969年に、文部省は、高校生の政治活動を全面的に禁止することを要請する通知を出しました。公職選挙法は、有権者ではない18歳（当時は20歳）未満の者が選挙運動をすることを禁止しています。しかしこのことは、有権者ではない若者は署名活動やデモなどの政治活動をしてはならない、ということを意味するわけではありません。選挙権をもつはずがない、政党や株式会社、宗教団体といった法人も、政治活動をすることは認められています。直接の投票権をもたない、自分の住んでいない自治体の政治問題についての発言も、禁止される理由はありません。

　18歳選挙権の実現直後、文部科学省は、一応、高校生にも政治活動が許される、というふうに方針転換をしてみせました。しかし現在でも、高校生が署名活動や政治集会に参加したり、学校外の政治団体に加入したりする場合には、教師や学校に届出をしたり、その許可を得たりしなければならないと校則で決めている高校は少なくありません。こうした規制は、若者の政治への関心や参加の意欲を高めるという18歳選挙権の目的とは矛盾しています。また本来、有権者となった生徒たちは、国会議員や首長を選ぶ側に属しているのですから、その政治活動を、選ばれる側である公権力に一方的に縛られているということになると、表現の自由、特に自己統治の観点から問題があるといえるでしょう。

---

★○✕問題でチェック★
　問7　選挙運動の規制は、表現の自由の観点からは一切許されない。
　問8　有権者ではない者には、政治活動の自由も認められない。

8 表現の自由・各論　**37**

# 9 集会・結社の自由

## I 前史——大日本帝国憲法下の集会・結社の自由

↓集会における発言中止を描く風刺画

「絵入自由新聞」明治21(1888)年3月14日号

大日本帝国憲法は、その29条において「日本臣民ハ法律ノ範囲内ニ於テ言論著作印行集会及結社ノ自由ヲ有ス」と定めており、集会・結社の自由を一応保障していました。しかしこの条文からわかるように、「集会及結社ノ自由」は、「法律ノ範囲内」でのみ認められる権利として保障されており、たとえば治安警察法といった法律によって、この自由は制約されていました。

この治安警察法は、政治結社を結成した場合や集会を開こうとする場合等には届出を義務づけていました。そして、同法は、「安寧秩序ヲ保持スル為必要」がある場合には警察官が屋外での集会の「制限」・「禁止」・「解散」を命じることができると定めたり（8条）、あるいは公判前に刑事事件について講談論議することや（9条）、「安寧秩序ヲ紊シ若ハ風俗ヲ害スルノ虞アリト認」める場合には警察官がその講談論議を中止できる（10条）と定めたりしていました。さらに、この治安警察法においては、「陸海軍軍人」・「警察官」・「学校ノ教員学生生徒」・「女子」・「未成年者」が「政事上ノ結社」にそもそも加入できないと定められていました（5条）。

皆さんの中にも、左の風刺画を、警察官の「弁士中止！」というフレーズとともに歴史の授業や書物で見たことがある方がいると思います。この風刺画は、治安警察法の前身の集会条例の時代のものですが、集会条例でも治安警察法と同様の規制が定められていました。

## II 集会の自由

### 1 泉佐野市民会館事件

↓事件の舞台となった旧泉佐野市民会館

泉佐野市日根野小学校HP

憲法21条1項が保障する「集会」とは、特定または不特定の多数人が政治・経済・学問・芸術等に関して共通の目的をもって一定の場所に集まる一時的な集合体のことをいいます。

最高裁も、成田新法事件判決（最高裁平成4年7月1日判決☞17-1②）で、集会が、人々が様々な意見や情報に接することで自己の思想や人格を形成・発展させるため、またお互いに意見や情報を交換するための場として必要であり、さらに集会が人々に意見を表明するための有効な手段であるとして、集会の自由は「民主主義社会における重要な基本的人権の1つとして特に尊重されなければならない」と述べています。他方、集会の自由が、他者の権利や公共の利益と衝突する場合は、必要不可欠な規制に限り憲法上許容されます。

ところで、集会をするためには集会のための「場所」が必要になります。しかし多くの場合、市民はそのような「場所」を有しておらず、また集会ができそうな規模の民間施設（○○ドーム等）を市民が無料で、あるいは安く借りられるわけでもありません。そこで、市民会館や公民館といった施設は、市民が集会の自由を実際に行使するために重要となります。

この市民会館における集会の自由への規制の合憲性が争われた著名な事例に、泉佐野市民会館事件があります。この事件は、関西国際空港が建設される前、建設反対派が当時の泉佐野市民会館で集会を開催するために市民会館の利用申請を泉佐野市に行ったところ、泉佐野市長がその申請を拒否したことが訴訟で争われた事件です。

---

★○×問題でチェック★

問1 大日本帝国憲法では集会・結社の自由は一切認められていなかった。
問2 集会の自由は民主主義社会における重要な基本的人権の1つとして特に尊重されなければならない。

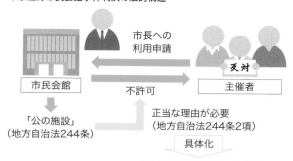

**↓泉佐野市民会館事件判決の法的構造**

市長への
利用申請

市民会館 ←不許可 主催者
反対

「公の施設」
（地方自治法244条）

正当な理由が必要
（地方自治法244条2項）

具体化

**市条例7条1号・3号**

憲法21条の保障する集会の自由を実質的に
否定しないような解釈・適用が必要

筆者作成

この事件の法的関係は少々複雑ですので、図を見ながら読み進めてください。まず、地方自治法は、市民会館等の「住民の福祉を増進する目的」で利用させる施設を「公の施設」と呼び、そして「正当な理由がない限り」、公の施設の住民による利用を拒否することが許されないと定め（244条）、この「正当な理由」に何が該当するかの基準は、地方公共団体が条例で定めるとしています（244条の2）。この規定に基づいて泉佐野市民会館条例が定められていましたが、この市条例は、「公の秩序をみだすおそれがある場合」や「その他会館の管理上支障があると認められる場合」は、市長は市民会館の「使用を許可してはならない」としていました（7条）。

最高裁は、次のように述べました（最高裁平成7年3月7日判決）。①地方公共団体の管理者が「正当な理由」なく市民会館の利用を拒否することになれば、憲法が保障する「集会の自由の不当な制限につながるおそれが生ずる」ので、市民会館の使用拒否が集会の自由を実質的に否定しないように条例を解釈・適用しなければならない。そして、②「正当な理由」があるといえるのは、他の利用者と利用の希望が重なる場合のほかは、施設を利用させることで「他の基本的人権が侵害され、公共の福祉が損なわれる危険がある場合に限られる」。これらをふまえると、③市条例7条は、市民会館における「集会の自由を保障することの重要性」よりも集会が開催されることによって「人の生命、身体又は財産が侵害され、公共の安全が損なわれる危険を回避し、防止することの必要性が優越する場合」をいうものと意味を限定して解釈すべきであり、その危険性の程度も「単に危険な事態を生ずる蓋然性（がいぜん）があるというだけでは足りず、明らかな差し迫った危険の発生が具体的に予見されることが必要である」としました。

この事件の結論としては、会館利用の申請をした主催者とそれに対立するグループとの過去の抗争の経緯から、集会の開催により会館職員や、通行人、付近住民等の生命、身体または財産が侵害される事態が客観的事実によって具体的に明らかに予見されたので、申請の拒否が適法とされました。しかし、公の施設での集会の自由を制約する場合に、最高裁が比較的厳しいハードルを設けたことは重要と考えられています。

# 2 その他の事件

**↓暴走族の様子**

読売新聞／アフロ

泉佐野市民会館事件の後の集会の自由に関する事件としては、上尾市（あげお）福祉会館事件や広島市暴走族追放条例事件を挙げることができます。

まず、労働組合の幹部の合同葬儀のために市の福祉会館の使用許可を求めたものの、市条例の「管理上支障があると認められるとき」という不許可事由に該当するとして不許可とされた上尾市福祉会館事件があります。この事件で最高裁は、まず、この不許可事由について、「客観的な事実に照らして具体的に明らかに予測される場合に初めて、本件会館の使用を許可しないことができることを定めたもの」と解釈しました。そして、労働組合内の内部紛争を理由に市民会館の利用を拒否できるのは、「警察の警備等によってもなお混乱を防止することができないなど特別な事情がある場合に限られる」と述べて、福祉会館長の不許可処分を違法と判断しました（最高裁平成8年3月15日判決）。

次に、広島市暴走族追放条例事件です。広島市は、いわゆる「暴走族」の追放を目的として、「暴走族」が「い集」・「集会」することを禁じる条例を定めていました。この条例の「暴走族」の定義（2条）では、いわゆる「暴走族」でない者もそこに含まれる可能性があり、また「暴走族」に限ることとなく「何人（なんびと）も」、「公衆に不安又は恐怖を覚えさせるような集又は集会」をしてはならないと定められていました（16条）。そして、これに反した場合、市長による中止または退去命令（17条）の対象となり、この命令に従わない場合には処罰される（19条）ことになっていました。条例では、写真のような典型的な「暴走族」を念頭に規制を行おうとしたのですが、しかし条例の規制がこの「暴走族」以外にも及ぶように解釈でき、その結果、本来規制されてはならない人々の集会の自由までもが規制される、と争われたのです。最高裁は、一方でこの条例を文字どおり解釈すれば憲法21条・31条との関係で問題となるものの、他方で条例全体および条例の施行規則を総合すれば、本条例がいわゆる「暴走族」のみを規制の対象としていると理解できるとして、条例を合憲と判断しました（最高裁平成19年9月18日判決）。

---

★○×問題でチェック★
問3　市民会館等の「住民の福祉を増進する目的」で利用させる施設は「公の施設」と呼ばれる。
問4　最高裁は、広島市暴走族追放条例の条文が広汎・不明確であり集会の自由を侵害するとした。

# Ⅲ　デモ（集団行進・集団示威運動）の自由

## 1　総　説

↓国会前でいわゆる安保法制に反対する人々

Duits.co／アフロ

皆さんも、道路等でデモを見かけたことがあると思います。最近では、写真のように、いわゆる安保法制に反対する大規模なデモが国会周辺で行われました。デモ（集団行進・集団示威運動）などの集団行動の自由も、「動く公共集会」として憲法21条により保障されます。しかし、一定の行動を伴う集団行動は、道路交通の安全といった他者の利益や公共の利益との調整が必要になる場合があり、その限りで制約を受けることがあります。たとえば、道路を用いたデモを考えてみましょう。下の写真の蛇行進・渦巻デモ・フランスデモのように、道路のすべてを占拠してデモを行おうとすれば、必然的に、たとえば車両の安全な通行といった利益は妨げられることになります。他方で、デモは一般の市民にとって、自分たちの考え方を多くの人に対して伝える手段としては簡便ゆえに、重要なものでもあります。そこで、デモなどの集団行動の自由の保障と、この自由と対立する利益とを調整する必要があります。

それでは、この両者をどのように調整するべきでしょうか。この点に関しては、新潟県公安条例事件判決と東京都公安条例事件判決という重要な判例があります（「公安条例」については **2** を見てください）。まず、新潟県公安条例事件判決（最高裁昭和29年11月24日判決）は、デモをすることは「本来国民の自由」なので、条例でデモにつき「単なる届

出制」を採用せずに「一般的な許可制を定めてこれを事前に抑制することは、憲法の趣旨に反し許されない」と述べる一方で、特定の場所や方法に関して合理的かつ明確な基準のもとでデモを禁止したり、公共の安全に明らかな差し迫った危険が予見される場合にデモを不許可ないし禁止したりする条例は憲法上許されると判断し、デモの自由を比較的尊重する判断を行いました。

これに対して、東京都公安条例事件判決（最高裁昭和35年7月20日判決）は、「集団暴徒化論」に基づいて、無許可のデモ行進や許可条件に反したデモ行進の処罰を合憲としました。最高裁は、デモによる思想の表現は、単なる言論・出版とは異なり、多数人の集合体の「潜在する一種の物理的力」により支持されるとし、内外からの刺激・せん動によって、平穏なデモも「時に昂奮、激昂の渦中に巻きこまれ、甚だしい場合には一瞬にして暴徒と化し、勢いの赴くところ実力によつて法と秩序を蹂躙」し、警察によつても対処しえない事態になる危険があることが「群集心理の法則と現実の経験に徴して明らか」であると論断します。それゆえ、条例が必要最小限度の措置を事前にとることはやむをえないということになり、さらに、条例が必要最小限度の措置にとどまっているか否かは、個別の文言にこだわらずに「条例全体の精神を実質的かつ有機的に考察」しなければならないと述べました。そして、東京都公安条例の許可制は実質的には届出制と変わらない、条例がデモを禁ずる場所を特定していないもののそれはやむをえない等と述べて、条例を合憲と判断しました。

たしかに、東京都公安条例事件の頃は、日米安保条約の改定等をめぐって大規模なデモ（ちなみに、東京都公安条例事件で問題となったのは約3000名の学生によるデモです）が頻繁に行われており、デモ隊が連日国会を取り囲んだり、機動隊とデモ隊が衝突し学生が死亡するという事件も生じたりしていました。「集団暴徒化論」の背景にはこのような状況があるといえます。しかし、東京都公安条例事件判決に対しては、デモが民主主義社会でもつ意義をあまりにも軽視している等、激しく批判がなされています。

↓左から「蛇行進」、「渦巻デモ（渦巻行進）」、「フランスデモ」

いずれも毎日新聞社

★○×問題でチェック★

問5　新潟県公安条例事件判決は、デモについて一般的な許可制をとることは憲法に反すると述べた。
問6　最高裁は、「集団暴徒化論」を採用し、東京都公安条例を合憲と判断した。

## 2 公安条例とデモの自由

↓東京都公安条例事件の日（1958年11月5日）のデモ

毎日新聞社

戦後初期から、各地の自治体において、いわゆる「公安条例」が数多く制定されました。公安条例は、多くの場合、集会・集団行進・集団示威運動を規制することが目的とされています。そして、これら公安条例は、道路・河川・公園・市民会館といった公物を管理するという目的を超えて、広く、法と秩序に対する侵害を予防するという目的をも有しています。

たとえば、東京都公安条例は、「道路その他公共の場所で集会若しくは集団行進を行おうとするとき」、または「場所のいかんを問わず集団示威運動を行おうとするとき」は、東京都公安委員会の許可を受けなければならないとしたうえで（1条）、公安委員会は「公共の安寧を保持する上に直接危険を及ぼすと明らかに認められる場合」を除いて「許可しなければならない」と定めています（3条）。ここからは、デモを行うためには許可を受けなければならないとされていること（許可制）、道路交通の秩序等を超えて広く「公共の安寧」をこの条例が保護しようとしていることがわかります。

ところで、許可制というのは、何らかの行為を放任する（野放しにする）場合には弊害が生じるので、その行為をいったんすべて禁止しておき、弊害がないと考えられる特定の場合にのみ行政庁がその禁止を解除する仕組みをいいます。このように許可制は、権利（ここでは表現の自由）に対する事前抑制になることから、その仕組みによっては、表現の自由が不当に制約される危険性があります。この許可制についての判断が、新潟県公安条例事件判決と東京都公安条例事件判決とで異なるようにみえることは、改めて**1**で確認してください。

## Ⅳ　結社の自由

↓破壊活動防止法の仕組み

| 公安調査官による調査 | 団体への通知【官報公示】 | 弁明団体の意見陳述反証の提出 | 処分請求【官報公示】 | 審査 | 処分決定【官報公示】・活動制限・解散指定 |
|---|---|---|---|---|---|
| 公安調査庁長官 | | | | | 公安審査委員会 |

公安調査庁HPをもとに筆者作成

結社とは、特定の多数人が政治・経済・学問・芸術等に関して共通の目的をもって継続的に集団を形成することです。結社の自由の内容としては、団体を形成する自由、団体に加入する自由、団体で活動する自由、団体を形成しない・加入しない自由があります。もっとも、たとえば弁護士・税理士・司法書士等は、その職務が専門的であり公共的なので、弁護士会・税理士会・司法書士会という団体に加入しない限り業務を行えないとされています（強制加入団体）。

結社の自由にも一定の制約が認められ、たとえば犯罪を目的とする結社は認められないとされます。ところで、破壊活動防止法は、内乱罪・外患誘致罪等の重大犯罪やその教唆・煽動等を行った団体や、政治上の主義や施策を支持・反対する目的で騒乱罪・現住建造物等放火罪・殺人罪等を行った団体に

ついて、集会の禁止や機関紙の印刷頒布の禁止という活動制限処分を定め（5条）、上記犯罪（暴力主義的破壊活動）を将来も行う明らかなおそれがあると認めるに足りる十分な理由があり、かつ、活動制限処分ではそのおそれを有効に除去することができないと認められるときは、公安審査委員会が団体の「解散の指定」を行うことができると定めています（7条）。

地下鉄サリン事件を起こしたオウム真理教について、公安調査庁が上記解散指定を請求したものの、公安審査委員会はこの要件を満たさないとして請求を棄却しました。もっとも、オウム真理教は、その後継団体を含め、団体規制法（「無差別大量殺人行為を行った団体の規制に関する法律」）に基づいて観察処分に付せられており、一定事項の報告義務が課せられたり、施設の立入調査が定期的になされたりしています。

★○×問題でチェック★

問7　結社の自由は、団体を結成・団体に加入する自由であり、団体に加入しない人には関係がない。

問8　地下鉄サリン事件を起こしたオウム真理教は、破壊活動防止法に基づいて解散させられた。

# 10 学問の自由と大学の自治

**23条** 学問の自由は、これを保障する。

## I 総論

### 1 学問の自由と大学の自治

↓23条の保障内容

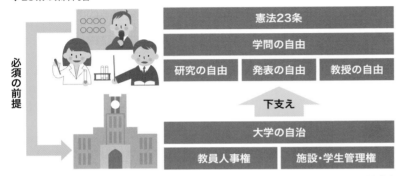

筆者作成

憲法23条は、学問の自由を保障しています。そこには、①学問を研究し、②その成果を発表し、③それに基づいて教えるという、一連のサイクルが自由であることが含まれます。学問は、中世以来、大学を中心として体系的かつ継続的に発展してきました。実際に学問が自由であることは、大学が自由であることを前提としており、憲法に明文の規定はないものの、大学には自らのことを決める自由、すなわち「大学の自治」が保障されていると解されます。

### 2 ヨーロッパにおける大学の誕生

↓13世紀中頃の講義風景（ボローニャ大学）

public domain

中世以来、学問は大学と一緒に発展してきました。写真からは、今と変わらない講義風景が見てとれます。11世紀頃に誕生したとされるボローニャ大学は、学生互助団体であるウニヴェルシタスから発展しました。当時の教師は知識欲旺盛な学生によって雇われており、「講義を休むな」「難問を説明しないで退出するな」などの要求を突きつけられていました。

### 3 自治組織としての大学

大学は最初から自治を保障されていたわけではありません。最初のきっかけは、1200年にパリ大学の学生が警察と衝突し、学生側に死者が出たことにさかのぼります。大学側は国王に抗議し、パリ市の警察権と裁判権が大学関係者に及ばないことを確認させました。写真は、1712年から1914年まで使われていたハイデルベルク大学の学生牢です（今でも見学可能）。当時の大学には、一定の警察権・裁判権が認められるものもあり、そこではまさに都市が有する統治権による介入を受けない「強い自治」が、大学に保障されていました。

↓ハイデルベルク大学の学生牢（1712〜1914年）

picture alliance／アフロ

★ ○×問題でチェック ★

問1　学問の自由には、研究するだけでなく、発表したり、教えたりする自由も含まれる。
問2　憲法には明文の規定がないので、大学の自治は保障されていない。

## 4 明治憲法下での学問・大学の弾圧

↓滝川事件

『昭和 二万日の全記録③―非常時日本』(講談社・1990年) 167頁

↓天皇機関説事件

朝日新聞1935年4月8日朝刊2面

学問の自由は、国家による学問弾圧に対する歴史的反省の成果でもあります。滝川事件では、1933年に京都帝国大学教授の瀧川幸辰(たきがわゆきとき)の著書が発禁処分となり、瀧川自身も文部省により休職処分を受けます。これに対して、京大法学部の全教官が辞表を提出して抗議しました。写真は、当時の教官らと辞表提出の申し合わせ書です。

1935年の天皇機関説事件では、貴族院議員の美濃部達吉(みのべたつきち)(東京帝国大学名誉教授)が提唱した当時の支配的学説である天皇機関説が、扇動的な攻撃を受け、政府も美濃部の著書3冊を発禁処分とし、ついには美濃部自身が不敬罪で告発されて検事局で取り調べを受けました。写真は、16時間の取り調べを受け、著書の字句訂正を申し出たとの新聞記事です。

# Ⅱ 学問の自由とその限界

## 1 学問の自由とその限界

↓学問の自由と公益の対立関係

| 学問の自由 | 他者の権利や公益 |
|---|---|
| **内面作用**<br>・読書<br>・思索 | |
| **外的活動**<br>・観測・実験<br>・臨床・調査<br>・発掘<br>・資料検索 | ・生命倫理<br>・環境保護<br>・プライバシー<br>・生命／健康 |

筆者作成

学問の自由も、常に絶対的保障を受けるわけではありません。学問的営みが内面にとどまらず、とりわけ外部に影響を及ぼす場合には、他者の権利や公益との調整が必要になります。たとえば、個人データを収集・利用するなら各人のプライバシーの保護が、医学研究の臨床試験を行うなら被験者の生命・健康への配慮が、遺伝子組み換え作物の実験をする場合には生態系を破壊しないような配慮が求められます。

## 2 先端研究と生命倫理

↓人間とブタのハイブリッド胎児

ファン=カルロス・イスピスア=ベルモンテ教授(ソーク研究所) 提供

近時、神の領域に近づく研究がなされています。たとえば、人為的な臓器の供給のために、ブタやヒツジの胚にヒト細胞を導入し、「キメラ(異なる2種の生物に由来する細胞をあわせもつ生物)」をつくろうという研究です(写真はイメージ)。最先端では、伝統的な生命倫理観に反するような研究もあります。科学の発展と狂気は紙一重です。科学が道を踏み外さずに発展するには、人為的枠づけが必要でしょう。

---

★○×問題でチェック★
問3 明治憲法でも学問の自由は保障されており、学問弾圧はなかった。
問4 憲法23条で保障された学問活動といえども他者の権利や公益により制約されることがある。

## 1　国による管理・介入と大学の自治

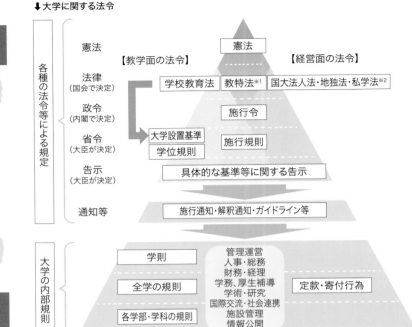

↓国家からの圧力に晒される大学

↓大学に関する法令

筆者作成

※1：教育公務員特例法　※2：国立大学法人法・地方独立行政法人法・私立学校法

文科省中教審大学分科会平成26年2月12日資料
「大学のガバナンス改革の推進について」6頁をもとに筆者作成

　1 で述べたように、学問の自由を保障することのコロラリー（必然的帰結）として、憲法23条により、「大学の自治」も保障されると解されています。大学の自治は、学問の自由な発展を可能にするための組織的な保障であり、国の介入から学問を守るための「城」のようなものです。とはいえ当然ながら、今日の大学に警察権や裁判権は認められません。その内容としては、①誰を教員として採用し、昇進・降格させるか（教員の人事権）、②施設や学生をどのように管理するか（施設・学生の管理権）、③どのような学問について研究・教育するか（学部・カリキュラム編成権）、④どのように資金を調達するか（自主財政権）等に関する諸権限が主張されています。

　このように大学は自らに関する事柄を自ら決定できる権限を有してはいますが、それも無制約ではありません。歴史の話になりますが、中世において、ボローニャ大学が神聖ローマ皇帝から特許状を得て法学の大学として充実したのは、当時の叙任権闘争において、皇帝側がローマ法に依拠して理論武装しようとしたことに起因しています。またパリ大学がローマ教皇から勅書を得て神学の大学として強化されたのは、修道士がアリストテレス流の弁証法を身につけて、イスラム経由のアリストテレス革命に対抗するためでした。このように、その成立以来、大学とそこで学ばれる学問は、社会の必要にもある程度対応しています（もちろん原則として、学問はそれ自体のために存在していますが、社会の要請からまったく自由ではありえません）。

　近年の大学も、国家や社会から様々な要求を受けています。国立大学は、2003年国立大学法人法により、文部科学省から組織的には独立しました。この措置により、各大学には自主的・自律的な運営が求められるようになりました。その一環として、ほぼ毎年、運営費交付金が前年比1％程度削減されています。かといって、文科省の監督がなくなるわけではなく、各大学は6年ごとの中期目標と中期計画を文科省に提出して認可を受けねばなりません。

　そもそも大学は、学校教育法を受けてつくられる大学設置基準に基づく、文科省の設置認可によって設立されます。その意味で大学は、所管する文科省の影響を強く受けます。これまで、設置認可が取り消された大学はありませんが、そのような権限（さらに私学助成の減額など）を背景に、様々な要求がなされます。2015年には、当時の文科大臣が国立大学長会議で、式典での国歌斉唱を要請して反発を招きました。

　また2004年から、第三者の認証評価機関により、大学のグローバル化や地域貢献、学生教育（アクティブラーニングなど）等の様々な観点から大学が評価を受けることが、学校教育法で義務づけられています。各大学は、これに向けて自己点検を求められています。

　果たしてどこまでの要求・負担が大学に課されてよいかは難しいところです。もっとも、大学本来の任務である、学問の自由な発展を下支えする役割まで損なわれてはならないでしょう。

## 2 大学の自治への古典的介入

**↓東大ポポロ事件（対警察権）：駒込署長と会見する学生代表**

毎日新聞社

**↓九大井上事件（対文部省）**

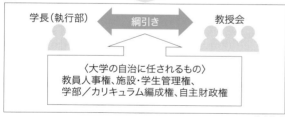

| | |
|---|---|
| 井上教授 | ・テレビ番組で「私の敵は警察です」発言 |
| 九大 | ・大学評議会が井上正治教授を学長に選出 |
| 文部省 | ・文部大臣は発令を事実上拒否 |
| 九大 | ・教授が辞意を表明し、評議会も承認 |

筆者作成

大学に対して、国家が直接的な介入を行うこともあります。東大ポポロ事件とは、1952年にポポロ劇団（大学公認学生団体）が東京大学構内で松川事件（過激派の関与が疑われた列車脱線事故）に関する演劇を上演したところ、観客の中に私服警官4名がいるのを学生が発見し、3名の身柄を拘束して警察手帳を奪い、謝罪文を書かせ、暴行を加えた事件です（警察手帳のメモから、警察による東大内での張り込み・尾行や、学生の思想動向等の調査が判明）。私服警官に暴行を加えた2人は、「暴力行為等処罰ニ関スル法律」により起訴されました。2人は一審・二審では無罪でしたが、最高裁では本件集会が大学の学問の自由と自治を享有しないとされ、原判決は破棄されて審理は差し戻され（最高裁昭和38年5月22日判決）、その後有罪とされました。最近では、2014年に京都大学構内に私服警官が無断で立ち入り、学生らに拘束される事件が起きています。

九大井上事件は、1969年に九州大学教授であった井上正治が、テレビ番組での発言を問題視されて、学長に選出されながら文部大臣から任命を事実上拒否された事件です。

国が大学の自治、すなわちその施設管理権や人事権を尊重すべきことを考えると、このような介入がみだりになされるべきではなく、法の正当な手続や、大学の決定を覆すことを正当化する強い理由が求められるはずです。そうでなければ、学問活動への萎縮効果が懸念されます。

## Ⅳ 大学内部での緊張関係

### 1 学問の自由 vs. 大学の自治

**↓大学内部の関係**

各教員の学問の自由〈研究・発表・教授の自由〉

緊張関係

学長（執行部） ←綱引き→ 教授会

〈大学の自治に任されるもの〉
教員人事権、施設・学生管理権、
学部／カリキュラム編成権、自主財政権

筆者作成

大学の自治権限の行使は、個々の教員の学問の自由と衝突することもあります。大学の組織的決定が、個々の教員の学問活動を制約することがありうるからです。たとえば、任期の更新や昇進・降格といった人事権の行使を背景に、研究・教授内容の見直しを迫るといった事態です。学問の自由と大学の自治が逆転し、本末転倒にならないよう注意が必要です。また大学の自治権限がどの組織に属するかは、各大学により異なります。伝統的には教授会でしたが、今日では学長や理事長の権限が強い大学も多く、そこの間で綱引きもあります。

### 2 大学経営 vs. 教育研究

**↓近年の大学の問題点**

| 経営側 | → | 教育研究側 |
|---|---|---|

・大学吸収合併
・学部統廃合
・空きポスト凍結
・研究教育費削減

教育研究環境の悪化

筆者作成

今日では、国や地方自治体の財政状況の悪化から交付金や助成金が減少したり、少子化によって定員が充足しないことなどから、大学を取り巻く状況は年々厳しくなっています。社会の変化に対応して、大学の吸収合併や学部の統廃合も珍しくありません。経営側としては、大学を維持するために、空きポストを凍結したり、研究教育費を削減したりと様々な策を講じています。もっとも、研究教育側からするとそれは教育研究環境の悪化につながります。教員数が減れば、学生へのきめ細やかな教育は難しくなりますし、研究書が買えなければ、研究が進まず教育へのフィードバックも低下します。学問を守って大学が滅ぶべきではありませんが、今の社会状況の中で学問の自由を守るために何ができるか、国も大学も教員も考えてみる必要がありそうです。

★○×問題でチェック★
問7　戦後においても、国が大学の自治に介入するような事案がある。
問8　大学の自治は学問の自由を下支えするものなので、両者が衝突することはない。

# 11 職業選択の自由

22条1項 何人（なんびと）も、公共の福祉に反しない限り、居住、移転及び職業選択の自由を有する。

## I 職業選択の自由の保障と限界

### 1 職業の選択と遂行

↓規制態様の例

| | 内容 | 具体例 |
|---|---|---|
| 届出 | 職業開始等の際に情報提供のため行政への届出や登録等が必要なもの | 旅行業、大規模小売店舗の新設、理美容所開設等 |
| 許可 | 職業開始等を一般的に禁止したうえで、行政機関による個別の許可によって禁止を解除するもの（※） | 公衆浴場、風俗営業、飲食業等<br>医師、弁護士、税理士、薬剤師、理美容師等<br>電気、ガス、上水道、鉄道等 |
| 国家独占 | 国営企業以外の者に営業が許されていないもの | (旧)電信電話事業、(旧)郵便事業、(旧)たばこ専売事業、下水道事業、富くじ事業、競馬事業等 |
| 禁止 | 職業の開始等が認められていないもの（または、憲法上保障されていないと解されうるもの） | 売春業等 |

※国家試験等の合格者等にのみ職業を許すものを「資格制」、国民生活に不可欠な需要を確保する公益事業に関して、より強い監督下におくものを「公企業の特許」と呼ぶことがある。

筆者作成

　憲法には職業「選択」の自由は明記されています。しかし、職業はいつ・どこで・どのように行うか（遂行（すいこう））までセットでないと意味のない場合もあります。たとえば、飲食店を営業してよいと言われても、場所がなかったり、調理器具や食材の使用が禁止されていたら、まともに営業ができませんね。そのため、憲法は職業「遂行」まで保障していると考えられます。

　職業規制には左表のように様々なものがあり、一般に禁止が厳しい規制、届出制が緩（ゆる）やかな規制であるとされ、職業の開始自体を妨げる「選択」規制の方が「遂行」規制よりも厳しい規制だとされます。

　また、1つの業種でも多様な規制が課されることもあります。たとえば、理美容業に関しては資格制が採用されているほか、理美容所の開設には都道府県知事への届出が必要です。なお、衛生上の観点から条例が洗髪台の設置を求めている場合もありますが、不必要な設備を強要し新規参入を妨げているのではないかといった疑問が呈（てい）されています。

### 2 規制目的二分論

↓規制目的二分論

消極目的規制

意　味：生命・健康に対する危険の防止・除去・緩和のための規制
典型例：公害規制、建築規制
基　準：重要な公共の利益を達成できるより緩やかな規制手段があるか
判　例：薬事法事件判決（☞Ⅱ**2**）、公衆浴場事件判決（昭和30年）（☞Ⅱ**3**）等

積極目的規制

意　味：社会経済の調和的発展を確保し、社会的・経済的弱者を保護するための規制
典型例：零細小売業者保護
基　準：当該規制措置が著しく不合理であることが明白であるか
判　例：小売市場事件判決（☞Ⅱ**1**）、公衆浴場事件判決（平成元年）（☞Ⅱ**3**）等

筆者作成

　判例は生命・健康に対する危険を防止するための規制（消極目的規制）と社会・経済政策のための規制（積極目的規制）とで規制の合憲性を判断する基準を分けているといわれています。消極目的規制の場合にはより緩やかな規制手段があるかどうかを判断する基準（厳格な合理性の基準）、積極目的規制の場合には規制の不合理性が明白かどうかを判断する非常に緩やかな基準（明白性の原則）です。これを規制目的二分論といいます。

　消極目的規制の典型が、職業活動を放任していると有害物質が排出されたり不良医薬品が流通したりして人々の健康に悪影響が生じるために、その職業活動を規制する場合です。積極目的規制の典型が、小規模の商店が集まる場所への大型スーパーの参入規制のように、既存の商店を保護するために規制する場合です。もっとも、具体的な規制がどちらに分類されるかは判別が難しい場合があります。

問1　憲法には職業選択の自由しか書いていないので、職業遂行の自由は保障されていない。
問2　生命や健康に対する危険を防止等するための規制を消極目的規制という。

## 1 小売市場事件判決

↓店が軒を連ねる英賀公設小売市場（1979年）

広報えひめ昭和54年6月号

↓蒔田小売市場（1928年開場）店舗平面図

| 地下室 | 事務室 | 食肉店 | 乾物店 | 荒物店（簡単な家庭用品） | 便所 |
| --- | --- | --- | --- | --- | --- |
| 漬物店 | | | | | 菓子店 |
| 出入口 | | 鮮魚店 | 青果店 | | 出入口 |
| 菓子店 | | 青果店 | 鮮魚店 | | 米穀店 |
| 薪炭店 | 醸造物店 | 洋品店 | 履物店 | 乾物店 | |
| 住宅地 | | | | | |

『横濱市設小賣市場要覧』をもとに筆者作成

積極目的規制に関する判例とされているのが、小売市場事件判決（最高裁昭和47年11月22日判決）です。今では減っていますが、規制対象とされた小売市場とは平面図や写真のような、1つの建物の中に複数の零細な商店があるものをいいます。問題となったのは小売商業調整特別措置法という法律です。この法律では小売市場の開設経営を許可制としており、そのうえで本件の舞台である大阪府は一定の距離制限を設けていました。

最高裁はまず、憲法が個人の自由な経済活動を保障している

としました。しかし、それを放任していると社会生活に様々な悪影響が生じるほか、市場の中で格差が生じてしまいます。そこで最高裁は、そのような自由の行き過ぎを規制し、社会経済のバランスをとりながら発展ができるように、経済的に劣位におかれた人々の保護のために国が積極的な社会経済政策を実施することも憲法は認めている、と述べました。そして、問題となっていた許可制についてはそのような社会経済政策として合憲であるとします。最高裁はその際に、このような積極目的規制については、著しく不合理であることが明白かどうかという非常に緩やかな基準で判断しました。そのため、積極目的規制が違憲とされることは考えにくく、この点が批判されています。

## 2 薬事法事件判決

↓埼玉県和光市　調剤薬局が並ぶ

渡辺広史／アフロ

皆さんは上の写真のように薬局がところ狭しと並んでいる場面を見たことはありませんか。実はかつてはこのような光景は考えられないことでした。というのも、薬局の開設は許可制なのですが、ある最高裁判決が出されるまでは、開設許可の条件として距離制限が課されていたからです。その距離制限規制を違憲としたのが、薬事法事件判決（最高裁昭和50年4月30日判決）でした。同判決は、薬事法（現在は「医薬品、医療機器等の品質、有効性及び安全性の確保等に関する法律」（いわゆる薬機法））上の薬局の距離制限を消極目的規制とし違憲とした法令違憲判決です。

最高裁は、違憲審査基準に関して、許可制という厳しい規制

の場合には、重要な公益のために必要かつ合理的な措置であることが必要であるとし、次いで、消極目的規制の場合には、より制限的でない他のとりうる手段がないことが必要である、としました。また、距離制限規制は「場所」に関する制限ではあるものの、実質的には「選択」を制限する効果があるとしてその合憲性を慎重に判断する姿勢もみせています。

薬事法が距離制限を課したのは、それによって過当競争が抑制され、医薬品が私たちによりよく提供されると考えたからです。地域制限がなく近隣に同じような商品を提供する店舗があれば競争が激しくなり、その結果、経営が不安定となった店舗が医薬品管理をおろそかにして、不良医薬品が供給されるかもしれません。そのように考えて、過当競争によって不良医薬品が提供される事態を、店舗と店舗との距離を適切に保つことで防ごうとしたわけです。

しかし、医薬品の供給過程をしっかり監督すれば、不良医薬品が出回ることも考えにくいでしょう。最高裁が違憲と判断した理由の1つがこれです。慎重に検討すれば、そもそも不良医薬品が薬局で供給される可能性は「単なる観念上の想定にすぎず」、またその可能性があっても距離制限という強力な手段ではなく供給過程の監督強化で十分である等として、このような距離制限を違憲と判断しました。

★○×問題でチェック★

問3　小売市場事件判決は、小売市場の距離制限規制を積極目的規制とし、合憲と判断した。

問4　薬事法事件判決は、薬局の距離制限規制を消極目的規制とし、違憲と判断した。

## 3 公衆浴場事件判決

| | 1968年 | 1978年 | 1988年 | 1993年 | 1998年 | 2003年 | 2008年 | 2013年 | 2014年 | 2015年 | 2016年 | 2017年 | 2018年 | 2019年 | 2020年 |
|---|---|---|---|---|---|---|---|---|---|---|---|---|---|---|---|
| 総数（軒） | 2,687 | 2,389 | 2,043 | 1,669 | 1,390 | 1,117 | 879 | 706 | 669 | 628 | 602 | 562 | 544 | 520 | 510 |
| 利用人員（人／日） | 530 | 375 | 230 | 180 | 164 | 138 | 124 | 119 | 120 | 124 | 127 | 132 | 138 | 144 | — |
| 浴室保有率（都内） | 45.48%<br>(45.48%) | 64.70%<br>(65.38%) | 79.57%<br>(83.27%) | 84.88%<br>(90.05%) | 91.37%<br>(94.17%) | 90.99%<br>(95.98%) | 91.49%<br>(97.65%) | — | — | — | — | — | — | — | — |
| 入浴料金統制額（円） | 32 | 155 | 280 | 340 | 385 | 400 | 450 | 460 | 460 | 460 | 460 | 460 | 460 | 470 | 470 |

※2020年は7月末時点。浴室保有率のカッコ内は、「不詳」を除いた戸数を母数として算出した数値である（5年に1回の住宅・土地統計調査において、2013年・2018年は浴室保有の有無が個別の調査項目に含まれていないため記載しなかった）。なお、「浴室」はシャワー室も含む。

東京都くらしWEBおよび「住宅・土地統計調査」をもとに筆者作成

公衆浴場にも距離制限が課されていますが、最高裁昭和30年1月26日判決では消極目的規制として合憲とされたものが、最高裁平成元年1月20日判決および最高裁平成元年3月7日判決では積極目的規制として合憲判断が下されています。この変化の背景には私たちの生活の変化があります。

1955年（昭和30年）頃は、私営公衆浴場が増加していました。統計記録によれば、1949年に全国で1万3199軒あった私営公衆浴場は、1970年に2万4536軒を記録するまで増加の一途をたどっていました。そのような状況で、過当競争によって不良なサービスが提供される可能性があるのではないかと考えて距離制限をしたのです。公衆浴場は、人々を清潔に保つ等公衆衛生にかかわるものですから、その点では薬事法の距離制限と考え方が同じです。そのため、薬事法事件判決と同じように消極目的規制と考えることができるでしょう。

しかし、状況は変化します。浴室保有率の増加により、私営一般公衆浴場は1989年（平成元年）度末には1万1724軒、2019年度末には3223軒と減少します。しかし、皆が浴室をもっているわけではないですし、家の風呂が使えなくなる場合もあるでしょう。そのため、公衆浴場を絶やすことはできないところです。このような状況では、私営公衆浴場はむしろ保護されるべき対象となるでしょう。そう考えると最高裁が積極目的規制と判断して合憲としたのも理解できるのではないでしょうか。

都内でも、表にあるように状況は同じです。そのため、現在、公衆浴場を地域におけるコミュニケーションの場として盛り上げようとする等、公衆衛生とは異なる面を押し出しています。

# III 近年の状況

## 1 学説の傾向

↓ 民主的政治過程論（長谷部恭男）

| | 国民一般の福祉を<br>表明した立法 | 特定の業者保護を<br>表明した立法 |
|---|---|---|
| 政治過程 | その利益は広く薄い<br>→個々の国民の立法への<br>　インセンティブは低い<br>→本来求められる利害調整が<br>　なされない | その立法による利益を享受する業界・団体に対立する他の利益集団との間において、透明かつ公正なルールのもとで、交渉と妥協による利害調整がなされる |
| 裁判所 | 目的と手段との関連性を<br>立ち入って審査<br>〔なぜなら〕<br>政治過程で公正な利害調整が<br>なされていないから<br>⇒特定の業界・団体保護という<br>　本来の目的が暴かれ、<br>　公正な競争が行われるようになる | 立ち入った審査を行う必要はない<br>〔なぜなら〕<br>すでに政治過程で公正な利害調整がなされており、左の場合のように、反対派の目をそらすための目的設定という危険がないから |

筆者作成

規制目的二分論に対しては、2つの目的で基準が極端に変わるのはおかしい、人々の生命・身体を守るための規制ほど認められにくいのは不自然である等、学説は当初から批判的でした。

他方、規制目的二分論を否定するのではなく、納得できるように説明しようという学説もあります。その有力なものが民主的政治過程論（長谷部恭男）です。ここでは、国会での議論で利害調整がなされたならば裁判所では緩やかに判断すればよいという考え方が背景にあります。社会的・経済的な保護政策は国会内での利害対立が浮き彫りとなり、議論を重ねて利害調整がなされるでしょう。しかし、生命等にかかわる規制の場合は利害対立は滅多になく、国会内での利害調整が期待できないのです。そのため裁判所において改めてきちんと審査しましょう、ということになります。

---

★〇×問題でチェック★

問5　公衆浴場の距離制限に関する昭和30年判決は、公衆衛生目的の規制とし、違憲と判断した。
問6　公衆浴場の距離制限の規制目的は、時代の状況によって変化してきた。

## 2 判例の傾向

↓突き当たりの建物1階に無料風俗案内所
これが約200メートルの距離（新宿区）

筆者撮影

小売市場事件判決は、違憲判決である薬事法事件判決が出た後も先例として残り、近年ではむしろ、最高裁は薬事法事件判決ではなく小売市場事件判決を先例とする傾向があります。小売市場事件判決は薬事法事件判決と異なり非常に緩やかな基準で判断しますから、この傾向が進むと様々な規制が簡単に合憲と判断されることが予想されます。そのため、学説上批判があります。

この傾向を示す判例には、二親等取引抑制事件（最高裁平成26年5月27日判決）、旅行業法違反被告事件（最高裁平成27年12月7日判決）、京都府風俗案内所規制条例事件（最高裁平成28年12月15日判決）があります。二親等取引抑制事件は、市議会議員の公正さと市民の信頼を確保するために、議員の親族が経営する企業に市からの工事等の請負を辞退するよう求めていた条例が問題とされました。旅行業法違反被告事件は、旅行者の安全確保のために定められた旅行業者の登録制が問題となった事件です。京都府風俗案内所規制条例事件は、青少年の健全な育成を目的として、学校等から200メートル以内での風俗案内所の営業を禁止した条例が問題となりました。これらはいずれも、合理的な裁量の範囲内かどうかを問い、結論を合憲とした判決です。

さて、しばしば出てくる距離制限ですが、実際の距離はなかなか想像できないものです。風俗案内所の事件では学校等から200メートルでしたが、左写真の突き当たりにある建物1階の風俗案内所と撮影者との距離がおおよそ200メートルです。現実の道は複雑なものが多いのでこのようにハッキリと目につくとは限りません。また、学校等も地域に散在しているため、全施設から200メートル離れなければならないとしたら場所は非常に限定される場合もあるでしょう。このように、数字だけで考えるのではなく、その場所の周辺状況も考えることが必要です。

## 3 彫師は医業？

タトゥー施術が医行為かどうかが争われた事件があります（最高裁令和2年9月16日判決）。

一審は、タトゥー施術は医師が行うのでなければ保健衛生上の危害を生じさせる可能性があるため医行為であると判断しました。しかし、彫師と医師とでは行っていることがずいぶんと異なるのに、彫師に医師法を適用するのは実態にそぐわないように思われます。その後控訴審は、医行為というためには当該行為が医療および保健指導に属するものでなければならないとし（医療関連性）、医療関連性のないタトゥー施術は医行為ではないとしました。そうでなければ、彫師に医師と同じく広範囲かつ高水準の医学的知識・技能を要求することになり、職業選択の自由に対する過度な規制になってしまうとも述べています。

最高裁も医療関連性が必要だとしました。そして、医行為か否かを判断する際は、方法・作用・目的・施術相手との関係・行為の具体的状況・実情・社会の受け止め方等も考慮すべきであるとし、タトゥー施術は、①美術的意義のある社会的風俗と

↓タトゥー医師法事件の当事者（増田太輝氏）の施術の様子

増田太輝氏提供

受け止められてきたこと、②美術等の知識・技能を要すること、③医師免許のない彫師が行ってきた実情があること、④医師が独占して行う事態は想定しにくいこと等から、医療関連性はなく医行為ではないとしました。

---

★〇×問題でチェック★

問7　近年の最高裁はもはや小売市場事件判決を先例とはしていない。
問8　最高裁は、タトゥー施術を医行為ではないと判断した。

## I 憲法上の財産権保障

**29条**
財産権は、これを侵(おか)してはならない。
2 財産権の内容は、公共の福祉に適合するやうに、法律でこれを定める。
3 （略）

### 1 財産権と法制度

↓音楽の著作権保護の仕組み

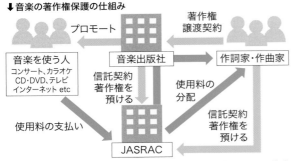

一般社団法人日本音楽著作権協会（JASRAC）HPをもとに作成

憲法29条は、財産的価値を有するすべての権利を財産権として保障の対象とします。物権、債権、著作権、公法上の権利等、様々な権利が含まれ、その内容は法律で定められます（同条2項）。法律の個々の条文によって、誰にどのような権利がどのように帰属するのかが明らかにされます（財産権の内容形成）。たとえば、民法206条以下では、物権の代表としての所有権制度が形作られています。

財産権として保障される権利には、実際に手にとることのできないものに対する権利もあります。作曲家には作った曲に対して著作権が認められ、権利の内容は著作権法が定めています。著作権をもっている人がいる曲を使う際には、使用料を支払う必要があります。もっとも、音楽教室で生徒が曲を演奏する場合には、著作権を管理している団体（JASRAC）による使用料請求を認めないとする判断も示されました（知財高裁令和3年3月18日判決）。

### 2 内容形成の統制

↓森林法事件判決の事案

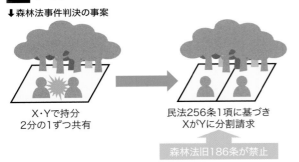

X・Yで持分
2分の1ずつ共有

民法256条1項に基づき
XがYに分割請求

森林法旧186条が禁止

筆者作成

財産権の内容は法律で定められますが、財産権は憲法上保障されており、法律で定める内容には限界があります。そうした限界として、私有財産制の保障と現存保障（☞II）が考えられてきました。たとえば、土地や工場等を国有化し社会主義へ移行することは、私有財産制に反するとされますが、そうした想定は今日、現実味を失っています。

最高裁は、それ以外の場合にも内容形成の統制を行ってきました。森林法事件判決（最高裁昭和62年4月22日判決）をみてみましょう。ある兄弟が、父から森林を生前贈与され、共有していました。ところが、仲違いをしてしまい、弟Xは、こ れ以上、兄Yと森林を共有できないとして、分割を請求しました。この共有物分割請求は、民法の規定（256条1項）で認められているものです。ところが、森林の場合、持分価額2分の1以下の共有者は、分割請求できないという規定を森林法が特別に定めていたのです（旧186条）。これにより、持分2分の1のXの請求は認められません。この森林法の規定が、憲法29条に違反するのではないかが問題となりました。最高裁は、共有物分割請求権は、各共有者に近代市民社会における原則的所有形態である単独所有への移行を可能にするものとして民法において認められたものであり、その否定は、憲法上、財産権の制限に該当し、このような制限を設ける立法は29条2項にいう公共の福祉に適合することを要する、と判示しました。そして、公共の福祉に適合するかどうかは、規制の目的、必要性、内容、その規制によって制限される財産権の種類、性質および制限の程度等を比較考量して判断するとしました。そして、規制目的、手段の審査を経て違憲という結論に至ったのです。比較考量の定式は、その後、証券取引法事件判決（最高裁平成14年2月13日判決）に引き継がれ、以降、財産権の内容形成が問題となる判例では、この証券取引法事件判決が先例として引用されています。

★○×問題でチェック★
問1 財産権として保障される権利の具体的な内容は、法律によって定められる。
問2 森林法事件判決では、民法上の共有物分割請求権を森林法が制限していることが違憲とされた。

## 3 条例による規制

↓唐古池

坂本照/アフロ

↓堤とう断面図

筆者作成

憲法29条2項では、財産権の内容は法律で定めるとされています。しかし、地方公共団体の定める条例による規制も珍しくありません。たとえば、多くのため池を有する奈良県は、ため池の堤とう（土手）に農作物等を植えることを禁止し、違反者には罰金を科す条例を定めました。しかし、堤とうで代々耕作してきた被告人らが耕作を続けたため、起訴されました。この奈良県ため池条例事件（最高裁昭和38年6月26日判決）で最高裁は、耕作の禁止は、ため池の破損、決壊等による災害の防止が目的であり、公共の福祉のため当然これを受忍しなければならないとしました。ため池の破損、決壊の原因となる堤とうの使用は、財産権の行使のらち外にあるとも述べられており、保障の範囲外とされていた可能性はありますが、法律ではなく条例で耕作が禁止されていた点については、特に問題視されませんでした。

条例は、民主的な選挙で選ばれた地方議会で定められるものであり、全国的な取引の対象となるもの以外の財産権については、地域の特性に応じて条例による規制を認めてもよいと考えられています（なお条例は、「法律の範囲内で」（憲法94条）定められます☞ **25-Ⅳ**）。

## 4 社会的拘束

↓風致地区における規制

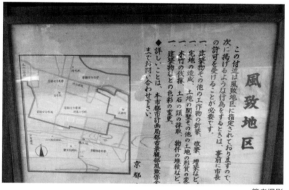

筆者撮影

↓所有者不明土地面積の予測

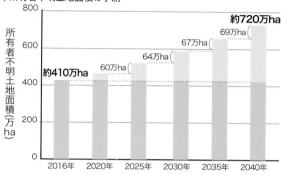

一般財団法人国土計画協会
所有者不明土地問題研究会 HP 資料をもとに筆者作成

財産権は、かつてはフランス人権宣言（1789年）にみられるように、神聖不可侵の権利とされていました。しかし、社会的・経済的弱者の保護や統制のとれた社会秩序のために国家が積極的な措置をとるべきという社会国家思想の進展とともに、社会的な拘束を強く受けるものとされるようになりました。この考えは、所有権は義務を伴うと規定したワイマール憲法（1919年）にはっきりと現れ、日本国憲法も、その流れを引き継いでいます。**2**で述べた森林法事件判決の中でも、人々の安全の確保や秩序の維持のための規制に加えて、社会政策や経済政策のための多様な規制がありうると述べられています。

社会的拘束を強く受けるものとして、土地所有権についてみてみましょう。私たちが生活するうえで土地は不可欠の基盤となるものです。また、所有している土地をどのように使うかは、周囲に大きな影響を与えます。地域によっては、建物の建築等について規制がかけられていることがあります。たとえば、緑豊かな山に囲まれ、歴史的な社寺や史跡が点在する京都市には、風致地区に指定されている地区が多くあります。この地区では、風致、すなわち風景などのおもむきを維持するため、建築物の新築、改築等を行う際等には、事前に市長の許可を受けることが必要であり、様々な許可基準をクリアしなければなりません。

土地は、これまで限られた貴重な資源としてその過剰な利用の抑制が必要だと考えられてきました。しかし、近年、逆にその過少利用が大きな問題となっています。所有者が直ちには判明しない、または判明しても所有者に連絡がつかない土地が、2016年時点で約410万ヘクタールあり、九州よりも大きいという推計が発表されました。先祖代々継承されてきた土地について、引継ぎの際、誰が権利者であるかを示す登記が変更されないまま長期間放置され、相続人が多数存在する状態となり、しかも、その地を遠く離れて生活しているといった状況が増えているのです。こうした状況に歯止めをかけるため、新たな法律が作られました（「所有者不明土地の利用の円滑化等に関する特別措置法」（2018年制定））。この法律により、建築物がなく反対する権利者もいない土地につき、都道府県知事の判断で最長10年間の利用権を設定し、公園や仮設道路、文化施設等の公益目的で利用できるようになりました。また、土地基本法の抜本的な改正（2020年）で、所有者の責務が明記されました。社会的拘束の新たな現れとして注目されます。

## 1 事後法による規制

▼国有農地売払特措法事件の経緯

| | |
|---|---|
| 1947(昭22).12.2 | 原告が所有する土地を自作農創設特別措置法3条によって買収される |
| 1968(昭43).1.23 | 旧農地法80条に基づき、買収の対価相当額で売払いの申し込み |
| 1969(昭44).9.24 11.22 12.12 | 農林大臣が売払いを拒否 行政不服審査法による異議申立て 農林大臣が異議申立て却下→取消しと売払義務の確認を求めて出訴 |
| 1971(昭46).1.29 4.26 5.25 | 一審(名古屋地裁判決)請求棄却→控訴 売払価額を時価の7割に変更する国有農地売払特措法公布 国有農地売払特措法施行 |
| 1972(昭47).11.30 | 買収の対価相当額での売払いを請求した二審(名古屋高裁判決)で控訴棄却→上告 |

筆者作成

▼農地改革広報ポスター

国立公文書館データベース

　すでに有している財産権（「個人の現に有する具体的な権利」）が、後から制定・改正された法（事後法）によって制限されたり奪われたりする場合、財産権はどのような保障を受けるのでしょうか。財産権の現存保障の問題です。

　この問題が争われたのが、国有農地売払特措法事件（最高裁昭和53年7月12日判決）です。第二次世界大戦前、日本には、地主と小作人の前近代的な封建関係が存在していました。一部の地主が所有する農地を小作人が耕し、収穫物を地主に納めるという関係です。戦後、GHQの指令により、こうした関係を解消する農地改革が行われました。自作農創設特別措置法が制定され、不在地主の全所有農地と一定規模を超える在村地主の小作地を、国が地主から強制的に買収し、小作人に売り渡しました。これにより、小作人も自分の農地を所有することができるようになりました。従来の農地所有のあり方を根底から覆す改革であり、政府が積極的にPRするポスターが残っています。

　昭和53年判決の原告は、地主として土地を所有していまし

たが、自作農創設特別措置法によってその土地を買収されました。しかし、その土地が、農地として活用されることはありませんでした。このように、買収した土地が自作農創設に役立たない場合、旧農地法は、旧地主に売り払うことを認めていました。そこで、原告は、1968年に買収の対価相当額で売払いの申し込みをしました。それは、1坪2円60銭という非常に安価な値段です。ところが、農林大臣に売払いを拒否され揉めている間に、1971年に国有農地売払特措法が公布、施行されました。この法律は、売払いの対価を著しく引き上げるものでした。つまり、原告は、申込み時の想定よりはるかに高額の代金を支払わねばならなくなったのです。最高裁は、いったん定められた法律による財産権の性質、その内容を変更する程度、およびこれを変更することによって保護される公益の性質などを総合的に考慮して、特措法の合理性を認めました。原告が売払いを求めた時点で売払いを求める権利が成立していたとするならば、既得の権利の保護を何ら考慮に入れなかったこの判決に対しては批判的な見方もあるところです。

## 2 公的年金の減額

▼年金給付費と保険料収入のバランスの変化のイメージ

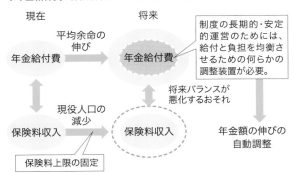

厚生労働省HPをもとに作成

　老齢年金の保険料を納めたとしても、将来、本当に返ってくるのだろうか、という不安を抱く人も多いでしょう。このまま少子高齢化が進んだら、年金給付費が増大するのに対して、保険料収入は伸び悩みます。そのため、給付と負担を均衡させるための調整が行われ（現在、マクロ経済スライドという自動調整の仕組みが導入されています）、給付額を切り下げざるをえない状況もありえます。年金を受給するには、受給要件を満たしたうえで、厚生労働大臣の裁定を受けて支給額が確定される必要があります。このようにして確定された年金の受給権も、財産的価値を有する権利として、憲法上の財産権の保障対象となります。それが後から縮減される場合には、違憲でないかどうかが検討されることとなります。

★○×問題でチェック★
問5　農地改革の際に買収された土地は、すべて小作人に売り渡され、農地として活用された。
問6　年金の受給権は公法上の権利なので、給付額の切り下げは憲法上の財産権の問題とはならない。

# Ⅲ　収　用

**29条3項** 私有財産は、正当な補償の下に、これを公共のために用ひることができる。

## 1 収用の仕組み

↓土地収用法の手続の主な流れ

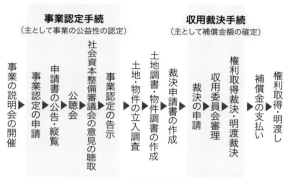

**事業認定手続**
（主として事業の公益性の認定）

**収用裁決手続**
（主として補償金額の確定）

事業の説明会の開催 ▶ 事業認定の申請 ▶ 申請書の公告・縦覧 ▶ 公聴会 ▶ 社会資本整備審議会の意見の聴取 ▶ 事業認定の告示 ▶ 土地・物件の立入調査 ▶ 土地調書・物件調書の作成 ▶ 裁決申請書の作成 ▶ 裁決の申請 ▶ 収用委員会審理 ▶ 権利取得裁決・明渡裁決 ▶ 権利取得・明渡し ▶ 補償金の支払い

国土交通省関東地方整備局 HP をもとに作成

ある場所に高速道路や鉄道、ダム、学校等をつくることに公共性がある場合、そこに土地を所有している人が拒否しても、国や地方自治体は強制的にその土地の所有権を取得できます。また、特定個人が受益者となる場合にも、結果的に社会公共の利益に資するのであれば、公共のために用いるものとして認められます。憲法29条3項は、正当な補償を収用の要件としています。その位置に道路をつくることで利便性が向上するからといって、土地を収用される人にのみ負担を負わせるのは、公平ではありません。そのため、国民から広く集めた税金で補償金を支払うことで、社会全体でその負担を分けあう仕組みになっています。これにより、土地そのものは取り上げられても、その財産的な価値は保障されることになっているのです。

土地収用法は、土地収用と損失補償についての一般的なルールを定めています。土地収用で、事業が公益性を有することを認定する「事業認定手続」と補償金の額等を決定する「収用裁決手続」が行われます。

東九州自動車道建設の際、そのルート上にあったミカン園について、福岡県収用委員会は権利取得裁決・明渡裁決をしました。しかし、ミカン園の所有者は、自主的な明渡しに応じず、16年にわたって拒否していました。そのため、ミカン園の場所のみを残して、高速道路の建設が進められ、写真のような状態となりました。最終的に、福岡県の職員が、ミカン園に建っていた倉庫等を撤去し、激しく抵抗する所有者を抱きかかえて退去させました（行政代執行）。東九州自動車道（北九州市 - 宮崎市間）の全線開通に至るまでには、このような出来事があったのです。

どのような場合に補償が必要かは、特別な犠牲の有無によります。特別な犠牲があるかどうかは、制限が、特定の者に対するものか、財産権の本質的内容を侵すほどのものか、財産権それ自体から発生する危険防止とは関係なく他の公益目的のためになされるものか、等の観点を考慮して、事案に応じて判断されます。さらに、補償が必要であるとして、どの程度かが問題となります。合理的に算出された相当な額の補償で足りるという考え方と、客観的な市場価格の全額補償が必要だという考え方があります。

↓福岡県収用委員会の裁決で、明渡しを命じられていた東九州道建設予定地のミカン園

読売新聞／アフロ

## 2 損失補償の直接請求

↓砂利採取の様子（相模川）

国土交通省 HP

補償が必要であるにもかかわらず、法律が補償規定を欠く場合、憲法29条3項に基づいて直接、補償請求できるでしょうか。河川附近地制限令事件（最高裁昭和43年11月27日判決）で争われた論点です。この事件の被告人（A）は、仙台市の名取川で、砂利採取事業を営んでいました。戦後復興期、建設資材等として砂利の需要が高まっていましたが、砂利採取を野放しにしていては、河川管理上、支障が生ずる可能性があります。そこで、河川附近地制限令が制定され、指定地域で事業を続けるには知事の許可が必要とされました。許可申請を却下されたAは、無許可で採取を続け起訴されました。Aは、制限令は補償規定を欠き違憲無効と主張しましたが、最高裁は、Aが具体的に損失を主張立証して憲法29条3項を根拠に補償請求する余地を認め、制限令を違憲無効とはしませんでした。

---

★ ○×問題でチェック ★

問7　土地収用の際、土地所有権者が拒否した場合、収用の手続は断念せざるをえない。

問8　最高裁は、憲法29条3項に基づいて直接補償請求できる場合があることを認めた。

# 13 生存権

## Ⅰ　総　論

**25条**　すべて国民は、健康で文化的な最低限度の生活を営む権利を有する。
　2　国は、すべての生活部面について、社会福祉、社会保障及び公衆衛生の向上及び増進に努めなければならない。

### 1　自由権と社会権

↓自由権と社会権

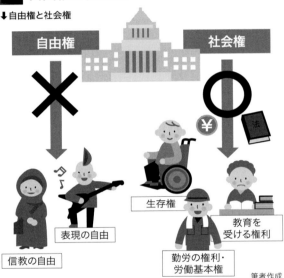

筆者作成

本書では、ここまでに、信教の自由や表現の自由等の様々な人権が登場しました。これらの人権は、左図のように、国家が介入しないことを求める人権であり、自由権（国家からの自由）といいます。しかし、これらの人権と、本書**13〜15**の生存権、教育を受ける権利、勤労の権利・労働基本権とは、その性質が異なります。つまり、国家が、生存権の求める「健康で文化的な最低限度の生活」を営むことの現にできない人に対し、自由権と同じように、このような最低限度の生活を営むことに介入しないとするだけでは、彼らがそのような生活を営むことができるようにはなりません。同じことは、国家が、教育を受けることや適切な環境で働くことが現にできない人に対し、そうすることに介入しないとするときにも妥当します。そこで、本書**13〜15**の人権は、国家に対し、健康で文化的な最低限度の生活を営むこと、教育を受けることや、適切な環境で働くこと等を保障するために、左図のように、金銭の給付や法令の整備等の形で介入することを求めるものとされます。このような人権を社会権（国家による自由）といいます。

### 2　生存権の性質

↓学説の比較

| 学説 | 違憲審査 | 立法不作為違憲確認 | 金銭給付 |
|---|---|---|---|
| プログラム規定説 | × | × | × |
| 抽象的権利説 | ○ | × | × |
| 具体的権利説 | ○ | ○ | × |
| ことばどおりの具体的権利説 | ○ | ○ | ○ |

筆者作成

憲法25条は、生存権を「健康で文化的な最低限度の生活を営む権利」とするだけで、生存権に基づき具体的に何を請求できるのか明らかにしていません。そのため、生活保護請求権等の具体的な請求権は、国会が生活保護法等の法律を制定して初めて認められます。しかし、それでは憲法25条が生存権を保障した意味はどこにあるのでしょうか。この点、戦後初期には、同条は国の政治的な目標や指針を定めたものにすぎず、法的な意味はないため、同条に基づく裁判所の違憲審査は認められないとするプログラム規定説が有力でした。しかし、これでは生存権を「権利」として保障した意味が失われかねません。そこで、裁判所による違憲審査の余地を認めることでプログラム規定説を克服すべく登場し、通説となったのが抽象的権利説です。この説は、生存権を具体化するために国会のつくった社会保障法制が著しく不十分である場合には、立法裁量（法律の内容をある程度自由に決定できる権限）の逸脱・濫用にあたり、憲法25条に違反するとします。また、国会が必要な社会保障法制の創設を怠っている場合には、立法不作為の違憲確認訴訟も提起できるとする具体的権利説も有力です。ただし、今日ではすでに様々な社会保障法制が整備されていますから（☞Ⅲ**1**）、立法不作為の違憲確認訴訟を認める実益は限られています。さらに、最近では、明らかに「健康で文化的な最低限度」を下回る場合に限り、憲法25条自体を根拠に「最低限度」に至らない範囲での少額の請求を認めることばどおりの具体的権利説も提唱されています。

---

★○×問題でチェック★

問1　自由権とは、自由を保障するための介入を国家に求める権利である。
問2　具体的権利説によると、裁判所は、生存権を具体化する法律がなければ違憲審査をできない。

# II 判例

## 1 朝日訴訟

戦後当初の頃、最高裁は、生存権の具体的権利性を否定し、司法審査の可能性を一切否定するかのような判示をしていました（最高裁昭和23年9月29日判決）。それに対し、朝日訴訟（最高裁昭和42年5月24日判決）では、同じく生存権の具体的権利性が否定されつつも、司法審査の可能性が認められることとなりました。

原告の朝日茂氏は、肺結核を患い療養所に入所しており、収入もなかったため、生活保護法に基づき、医療扶助（肺結核の治療費の全額）と生活扶助（日用品費としての月額600円）を受けていました。しかし、その後、離別していた実の兄が発見され、彼から月額1500円の仕送りを受けることになります。ところが、これに伴い、生活保護法の規定に基づき、生活扶助が廃止されたうえで、仕送りのうち、従前の生活扶助費に相当する月額600円を除いた月額900円が医療費の一部として徴収されることになりました。これに対し、朝日氏は、厚生大臣の定めた月額600円という生活扶助基準が不十分であるため生存権を侵害しているとして訴訟を提起しました。この基準は、右表の内訳から導かれたものですが、肌着が2年で1着、パンツが1年に1枚とされたほか、療養所の給食だけでは栄養不足となる中で、これを補う食費が含まれていなかったのです。朝日氏は最高裁への上告中に亡くなってしまいましたが、その後、生前に執筆した手記（朝日茂『人間裁判：死と生をかけた抗議・朝日茂の手記』（草土文化・1965年））が反響を呼び、また、氏の遺影を掲げた大行進が実施されました。

このような状況の中で、最高裁は、訴訟自体が原告の死亡を理由に終了したと判示しつつも、「なお、念のために、本件生活扶助基準の適否に関する当裁判所の意見を付加する」と述べ、傍論として、朝日氏の請求について次のような見解を示しました。まず、生存権が「具体的権利としては、憲法の規定の趣旨を実現するために制定された生活保護法によって、はじめて与えられているというべきである」とし、その具体的権利性を否定しました。そのうえで、本件のような厚生大臣の判断につき、「現実の生活条件を無視して著しく低い基準を設定する等憲法および生活保護法の趣旨・目的に反し、法律によつて与えられた裁量権の限界をこえた場合または裁量権を濫用した場合には、違法な行為として司法審査の対象となることをまぬかれない」とし、司法審査の及ぶ可能性を認めました。ただし、本件でなされた厚生大臣の判断は、その裁量の範囲内のものとされました。

↓支援者による「朝日訴訟を勝ちとる大行進」の様子（1965年）

毎日新聞社

↓朝日氏に支給されていた当時の生活扶助費
（日用品費）月額600円の内訳

| 費目 | | | 年間数量 | 月額（円） |
|---|---|---|---|---|
| 被服費<br>（131.71円） | 衣類<br>（102.9円） | 肌着 | 2年1着 | 16.66 |
| | | パンツ | 1枚 | 10 |
| | | 補修布 | 4ヤール | 43.33 |
| | | 縫糸 | 30匁 | 8.75 |
| | | タオル | 2本 | 11.66 |
| | | 足袋 | 1足 | 12.5 |
| | 身廻品<br>（28.81円） | 下駄 | 1足 | 5.83 |
| | | 草履 | 2足 | 21.66 |
| | | 縫針 | 20本 | 0.32 |
| | | 湯呑 | 1個 | 1 |
| 保健衛生費<br>（223.33円） | | 理髪料 | 12回 | 60 |
| | | 石けん | 洗顔12個<br>洗濯24個 | 70 |
| | | 歯磨き粉 | 6個 | 7.5 |
| | | 歯ブラシ | 6個 | 7.5 |
| | | 体温計 | 1本 | 8.33 |
| | | 洗濯代 | | 50 |
| | | チリ紙 | 12束 | 20 |
| 雑費<br>（244.96円） | | 葉書 | 24枚 | 10 |
| | | 切手 | 12枚 | 10 |
| | | 封筒 | 12枚 | 1 |
| | | 新聞代 | 12部 | 150 |
| | | 用紙代 | | 20 |
| | | 鉛筆 | 6本 | 5 |
| | | お茶 | 3斤 | 40 |
| | | その他 | | 8.96 |
| 計 | | | | 600 |

最高裁判所民事判例集21巻5号1372-1374頁をもとに筆者作成

---

★○×問題でチェック★

問3　朝日訴訟判決では、生存権の具体的権利性が否定された。
問4　朝日訴訟判決では、厚生大臣の判断に対する司法審査の可能性が認められた。

## 2 堀木訴訟

**↓口頭弁論のために入廷する堀木フミ子氏**

朝日新聞社

堀木訴訟（最高裁昭和57年7月7日判決）では、厚生大臣の定めた行政基準（生活扶助基準）の合憲性が問題となった朝日訴訟とは異なり、法律の規定の合憲性が争われました。

原告の堀木フミ子氏は、視覚障害者でしたが、国民年金法に基づく障害福祉年金（☞Ⅲ**1**）を受けつつもマッサージ師として働くことで、夫との離別後は1人で子どもを育てていました。そこで、母子家庭に支給される児童扶養手当を申請しましたが、その申請は、公的年金の受給資格者には児童扶養手当を支給しないとする児童扶養手当法の規定（併給禁止規定）のため、認められませんでした。そこで、堀木氏は、その規定が生存権を侵害するものである等として訴訟を提起したのです。

最高裁は、「憲法25条の規定の趣旨にこたえて具体的にどのような立法措置を講ずるかの選択決定は、立法府の広い裁量にゆだねられており、それが著しく合理性を欠き明らかに裁量

の逸脱・濫用と見ざるをえないような場合を除き、裁判所が審査判断するのに適しない事柄であるといわなければならない」としました。憲法25条の具体化を立法府の広い裁量に委ねつつも、その裁量の逸脱・濫用の際に審査する余地を残すものとなっています。そのうえで、併給禁止規定については、立法府の広い裁量の範囲内として合憲としました。

その後も、障害年金をはじめとした公的年金の受給者が児童扶養手当を受給できないという状況が長らく続きました。しかしながら、近年においては、前記の併給禁止規定等の改正により、児童扶養手当の受給が認められつつあります。すなわち、2014年からは、公的年金の金額が児童扶養手当の金額を下回る場合には、その差額分の児童扶養手当が支給されています。さらに、その後、2021年以降は、障害基礎年金（☞Ⅲ**1**）や厚生年金保険法に基づく障害厚生年金（障害等級2級以上）といった一部の障害年金の金額のうち、子どもがいることによる加算分の金額が児童扶養手当の金額を下回る場合には、その差額分の児童扶養手当が支給されているのです。

**↓児童扶養手当併給制度の変遷**

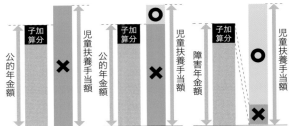

筆者作成

## 3 学生無年金訴訟

**↓国民年金制度と障害による年金の支給（1991年まで）**

| 類型 | | 加入 | | 支給 |
|---|---|---|---|---|
| 20歳未満 | 学生 | 対象外 | | ○ |
| | 学生以外 | | | ○ |
| 20歳以上 | 学生 | 任意 | 加入 | ○ |
| | | | 未加入 | × |
| | 学生以外 | 強制加入 | | ○ |

筆者作成

学生無年金訴訟（最高裁平成19年9月28日判決）は、学生時代の事故が発端となった重要判例です。

本件で問題となった国民年金法は、1959年の制定時から1989年の改正の施行された1991年まで、20歳以上の学生を国民年金任意加入（改正施行後は強制加入）としていましたが、20歳以上の未加入学生が障害を負った場合には、20歳未満の人に支給される障害福祉年金（☞Ⅲ**1**）も、20歳以上の加入者に支給される障害年金も（いずれも1985年改正後は障害基礎年金（☞Ⅲ**1**））支給されませんでした。

渡辺一郎氏らの原告は、1989年の改正前、20歳以上の国民年金未加入学生のときに事故等で障害を負ったため、障害福祉年金も障害年金も障害基礎年金も受給できませんでした。そこで、

当時の国民年金法が、20歳以上の学生を強制加入としておらず、また、未加入時の障害による年金の支給対象としていなかった点で生存権を侵害している等として訴訟を提起しました。

**↓原告の渡辺一郎氏（写真右）**

朝日新聞社

最高裁は、堀木訴訟と同様の広い立法裁量を前提とした違憲審査をしたうえで、この点を立法府の裁量の範囲内として合憲としました。

なお、1991年に強制加入とされて以降は、その一方で、経済状況の厳しい学生が申請した場合には、保険料の納付が免除されていました。その後、2000年には、こうした納付免除がなくなり、その代わりに、申請した学生に対し在学期間中の保険料の納付を猶予するという学生納付特例制度が創設されました。

---

★○×問題でチェック★

問5 堀木訴訟判決では、憲法25条の具体化は立法府の広い裁量に委ねられるとされた。
問6 学生無年金訴訟判決では、20歳以上の未加入学生時の障害による年金を不支給とした法律が違憲とされた。

## 1 概　観

**↓社会保障法制の主な類型**

| 類型 | 要件 | 給付手段 | 拠出 | 具体例（法律） |
|---|---|---|---|---|
| 社会保険 | 老齢、災害、傷病等　※強制加入 | 金銭 | ○ | 国民年金法、雇用保険法、労働者災害補償保険法、健康保険法 |
| 公的扶助 | 最低水準未満の生活　※要資産調査 | 金銭 | × | 生活保護法 |
| 社会手当 | 児童養育、生別母子、障害児監護等　※資産調査不要 | 金銭 | × | 児童手当法、児童扶養手当法、特別児童扶養手当法 |
| 社会福祉 | 老齢、障害等 | サービス | × | 老人福祉法、障害者総合支援法 |
| 公衆衛生 | | | × | 予防接種法、廃棄物処理清掃法 |

※公衆衛生については、特定の社会的給付と結びつくものではないため、要件と給付手段を斜線とした。

西村健一郎『社会保障法入門〔第3版〕』（有斐閣・2017年）第2章をもとに筆者作成

憲法25条1項の文言の抽象性から、生存権の保障は、国会の立法に大きく委ねられることになります（☞**1 2**）。そこで、国会は、様々な類型の社会保障法制を詳細に整備することにより、生存権を保障しているのです。まず、社会保険は、老齢等を要件として金銭を給付するものです。所定の者を強制加入させる点や、加入者から徴収される保険料を財源とする点（拠出制）で、他の類型とは区別されます。ただし、堀木訴訟や学生無年金訴訟でも扱われた障害福祉年金等の福祉年金（1985年法改正以降は障害基礎年金等の基礎年金）は、国民年金法施行以前から要件を備えていた人や国民年金制度の加入対象でない人を対象とした無拠出制の社会保障です。公的扶助は、最低水準未満の生活を送らざるをえない資産しか有しない人を対象に、無拠出で金銭を給付するものです。給付にあたり、本当にその程度の資産しか有しないのかが調査される点で、そのような調査を要しない社会手当とは異なります。社会福祉は、高齢者や障害者等に無拠出で介護等のサービスを給付するものです。金銭ではなくサービスを給付する点

が特徴です。公衆衛生は、特定の要件を備えた人に特定の給付をするものではなく、広く人々の健康や衛生の向上を目指した施策を意味します。なお、今日では、貧富の格差の拡大により、十分に栄養のある食事をとることのできない子どもが増加しています。また、核家族化に伴い、共働き家庭や母子・父子家庭においては、子どもが1人で食事をすること（孤食）が増えています。そこで、地域の子どもと大人が集まり安価に栄養豊富な食事をとる場である子ども食堂が登場しました。当初は地域住民によるものでしたが、現在では、多くの地方自治体が社会福祉の一環として、主催者を補助し、または、自ら主催する例が増えつつあります。

**↓子ども食堂の様子**

城山ニコニコカレー食堂提供

## 2 課　題

**↓社会保障給付費の推移**

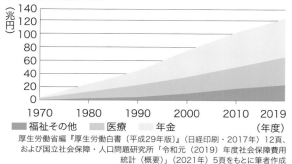

福祉その他　　医療　　年金　　　　（年度）

厚生労働省編『厚生労働白書〔平成29年版〕』（日経印刷・2017年）12頁、および国立社会保障・人口問題研究所「令和元（2019）年度社会保障費用統計（概要）」（2021年）5頁をもとに筆者作成

高齢化に伴い急増した年金を中心に社会保障費が急増しています。1970年には、年金は0.9兆円で社会保障費の24.3％である一方で、医療費が2.1兆円で58.9％でした。しかし、2019年には、年金は55.5兆円に増え、44.8％に至っています。医療費も40.7兆円まで増えましたが、年金の急増から32.9％にとどまっています。その結果、1970年には3.5兆円だった社会保障費は、1990年には47.4兆円に、2019年には123.9兆円に至ります。一方で、国民所得は特にバブル崩壊以降に伸び悩みます。1970年の61兆円から1990年

には346.9兆円に至りますが、2019年は423.9兆円にとどまっています。所得から社会保障費を負担するのは現役世代であることから、社会保障費の対国民所得比は、現役世代の社会保障費負担の大きさを表すことになります。この比率は、1970年には5.77％でしたが、2019年には29.23％と約5倍になっています。昔の現役世代と今の現役世代との間には社会保障費負担の点で大きな世代間格差が生じているのです。また、社会保障費のうち国負担分は、令和3年度予算では、歳出全体の34％、および、地方交付税交付金等と国債費を除いた歳出（一般歳出）の54％を占めるに至り、財政を大きく圧迫しています。その結果、社会保障制度の維持が次第に困難となってきています（社会保障の危機）。また、社会保障費による財政負担を減らすために、地方自治体では、棚で塞ぐ等の方法で生活保護の申請を窓口で阻止する水際作戦が横行しています。生存権の保障に不可欠な生活保護の申請ができなくなる点で大きな問題です。

**↓棚で塞がれる生活保護窓口**

前鎌倉市議三宅まり氏HP
2014年7月1日記事より

★ ○×問題でチェック ★

問7　社会手当とは、特定の要件を備えた人に金銭を給付する拠出型の社会保障である。
問8　社会福祉は、無拠出でサービスを提供する社会保障であり、地方自治体による子ども食堂はその一環である。

# 14 教育を受ける権利

すべて国民は、法律の定めるところにより、その能力に応じて、ひとしく教育を受ける権利を有する。
2 すべて国民は、法律の定めるところにより、その保護する子女に普通教育を受けさせる義務を負ふ。義務教育は、これを無償とする。

## I 戦前の教育──教育勅語と軍国主義

↓御真影と教育勅語を納めた奉安殿の前で捧げ銃をする国民学校の生徒たち

毎日新聞社

↓文部省が諸学校に交付した勅語謄本

public domain

　左上の写真をご覧ください。生徒たちが整列し、銃を体の前で縦に構えていますね。これは「捧げ銃」といって、軍隊式の敬礼です。では、何に向かって敬礼しているのでしょうか。生徒たちの前にある小さな建物は「奉安殿」というもので、その中には「御真影」と「教育勅語」が納められていました。御真影とは天皇と皇后の写真のことで、教育勅語は1890年に明治天皇が示した教育に関する「お言葉」です。

　教育勅語は、「親を大事にしろ」、「兄弟は仲良くしろ」などの今日でも受け入れやすい道徳から始まるのですが、それに

続けて、「非常事態〔戦争など〕が生じたら、勇気をふるって国家のために尽くせ」とあり、さらに「永遠に続く天皇家を守れ」と書かれていました。この文章に象徴されるように、戦前の教育は、天皇が治める国家のための教育でした。こうした教育が戦前の軍国主義を支えたのです。

　このような歴史に対する反省から、憲法26条は、「教育を受ける」ことをあくまでも個人の「権利」として保障し、教育が国家の利益ではなく個人の学習権のためになされることを求めています。

## II 教育権の所在

### 1 国家教育権説と国民教育権説

↓国家教育権説と国民教育権説

国家教育権説　　　　　　国民教育権説

選挙　　　親　　　信託

国　　　教師

　　児童・生徒

筆者作成

　「教育権の所在」というのは、教育内容を決定する権限（教育権）は誰がもっているのか、という論点です。この問題については、かつて2つの学説が対立していました。1つは、議会制民主主義に基づき、教育内容は国会や文部省（現・文部科学省）等の教育行政機関が決定すべきだとする学説で、国家教育権説といいます。もう1つは、教育内容については、政治問題とは異なり、国民が教師にその決定を信託しているとする学説で、国民教育権説といいます。当時、文部省は国家教育権説、日本教職員組合（日教組）は国民教育権説を支持し、両者は様々な教育政策をめぐって激しく衝突しました。

★○×問題でチェック★
問1　教育勅語のもとで行われた戦前の教育は、天皇が治める国家のための教育であった。
問2　国民教育権説は、国民の代表機関である国会に教育権を認める学説である。

## 2 最高裁の見解──旭川学力テスト事件判決

⬇旭川学力テスト事件判決が示した教育権論

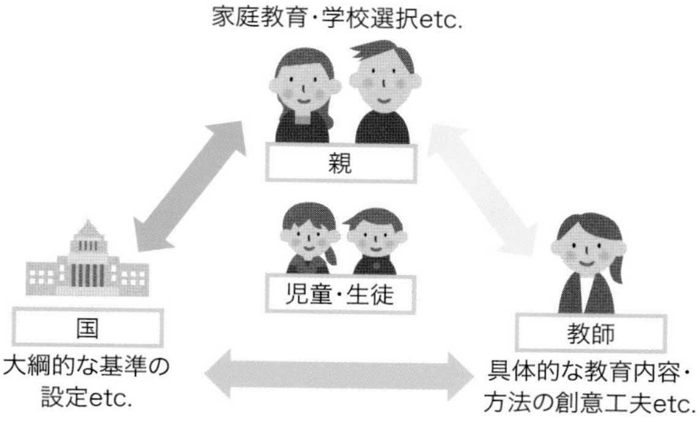

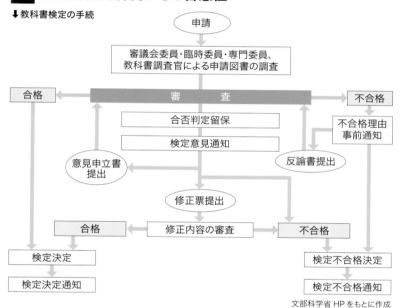

家庭教育・学校選択etc.

親

児童・生徒

教師

国

大綱的な基準の
設定etc.

具体的な教育内容・
方法の創意工夫etc.

筆者作成

旭川学力テスト事件判決（最高裁昭和51年5月21日判決）において、最高裁は、国家教育権説と国民教育権説を「いずれも極端かつ一方的である」と断じました。両説は「教育内容を決定するのは国か教師か」という二者択一式の議論をしていたのですが、最高裁は、そのような図式そのものを否定し、個々の事項ごとに適任者に教育権を「分配」する、という画期的な見解を示したのです。具体的には、親は、家庭教育や学校選択の場面において教育権を有し、教師は、教育の内容・方法についてある程度自由な裁量（創意工夫）が認められるという意味等において教育権を有し、国は、それ以外の領域（たとえば学習指導要領のような大綱的基準の設定）において、必要かつ相当と認められる範囲で教育権を有するとされました。

## Ⅲ　教科書検定

## 1 教科書検定制度とその合憲性

⬇教科書検定の手続

申請

審議会委員・臨時委員・専門委員、
教科書調査官による申請図書の調査

合格　　　　審　　査　　　　不合格

合否判定留保

検定意見通知

不合格理由
事前通知

意見申立書
提出

反論書提出

修正票提出

合格　　修正内容の審査　　不合格

検定決定

検定決定通知

検定不合格決定

検定不合格通知

文部科学省HPをもとに作成

⬇第三次訴訟の最高裁判決に臨む家永三郎氏
（最前列中央）

毎日新聞社

　先に説明した「教育権の所在」という論点が注目されるきっかけとなったのは、家永教科書訴訟と呼ばれる一連の訴訟です。この訴訟は、歴史学者である家永三郎氏が、自身が執筆した教科書が教科書検定で不合格とされたことを受けて、教科書検定制度の違憲性などを主張し、国を相手どって提起したものです。第一次訴訟が提起された1965年から第三次訴訟の最高裁判決が下された1997年まで32年間も続けられました（世界最長の民事訴訟としてギネス世界記録にも登録されたそうです）。

　教科書検定とは、民間で著作・編集された図書について、文部科学大臣が小・中・高校等の教科書として適切か否かを審査し、その審査に合格したものについてのみ教科書としての使用を認める、という制度です（検定の手続については上の図をご覧ください）。具体的には、教育基本法や学校教育法に定められた目的との適合性、文部科学省が定めた学習指導要領との適合性、児童・生徒の心身の発達段階との適合性などが審査されます。この制度について、家永氏は、教育内容に対する国の行き過ぎた介入であると主張したのです。

　しかし、第一次家永教科書訴訟判決（最高裁平成5年3月16日判決）は、旭川学力テスト事件判決（☞Ⅱ2）の見解を踏襲したうえで、教科書検定制度は国の教育権の範囲内であり、合憲だと判断しました。教科書検定の目的は、教育内容が正確かつ中立・公正であり、全国的に一定の水準であり、生徒の心身の発達段階に応じたものであること等の要請を実現するという正当なものであり、教科書検定の基準も、この目的のために必要かつ合理的な範囲を超えていない、というのがその理由です。

★○×問題でチェック★
　問3　旭川学力テスト事件判決は、教育権の所在について、国家教育権説をとった。
　問4　国の審査に合格した図書だけを教科書として認める教科書検定制度は、合憲である。

## 2 教科書検定制度の現在

↓「集団自決」に関する教科書検定意見に抗議する沖縄県民（2007年9月29日）

Wataru Kohayakawa／アフロ

家永教科書訴訟が終結した後も、教科書をめぐって様々な問題が生じています。2006年度の高校日本史の教科書検定では、沖縄戦で住民が日本軍に集団自決を強制されたという教科書の記述について、修正を求める検定意見が出されました（「自虐史観」を批判する政府の意向が影響したのでしょう）。沖縄では、この検定意見の撤回を求めて、11万6000人もの人々が県民大会に集まりました。多くの出版社は、一度は検定意見に従ったものの、この県民大会を受けて、軍の関与に関する記述を復活させる修正を申請し、最終的には文部科学省もその申請を認めました。

# Ⅳ 義務教育

## 1 義務教育の無償性

↓修学にかかる諸費用の有償・無償

授業料：無償（憲法26条2項）

教科書：無償
（「義務教育諸学校の教科用図書の無償措置に関する法律」）

文房具、制服等：有償
（ただし、貧困家庭の子どもには就学援助制度あり）

筆者作成

憲法26条2項後段は、「義務教育は、これを無償とする」と定めています。この「無償」の範囲について、判例（最高裁昭和39年2月26日判決）は、教育の対価である授業料に限って無償にするものと解しています（授業料無償説）。学説では、修学に必要な費用をすべて無償にする趣旨だと解する見解（修学費無償説）も有力ですが、通説はやはり授業料無償説です。

ただし、憲法が無償を要求していないものについても、法律で無償にすることは可能です。上記判決も、憲法が保護者に対して子どもに普通教育を受けさせる義務を課している以上、国は授業料以外の費用の負担についてもできるだけ軽減するよう配慮・努力することが望ましい、と述べています。実際、教科書については法律で無償と定められていますし、制服や学用品等についても、貧困家庭の子どもを対象にした就学援助制度が整備されています。

## 2 就学義務とフリースクール

↓フリースクール「東京シューレ」での学び

| | Aさんの場合<br>高等部・男子<br>週4、5日ペース | Bさんの場合<br>中等部・女子<br>週1、2日ペース | Cさんの場合<br>初等部・女子<br>週2、3日ペース |
|---|---|---|---|
| 10時 | | | |
| 11時 | 教科学習の講座に参加 | | 個人学習<br>わからないところはスタッフに質問 |
| 12時 | お昼ご飯 | | お昼ご飯 |
| 13時 | | シューレへ | |
| 14時 | みんなとスポーツ | 音楽活動 | お菓子作り |
| 15時 | | おやつタイム | 作ったお菓子でおやつタイム |
| 16時 | フリータイム<br>おしゃべりやゲーム | みんなでおしゃべりやトランプ | 帰宅 |
| 17時 | 帰宅 | 帰宅 | |

東京シューレHPをもとに作成

憲法26条2項前段は、保護者に対して子どもに普通教育を受けさせる義務を課しており、これを受けて学校教育法は、親が子どもを小・中学校等に通わせる義務（就学義務）を定めています。しかし、子どもの中には、学校生活になじめず、不登校になる子もいます。そのような子どもたちに教育の機会を保障すべく、子ども自身の意思を尊重し、学習指導要領にとらわれない自由な教育を提供している施設が、いわゆるフリースクールです。

ところが、フリースクールは正規の学校ではないため、国から公的支援を受けることができず、保護者は相当の経済的負担を余儀なくされてきました。このような状況を改善するため、2016年12月に議員立法で教育機会確保法が制定されました。この法律は、フリースクール等に対して公的支援を行うべきことを理念として規定しており、これを受けて自治体による財政支援が広がりつつあります。

★○×問題でチェック★

問5　判例によれば、義務教育の無償（憲法26条2項後段）は、授業料の不徴収を意味するものである。
問6　憲法26条2項前段は、子どもに普通教育を受ける義務を課している。

# Ⅴ 障害児教育

## 1 障害を理由とする入学不許可——尼崎筋ジストロフィー事件

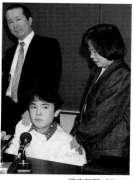

↓地裁判決を受けて両親とともに記者会見をする玉置真人氏

読売新聞／アフロ

　最近まで、障害のある子ども（障害児）は、原則として特別支援学校（旧・養護学校等）に通うものとされていました。しかし、そのような特別な環境ではなく、普通の学校で学ぶことを希望する子どもも、多く存在しました。その一例が、尼崎筋ジストロフィー事件です。

　この事件の原告である玉置真人氏は、筋ジストロフィーという難病をもっていました。けれども、学力も学習意欲も高かった玉置氏は、養護学校ではなく普通の高校に進学することを望み、尼崎市立尼崎高校を受験しました。そして、いわゆる内申点と入学試験の点数では、見事合格ラインを突破しました。ところが、尼崎高校は、玉置氏の障害を理由に、高校での全課程を無事に履修する見込みがないと判定し、不合格という判断を下したのです。この判断を受けて、玉置氏は、「僕にとっては、全人格を否定されたようなものだ」と漏らしたといいます。

　玉置氏は、入学不許可処分の取消し等を求め、訴訟を提起しました。この訴訟において、神戸地裁は、「健常者で能力を有するものがその能力の発達を求めて高等普通教育を受けることが教育を受ける権利から導き出されるのと同様に、障害者がその能力の全面的発達を追求することもまた教育の機会均等を定めている憲法その他の法令によって認められる当然の権利である」と説き、玉置氏の請求を認めています（神戸地裁平成4年3月13日判決）。

## 2 インクルーシブ教育の時代へ

↓障害児の就学先決定手続の改正（2013年学校教育法施行令改正）

●改正前：一定程度以上の障害のある者は、原則として特別支援学校に就学

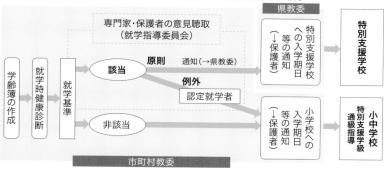

●改正後：障害の状態、本人の教育的ニーズ等をふまえ、総合的な観点から決定

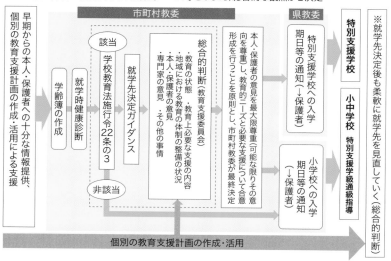

文部科学省HPをもとに作成

　障害児教育の戦後史は、大きく3つの時代に分けることができます。

　第1に、就学免除・猶予の時代です。1979年に養護学校が義務教育化されるまで、一定程度以上の障害児には教育を与える必要はないとされ、その就学義務が免除ないし猶予されていました。

　第2に、分離教育の時代です。養護学校が義務教育化してから長らくの間、障害児は原則として普通学校ではなく養護学校等に就学させるべきだとされていました。なお、かつては障害の種類に応じて盲学校（視覚障害）、聾学校（聴覚障害）、養護学校（知的障害、四肢不自由、病弱）が設置されていましたが、より多様な障害に対応すべく、2006年の学校教育法改正により、それらは特別支援学校に包括されました。

　そして第3に、インクルーシブ教育の時代です。インクルーシブ教育とは、障害のある者と障害のない者が同じ場で共に学ぶという教育のあり方です（障害者基本法16条1項参照）。従来、一定程度以上の障害のある者は、特別支援学校に就学することが原則とされていたのですが、2013年の学校教育法施行令改正により、障害児の就学先決定において、本人や保護者の意思が尊重されるようになりました（詳しくは左の図をご覧ください）。

★○×問題でチェック★

問7　尼崎筋ジストロフィー事件判決は、四肢不自由な障害児は必ず養護学校に通うべきだと説いた。

問8　今日の日本では、インクルーシブ教育が推進されている。

# 15 勤労の権利・労働基本権

## I 勤労の権利

> **27条** すべて国民は、勤労の権利を有し、義務を負ふ。
> 2 賃金、就業時間、休息その他の勤労条件に関する基準は、法律でこれを定める。
> 3 児童は、これを酷使してはならない。

### 1 勤労の権利と国家の役割

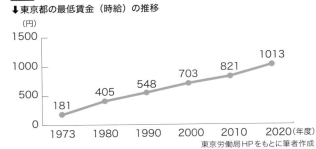

↓東京都の最低賃金（時給）の推移

（円）

| 年度 | 時給 |
|---|---|
| 1973 | 181 |
| 1980 | 405 |
| 1990 | 548 |
| 2000 | 703 |
| 2010 | 821 |
| 2020 | 1013 |

東京労働局HPをもとに筆者作成

↓ハロートレーニングのキャラクター（ハロトレくん）とキャッチコピー

ハロートレーニング
急がば学べ

厚生労働省HP

労働者は、使用者（企業）より弱い地位にあるため、劣悪な労働や失業等への対策を国家に求める勤労の権利を保障されています。そこで、国家は、最低賃金、労働時間や休日等の労働条件について規制しています。また、失業者に対し、就職先を紹介するハローワークや職業訓練を施すハロートレーニング等の再就職支援制度を整備しています。

### 2 個別労使紛争──ブラック企業、パワーハラスメント、労働審判

　長時間労働等の過酷な環境で労働者を働かせるブラック企業が後を絶ちません。また、職場でのいじめ・嫌がらせが、厚生労働省への相談件数の急増等により、パワーハラスメント（パワハラ）として社会問題化しています。2015年には、電通社の社員であった高橋まつり氏が長時間労働や職場でのいじめ・嫌がらせを原因に自殺する事件がありました。そこで、2018年には、労働基準法改正による時間外労働規制の強化等を内容とする働き方改革関連法が成立しました。

　また、労働者は、パワハラや長時間労働等のトラブルを解決するために、労働審判制度を利用できます。その手続は地方裁判所への申立てから始まります。申立てを受け、労働審判官（裁判官）1名と労働審判員（有識者）2名からなる労働審判委員会において、審判官・審判員と両当事者が1つの机を囲み目線を対等にし、原則3回以内の期日で審理がなされます。可能であれば、話し合いによる解決である調停が成立します。不成立のときは、委員会からの労働審判が提示されます。いずれかの当事者が労働審判に異議を申し立てた場合には、通常の訴訟手続に移行します。

↓会見する高橋まつり氏の遺族

読売新聞／アフロ

↓労働審判の審理の様子（再現）

裁判所HP

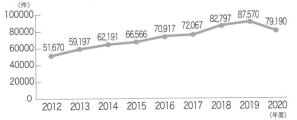

↓職場でのいじめ・嫌がらせに関する相談の件数の推移

（件）

| 年度 | 件数 |
|---|---|
| 2012 | 51,670 |
| 2013 | 59,197 |
| 2014 | 62,191 |
| 2015 | 66,566 |
| 2016 | 70,917 |
| 2017 | 72,067 |
| 2018 | 82,797 |
| 2019 | 87,570 |
| 2020 | 79,190 |

厚生労働省編『厚生労働白書（平成29年版）』（日経印刷・2017年）238頁、および厚生労働省「令和2年度個別労働紛争解決制度の施行状況」（2021年）5-6頁をもとに筆者作成（2020年度は大企業でのパワハラに関する相談の件数を除く）

↓労働審判の手続

裁判所HPをもとに筆者作成

---

★〇✕問題でチェック★

問1　国家による労働条件規制や再就職支援制度の整備は、労働基本権に基づくものである。
問2　労働者は、パワハラや長時間労働等を解決するために労働審判制度を利用できる。

## Ⅱ　労働基本権

**28条**　勤労者の団結する権利及び団体交渉その他の団体行動をする権利は、これを保障する。

### 1　団結権──労働組合の役割と現状

↓労働組合推定組織率の推移

労働政策研究・研修機構HP、および厚生労働省「令和2年労働組合基礎調査の概況」（2021年）3-4頁をもとに筆者作成

↓すき家を経営するゼンショーHD社の従業員に対するすき家のストライキのアピール

ちば合同労働組合提供

労働者は、集団として結束し、使用者と対等な立場で労働条件等の改善を求めるための権利として、団結権、団体交渉権、団体行動権からなる労働基本権を保障されています。団結権とは、労働者による労働組合を通した団結に関する権利を意味します。具体的には、労働組合に関する結成、加入、脱退や解散に関する権利が含まれます。また、労働組合には、労働者の団結を促し、維持させるために、組合員の行動を統制する権利が認められます。さらに、労働組合法では、従業員に対して労働組合に加入することを義務づけるユニオン・ショップ協定を組合と使用者で交わすことが認められています。しかし、全労働者中の組合員の割合（労働組合組織率）は低迷しています。その一方で、アルバイト等の非正規契約労働者の中では、組合員の割合が急増しています。2017年には、東京ディズニーリゾートを経営するオリエンタルランド社で、全労働者の8割以上を占める非正規契約労働者が組合員となりました。そこで、労働組合には、非正規契約労働者のために活動することも期待されてきています。そのような活動の一環として、2014年には、牛丼チェーン店・すき家における非正規契約労働者の劣悪な労働条件を受け、組合を通したストライキ（☞**3**）が実施されました。

### 2　団体交渉権──団体交渉と春闘

↓会社側に要求書を手渡す旧新日鐵労連（現日本製鉄労連）代表者

毎日新聞社

使用者より弱い立場にある個々の労働者も、団結権を行使し、大勢が組合として結集すれば、使用者に対し、より対等な関係に立つことができます。そこで、このような比較的対等な関係のもとに使用者と交渉（団体交渉）するための権利である団体交渉権を保障されています。この権利を受け、労働組合法では、労働組合の代表者に交渉権限が与えられる一方で、使用者に対しては、労働組合との団体交渉を正当な理由なく拒まないことが義務づけられています（団体交渉応諾義務）。この義務に違反することは、不当労働行為（☞**4**）にあたります。さらに、団体交渉権の中には、労働組合と使用者が、交渉の結果として合意した内容を書面とし、両者の間に適用するための権利である労働協約締結権も含まれます。

↓春闘による労使交渉の回答が書かれたボード

毎日新聞社

労働組合法では、労働協約の意義を損なわせる一部の労働者の抜け駆けを阻止するために、個々の労働者と使用者との間で締結される労働契約につき、労働協約の内容に違反するときには無効になるとされています。

団体交渉の主戦場として、毎年2月から3月にかけて全国で一斉に実施される春季生活闘争（春闘）を挙げることができます。労働組合は、全国中央組織や産業別組織等を通して連携しながら、会社側に対し、賃金の引上げ等を内容とする要求書を提示し、これをもとに団体交渉をします。その結果は組合等を通して公表されます。

---

## 3 団体行動権と争議行為

↓主な争議行為の類型

| 類型 | 概要 |
|---|---|
| ストライキ<br>（同盟罷業） | 労働力の提供を拒否し、まったく労働しないこと |
| サボタージュ<br>（怠業・スローダウン） | 故意に労働能率を下げ、真剣には労働しないこと |
| ピケッティング | ストライキ現場を見張ることにより、労働者や顧客等の立入りを阻止し、彼らにアピールすること |
| 職場占拠 | 団結を維持するためや、使用者による操業を阻止するために、職場施設を占拠すること |
| ボイコット<br>（不買運動） | 使用者の製品の不買を顧客や公衆に訴えること |

筆者作成

↓BBC従業員によるピケッティング

Wikipedia

　たしかに、団体交渉権や団体交渉制度は、労働者にとって非常に大切なものです。しかし、これらのみでは、労働組合が自らの要求を使用者に受け入れさせることは困難です。そこで、労働組合は、団体行動権に基づき、団体交渉における圧力を使用者にかけるための行為である以下の争議行為を保障されています。すき家の事例（☞1）でも実施されたストライキとは、完全に仕事を休み、労働力を提供しないことにより、使用者の操業を阻止または妨害しようとすることです。サボタージュとは、故意に労働の手を抜くことにより、操業の生産性を下げようとすることです。ピケッティングとは、参加者がピケットラインと呼ばれる列をなしてストライキ現場を監視し、労働者や顧客に協力を呼びかけることにより、彼らの立入り等を阻止することです。写真では、イギリスの公共放送事業者であるBBC社の社屋の前で、ピケッティングの参加者が「ピケットラインを越えないでください（DON'T CROSS THE PICKET LINE）」、「ストライキにご協力ください（SUPPORT THE STRIKE）」等の記載されたプラカードを掲げてピケットラインを形成しています。職場占拠とは、職場の施設を占拠すること

により、団結を維持し、または、使用者に操業のための施設利用をさせないことです。ボイコットとは、顧客や公衆に対し、使用者の製品を買わないように訴えることにより、使用者の業績を低下させようとするものです。さらに、団体行動権は、以上の争議行為に加え、労働組合やその活動を宣伝するためになされるリボンやバッジの着用、あるいは、ビラ配りや街頭宣伝等といった組合活動も保障しています。

　団体行動権の効果として、労働組合法は、正当性のある争議行為等について民事免責と刑事免責を認めています。ストライキ等は、労働契約上の義務に反して労働しない行為ですから、本来は民法上の債務不履行にあたり、損害賠償責任等を問われる可能性がありますし、給料を上げなければ働かないぞと迫ることは、刑法上の強要罪等にあたる可能性があります。しかし、団体行動権が保障されているため、こうした民事・刑事上の責任が免除されるのです。ただし、正当性のない争議行為等には免責は認められません。たとえば、団体交渉を経ないでなされたもの、暴力の行使を伴うもの、会社の設備を壊すなど財産権侵害を伴うものは、原則として正当性が否定されます。

## 4 不当労働行為

　1〜3で扱った労働組合の活動は、使用者の側からは、必ずしも喜ばしいものとして受け入れられるわけではありません。むしろ、使用者が自らにとって都合の悪い労働者の団結、団体交渉、および団体行動を妨害するおそれがあります。

　そこで、労働組合法は、このような妨害を以下の不当労働行為として禁止しています。不利益取扱いとは、組合員であること、労働組合に加入すること、労働組合を結成しようとしたこと、または、労働組合の正当な行為をしたことを理由とした解雇等の不利益な取扱いをすることです。労働組合に加入しないことや、労働組合から脱退することを雇用条件とすること（黄犬契約）も、不利益取扱いとして禁止されます。団体交渉拒否とは、2でも解説したとおり、労働組合との団体交渉を正当な理由なく拒否することです。支配介入とは、労働組合の結成や運営に対する支配や介入、または、労働組合に対する経費の援助を意味します。報復的不利益取扱いとは、次に解説する不当労働行為の救済手続における申立て、証拠提示や発言等に対する報復として解雇等の不利益な取扱いをすることです。

↓不当労働行為の基本類型と代表例

組合活動をしたことなどによる
〈不利益取扱い〉

遠くの営業所だが、がんばってくれたまえ。

正当な理由のない
〈団体交渉拒否〉

賃上げ交渉に応じてください。

この不景気に何を言っている。ダメだ！

組合運営に対する
〈支配介入〉

君ももうすぐ係長だな。悪いことは言わん。組合を脱退しなさい。

労委での発言などを理由とした
〈報復的不利益取扱い〉

あの証人（組合員）の発言はまずいな。昇給をみあわせるか。

岡山県HPをもとに一部改変

問5　サボタージュとは、争議行為として完全に仕事を休むことである。
問6　労働者の団結、団体交渉、および団体行動を妨害することを、不当労働行為という。

| 類型 | 労働委員会による救済例 | 裁判所による救済例 |
|---|---|---|
| 不利益取扱い | 原職復帰命令、バックペイ命令 | 労働契約上の地位の確認、賃金支払、損害賠償 |
| 団体交渉拒否 | 誠実交渉命令 | 団体交渉を求める地位の確認、損害賠償 |
| 支配介入 | 支配介入行為禁止命令ポスト・ノーティス命令 | 介入行為の無効確認、損害賠償 |

筆者作成

↓東京都労働委員会における不当労働行為事件の審問の様子

東京都労働委員会 HP（キャプション付加）

不当労働行為に対し、労働組合や組合員は、労働委員会に不当労働行為の救済を求める申立てをすることができます。申立ては、まず、都道府県庁に設置されている都道府県労働委員会になされ、その判断に不服のある場合には、厚生労働省に設置されている中央労働委員会になされます。いずれも、労働者委員、使用者委員、公益委員からなる機関です。そこでは、申立てを受け、当事者からの事情聴取、争点や証拠の整理等の後に、公開の審問廷での証人審問等が実施されます。そのうえで、公益委員の合議によって判断がなされます。

申立てが認められると、主に以下の命令が使用者になされます。不利益取扱いと報復的不利益取扱いのときは、労働者を解雇前の職に復職させる命令（原職復帰命令）や、解雇から復職までの賃金相当額を労働者に支払うべきとする命令（バックペイ命令）等が示されます。団体交渉拒否の場合には、主として、労働組合と誠実に交渉することが命じられます（誠実交渉命令）。支配介入に対しては、主に、その行為を禁止する命令（支配介入行為禁止命令）に加え、不当労働行為を陳謝する文書を掲示することが命令されます（ポスト・ノーティス命令）。労働委員会の命令に不服のある当事者は、命令の取消訴訟を裁判所に提起できます。また、労働組合や組合員は、裁判所に直接に救済を求めることもできます。裁判所による救済の例として、不利益取扱いとして解雇された場合において、その解雇が無効であるとする労働契約上の地位の確認や解雇期間中の賃金支払等を挙げることができます。

## 5 公務員の労働基本権

全農林警職法事件判決（最高裁昭和48年4月25日判決）によると、公務員の労働基本権は、全体の奉仕者性（憲法15条2項）や勤務条件法定主義（同73条4号等）等を理由とした制約を受けます。

警察、消防、防衛等の職務に従事する公務員は、その職務が高度に公共的であることから、一切の労働基本権を行使できません。その一方で、公務員の大半を占める非現業の公務員は、労働組合に相当する職員団体を通した団結権のほか、団体交渉権も行使できます。その結果、職員団体の交渉権限や使用者側の交渉応諾義務が認められます。ただし、労働協約を締結できず、団体行動権も行使できません。また、運転手や清掃作業員等の公権力性のない業務に従事する現業の公務員は、団結権に加え、労働協約締結権を含めた団体交渉権も行使できます。ただし、団体行動権は行使できません。

以上の制約の代償措置として、国家公務員については、以下の人事院勧告を受けた給与決定がなされます。すなわち、独立行政委員会という政治的に独立した機関である人事院は、官民の給与を比較し、官民労使双方や有識者等の意見をふまえ、民間水準に準拠した給与を内閣と国会に勧告します。これを受け、国会は、内閣の提出する法案をもとに、法律で給与を決定するのです。国会と内閣には、勧告に従う義務はありませんが、両者は、勧告が労働基本権制約の代償措置であることに鑑み、基本的には、これを尊重する決定をしています。

↓公務員労働基本権の保障状況

| 職種 | 団結権 | 団体交渉権 | 団体行動権 |
|---|---|---|---|
| 非現業 | ○（職員団体） | △（×労働協約締結権） | × |
| 現業 | ○ | ○ | × |
| 警察・消防・防衛等 | × | × | × |

筆者作成

↓国家公務員の給与決定過程

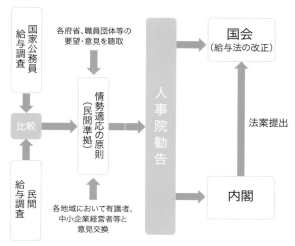

人事院編『公務員白書〔令和3年版〕』（日経印刷・2021年）131頁をもとに筆者作成

★○×問題でチェック★
問7　労働者は、不当労働行為の救済を労働委員会と裁判所に求めることができる。
問8　非現業公務員は、団結権を行使できるが、労働協約締結権を行使できない。

15 勤労の権利・労働基本権　**65**

# 16 参政権と選挙制度

## I 参政権

### 1 選挙権の法的性格

選挙権は、国民の国政への参加の機会を確保するものとして重要です。また、選挙権は、議会制民主主義の根幹をなすものです。全国民の代表としての議員を国民が選べなければ、議会制民主主義は、そもそも成り立ちません。そのため、選挙権は、権利としての性格とともに、公務としての性格も有しています（二元説）。選挙を行うには、法律で具体的な選挙制度が定められる必要があります。現在、選挙の基本的な仕組みについては、公職選挙法が定めています。現在の議会政においては、政党が不可欠な役割を果たしており、選挙制度は政党の存在を前提として作られています。

↓明るい選挙のイメージキャラクター「選挙のめいすいくん」

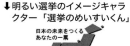

公益財団法人明るい選挙推進協会 HP

### 2 選挙の原則

↓衆議院議員の選挙権の歴史

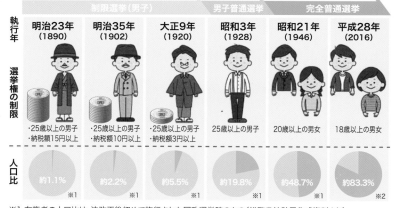

| | 制限選挙（男子） | | | 男子普通選挙 | 完全普通選挙 | |
|---|---|---|---|---|---|---|
| 執行年 | 明治23年(1890) | 明治35年(1902) | 大正9年(1920) | 昭和3年(1928) | 昭和21年(1946) | 平成28年(2016) |
| 選挙権の制限 | ・25歳以上の男子 ・納税額15円以上 | ・25歳以上の男子 ・納税額10円以上 | ・25歳以上の男子 ・納税額3円以上 | 25歳以上の男子 | 20歳以上の男女 | 18歳以上の男女 |
| 人口比 | 約1.1% ※1 | 約2.2% ※1 | 約5.5% ※1 | 約19.8% ※1 | 約48.7% ※1 | 約83.3% ※2 |

※1 有権者の人口比は、法改正後初めて施行された国政選挙時のもの（総務省統計局作成資料より）
※2 平成26年10月1日時点の日本の全人口に占める18歳以上の日本人の割合（総務省統計局「人口推計」より）

東京都選挙管理委員会事務局 HP

↓初の婦人参政権の総選挙 投票をする女性たち

毎日新聞社

選挙の仕組みをつくる際の憲法上の原則には次のようなものがあります。①普通選挙：憲法15条3項は成年者による普通選挙を保障しています。かつて衆議院議員選挙では、25歳以上の男子のうち一定額以上の納税者のみが選挙権を有していました。納税要件は1925年に撤廃（執行年は1928年）されましたが、女性に選挙権の行使が認められたのは1945年（執行年は1946年）のことです。②平等選挙：法の下の平等を定める憲法14条に加え、44条は選挙における差別禁止を定めています（投票価値の平等について☞Ⅱ2）。③秘密投票：圧力を受けることなく投票できるようにするため憲法15条4項で保障されています。④直接選挙：有権者が直接に議員を選出することが求められます。⑤自由選挙：強制投票の禁止や選挙運動の自由（ただし☞4）が保障されます。

★○×問題でチェック★

問1 選挙権は、権利としての性格とともに、公務としての性格も有している。
問2 衆議院議員選挙において、女性に選挙権の行使が認められたのは、1925年のことである。

## 3 在外日本人選挙権訴訟

**↓在外投票の方法**

| | | |
|---|---|---|
| 投票用紙等の請求 | 在外公館での投票の場合<br>【請求先】在外公館<br>【添付書類】在外選挙人証と旅券等<br>【請求方法】郵便によることなく直接 | 郵便による投票の場合<br>【請求先】名簿登録地の選管<sup>(※)</sup><br>【添付書類】在外選挙人証<br>【請求方法】郵送 |
| 投票 | 在外公館での投票の場合<br>・在外公館で投票用紙等の交付を受けたら直ちに投票<br>郵便による投票の場合<br>・現存する場所で投票を記載し、名簿登録地の選管に郵送 | |
| 投票用紙等の送致 | 在外公館での投票の場合<br>・在外公館から外務省を経由して名簿登録地の選管に送致<br>郵便による投票の場合<br>・選挙人が名簿登録地の選管に郵送 | |

※選挙管理委員会の略称。　　　　　　　　　　　　総務省HPをもとに作成

**↓6年ぶりに届いた投票所の入場整理券**

朝日新聞社

かつて海外居住の日本人は、選挙人名簿に登録されず投票できませんでした。1998年に衆参両院の比例代表選挙での投票が認められましたが、選挙区選挙では認められませんでした。こうした選挙権行使の機会の制限について、在外日本人選挙権訴訟（最高裁平成17年9月14日判決）で違憲とされました。最高裁は、制限が認められるのは、制限をすることなしには選挙の公正を確保しつつ選挙権の行使を認めることが事実上不能ないし著（いちじる）しく困難であるような、やむをえない事由がある場合に限るとしました。そして、1984年に在外投票を認める法律案が提出され10年以上経過してもまったく認められていなかったことには、やむをえない事由はないとしました。さらに、1998年以降、繰り返し比例代表選挙の在外投票が行われ、また、通信手段が目覚ましく発達し、海外でも瞬時に候補者個人の情報を入手できるようになったこと等を考慮すると、本判決言渡し後の選挙区選挙での

投票が認められないことにも、やむをえない事由はないとしました。この判決後の法改正により在外日本人はすべての国政選挙で投票できるようになりました。

もう1つ、違憲判決を受けて法改正がなされた事例があります。公職選挙法は、成年被後見人は選挙権を有しないとしていました。成年被後見人とは、精神上の障害により判断能力を欠くとして、後見開始の審判を家庭裁判所から受けた人のことです。本人を代理して成年後見人が財産管理等を行います。ダウン症で知的障害のある原告は、成年被後見人とされたことで、選挙権を行使できなくなりました。裁判所は、後見開始の審判がなされたからといって、選挙権を行使するに足る能力が欠けると判断されたことにはならず、成年被後見人から一律に選挙権を奪うことにはやむをえない事由はないとしました（東京地裁平成25年3月14日判決）。同年5月に公職選挙法の規定は削除され、7月の参院選では、成年被後見人も投票することができました。投票所の入場券を手にした笑顔の写真は、社会の一員として、政治に参加する大事な手段としての選挙権の意義を思い起こさせます。

## 4 選挙運動

**↓選挙運動としてできること／できないこと**

有権者（18歳以上）ができる選挙運動の例

| | |
|---|---|
| 友人・知人に投票や応援を頼む | 選挙運動メッセージを、SNSなどで広める（リツイート、シェアなど） |
| 電話を使って、投票や応援を頼む | 選挙運動の様子を、動画サイトなどに投稿する |
| 選挙運動メッセージを、ネット上の掲示板やブログなどに書き込む | |

やってはいけない選挙運動の例

| | |
|---|---|
| 電子メールを使った選挙運動 | 飲食物の提供 |
| 18歳未満の選挙運動 | 署名運動 |
| 戸別訪問 | 買収（有権者にお金を贈ったり飲食等でもてなしたりすること） |

政府広報オンラインをもとに作成

選挙に際しては、有権者に対して様々な働きかけがなされます。その働きかけは、投票の重要な判断材料となります。インターネットを利用した選挙運動は、以前は禁止されていましたが、2013年の公職選挙法改正で解禁されました。もっとも、できることは細かく決められています。有権者は、ウェブサイト（ホームページ、SNS等）に選挙運動メッセージを書き込んだり、拡散したりすることができますが、電子メールでの選挙

運動はできません。

また、ネットを通じてではない運動についても、公職選挙法は非常に多くの規制を定めています（☞8-Ⅲ**1**）。たとえば、戸別訪問（こべつ）の全面禁止は、表現の自由（憲法21条）との関係で大いに問題となりうるのですが、最高裁は、選挙の自由と公正を確保するためという理由で簡単に合憲判決を下しました（最高裁昭和56年6月15日判決）。

---

★ ○×問題でチェック ★
　　問3　現在、在外日本人は、すべての国政選挙で投票をすることができる。
　　問4　有権者は選挙運動として電子メールで応援メッセージを送ることが認められている。

| 選挙の種類 | 主体 | 放送事業者および放送回数 | | | | | 1回あたりの時間 |
|---|---|---|---|---|---|---|---|
| | | 人数 | NHK | | 基幹放送事業者 | 合計 | |
| | | | テレビ | ラジオ | テレビ・ラジオ | | |
| 衆議院小選挙区選挙 | 候補者届出政党 ※候補者個人は行えない | 当該都道府県における届出候補者数に応じ | | | | | 9分以内 |
| | | 1〜2 | 1回 | 1回 | 2回 | 4回 | |
| | | 3〜5 | 2回 | 1回 | 3回 | 6回 | |
| | | 6〜8 | 4回 | 2回 | 6回 | 12回 | |
| | | 9〜11 | 6回 | 3回 | 9回 | 18回 | |
| | | 12人以上 | 8回 | 4回 | 12回 | 24回 | |
| 衆議院比例代表選挙（北関東および東京ブロック） | 名簿届出政党等 | 当該ブロックにおける名簿登載者数に応じ | | | | | 9分以内 |
| | | 1〜9 | 1回 | 1回 | （テレビ）1回 | 3回 | |
| | | 10〜18 | 2回 | 2回 | （〃）2回 | 6回 | |
| | | 19〜27 | 3回 | 3回 | （〃）3回 | 9回 | |
| | | 28人以上 | 4回 | 4回 | （〃）4回 | 12回 | |

衆議院調査局第2特別調査室『選挙制度関係資料集（平成30年版）』
119頁の表を一部抜粋

選挙前になると、テレビやラジオで政見放送に触れることもあるでしょう。政見放送についても、とても細かいルールがあります。衆議院議員小選挙区選挙では、政見放送をできるのは、候補者届出政党のみです。判例は、候補者届出政党に所属する候補者と所属しない候補者との間に大きな差異が生ずるとして、合理性に疑問の余地があるとしながらも、どのような選挙運動を認めるかは国会の裁量に委ねられているとし、合憲としました（最高裁平成11年11月10日判決）。議会制民主主義の基盤としての選挙での有権者の判断材料にかかわる問題で、より厳格な審査が求められるはずであり、政党本位の選挙制度にするためという理由で、この制度を合憲とすることには批判があります。

## II　選挙制度

**47条**　選挙区、投票の方法その他両議院の議員の選挙に関する事項は、法律でこれを定める。

### 1 国政選挙の選挙制度

↓衆議院議員小選挙区選挙
　各都道府県別選挙区数

筆者作成

↓参議院議員選挙区選挙の
　選挙区と各選挙区別定数

筆者作成

衆議院議員選挙は小選挙区比例代表並立制で行われます。小選挙区制では、各選挙区から1名の議員が選出されます。人口に応じて各都道府県に選挙区が割り振られ、現在289の選挙区があります。1位となった候補者のみが当選するので、民意の集約が行われ大政党に有利な制度です。逆にいうと、少数者の意思が議席に反映されにくくなります。そこで、より適切に民意を反映できるようにするために、比例代表制が組み合わされています。比例代表制では、有権者は政党名を書いて投票し、各政党の得票数に応じて議席が割り当てられます。全国11ブロックで行われ、176名が選出されます。当選者は、各政党の名簿記載の順で決まります（拘束名簿式）。

参議院議員選挙は選挙区選挙と比例代表制で行われます。選挙区選挙では、原則都道府県ごとに人口に応じて2〜12名（ただし、3年ごとに半数改選）、計148名が選出されます。定数不均衡の問題から、2015年に合区が導入され、鳥取と島根、徳島と高知は2県で1選挙区とされました。比例代表制では、全国1ブロックから100名が選出されます。有権者が政党名か候補者名を書いて投票し、候補者の得票数の順に当選が決まり

ます（非拘束名簿式）。2018年の公職選挙法改正により特定枠制度が導入されました（2019年の参院選から実施）。特定枠記載者は、政党の決めた順位に従って優先的に当選できるという仕組みです。制度を利用するかは政党に委ねられていますが、活用状況によっては実質的に拘束名簿式が混在することになります。また、特定枠記載者は、有権者が多くの名前を書いた候補者よりも優先的に当選できることになります。こうした複雑な制度がなぜ導入されたのか、調べてみると、選挙制度を構築する際の政治的な事情の一端をみることができるでしょう。

↓日本の選挙制度

| | 衆議院 | 参議院 |
|---|---|---|
| 被選挙権者年齢 | 満25歳以上 | 満30歳以上 |
| 議員定数 | 465人（小選挙区選出289人・比例代表選出176人） | 248人（選挙区選出148人・比例代表選出100人） |
| 選挙方法 | 小選挙区：289選挙区　比例代表：全国11ブロック | 選挙区：原則各都道府県を1単位（鳥取・島根、徳島・高知は合区）として45区　比例代表：全国1ブロック |
| 任期 | 4年（解散あり） | 6年（3年ごとに半数改選） |

筆者作成

★○✕問題でチェック★

問5　小選挙区制は少数者の意思が議席に反映されにくいという欠点がある。
問6　参議院議員選挙は、小選挙区比例代表並立制で行われる。

## 2 議員定数不均衡訴訟

**↓定数不均衡訴訟一覧（衆議院）**

| 選挙年月日 | 判決年月日 | 較差 | 判決 |
|---|---|---|---|
| 1972(昭47).12.10 | 1976(昭51).4.14 | 4.99 | 違憲 |
| 1980(昭55).6.22 | 1983(昭58).11.7 | 3.94 | 違憲状態 |
| 1983(昭58).12.18 | 1985(昭60).7.17 | 4.40 | 違憲 |
| 1986(昭61).7.6 | 1988(昭63).10.21 | 2.92 | 合憲 |
| 1990(平2).2.18 | 1993(平5).1.20 | 3.18 | 違憲状態 |
| 1993(平5).7.18 | 1995(平7).6.8 | 2.82 | 合憲 |
| 1996(平8).10.20 | 1999(平11).11.10 | 2.309 | 合憲 |
| 2000(平12).6.25 | 2001(平13).12.18 | 2.471 | 合憲 |
| 2005(平17).9.11 | 2007(平19).6.13 | 2.171 | 合憲 |
| 2009(平21).8.30 | 2011(平23).3.23 | 2.304 | 違憲状態 |
| 2012(平24).12.16 | 2013(平25).11.20 | 2.425 | 違憲状態 |
| 2014(平26).12.14 | 2015(平27).11.25 | 2.129 | 違憲状態 |
| 2017(平29).10.22 | 2018(平30).12.19 | 1.98 | 合憲 |

筆者作成

**↓定数不均衡訴訟（参議院）の推移**

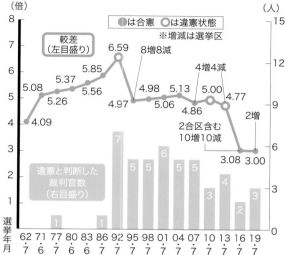

毎日新聞2017年9月28日東京朝刊2面をもとにデータを追加して作成

**↓定数不均衡訴訟一覧（参議院）**

| 選挙年月日 | 判決年月日 | 較差 | 判決 |
|---|---|---|---|
| 1962(昭37).7.1 | 1964(昭39).2.5 | 4.09 | 合憲 |
| 1971(昭46).6.27 | 1974(昭49).4.25 | 5.08 | 合憲 |
| 1977(昭52).7.10 | 1983(昭58).4.27 | 5.26 | 合憲 |
| 1980(昭55).6.22 | 1986(昭61).3.27 | 5.37 | 合憲 |
| 1983(昭58).6.26 | 1987(昭62).9.24 | 5.56 | 合憲 |
| 1986(昭61).7.6 | 1988(昭63).10.21 | 5.85 | 合憲 |
| 1992(平4).7.26 | 1996(平8).9.11 | 6.59 | 違憲状態 |
| 1995(平7).7.23 | 1998(平10).9.2 | 4.97 | 合憲 |
| 1998(平10).7.12 | 2000(平12).9.6 | 4.98 | 合憲 |
| 2001(平13).7.29 | 2004(平16).1.14 | 5.06 | 合憲 |
| 2004(平16).7.11 | 2006(平18).10.4 | 5.13 | 合憲 |
| 2007(平19).7.29 | 2009(平21).9.30 | 4.86 | 合憲 |
| 2010(平22).7.11 | 2012(平24).10.17 | 5.00 | 違憲状態 |
| 2013(平25).7.21 | 2014(平26).11.26 | 4.77 | 違憲状態 |
| 2016(平28).7.10 | 2017(平29).9.27 | 3.08 | 合憲 |
| 2019(令1).7.21 | 2020(令2).11.18 | 3.00 | 合憲 |

筆者作成

　選挙における定数不均衡（一票の較差）とは、人口に比例した定数の割当てがなされておらず、選挙区ごとに1票の価値が異なる状態が生じていることをいいます。簡略化して説明すると、Ａ選挙区では人口20万人につき1人の国会議員が割り当てられ、他方、Ｂ選挙区では人口100万人につき1人の国会議員が割り当てられている場合、1票の価値に5倍の較差が生じていることになります。人口の多いＢ選挙区の有権者が投じた票は、Ａ選挙区の有権者が投じた票に比べて5分の1の価値しかありません。これは、平等原則との関係で問題となり、選挙が行われるごとに多くの訴訟が起こされてきました。

　この問題についての違憲審査は、次のような枠組みでなされます。最高裁によれば、まず、憲法は選挙人の投票の価値、すなわち、各投票が選挙の結果に及ぼす影響力においても平等であることを要求しています。他方で、国会は、公正かつ効果

的な代表を実現するために、それ以外の様々な考慮要素も考えあわせて、具体的な選挙制度を決定することができ、投票価値の平等は、それらの考慮要素と調和的に実現されるものです。憲法違反となるのは、投票価値の不平等が、国会において通常考慮しうる諸般の要素をしんしゃくしてもなお、一般的に合理性を有するものとは到底考えられない程度に達している場合です。もっとも、常に変動する人口にあわせて頻繁に選挙区割や議員定数の配分を変更するのには無理がありますし、変更には時間がかかります。それゆえ、直ちに違憲とするのではなく、合理的期間内における是正が行われない場合に初めて違憲となります。合理的期間内である場合には、違憲状態とされます。ただし、違憲とされた場合にも、その選挙で選ばれた議員が無資格となってしまうなど憲法の予期しない混乱が生ずることを避けるため、選挙は無効とされていません（事情判決の法理）。

　最高裁は、選挙制度を定める立法者の裁量を比較的尊重してきましたが、近年、統制を強めています。衆議院議員選挙についての最高裁平成23年3月23日判決では、1人別枠方式（あらかじめ各都道府県に1議席を割り当てたうえで、残りの議席を人口比例によって各都道府県に割り当てる方式）が問題となりました。人口の少ない地域に配慮したやり方ですが、最高裁は、1人別枠方式が、投票価値の較差を生じさせる主要な要因となっており、できるだけすみやかに廃止する必要があるとの踏み込んだ指摘をしました。これを受けて1人別枠方式は2012年に廃止されました。参議院議員選挙については、最高裁は、参議院議員が事実上の都道府県代表としての性格を有することを認め、従来は、緩やかに判断してきました。しかし、近年、「全国民の代表」（憲法43条1項）としての意義を強調するようになりました。判断が厳格化していることは、上のグラフをみても明らかでしょう。国会は、合区をする等により対処しましたが、地方の人口減少が進み続ける状況において、いかなる選挙制度を構築していくかは、衆議院、参議院のあり方の検討とともに、今後も考えていかねばならない課題です。

★ ○×問題でチェック ★

問7　定数不均衡訴訟において、最高裁はこれまでに選挙無効判決を出したことがある。

問8　最高裁は、参議院の定数不均衡訴訟において2012年より前は較差が5倍台でも合憲としていた。

# 17 刑事手続上の権利

## Ⅰ 総論

> **31条** <ruby>何人<rt>なんびと</rt></ruby>も、法律の定める手続によらなければ、その生命若しくは自由を<ruby>奪<rt>も</rt></ruby>はれ、又はその他の刑罰を科せられない。

### 1 適正手続の保障

↓憲法31条の主な保障内容

|  | 手続 | 実体 |
|---|---|---|
| 法定 | 刑事訴訟法 | 罪刑法定主義 |
| 適正 | 告知・弁解・防御の機会 | 明確性、罪刑の均衡 |

筆者作成

憲法31条が明文で保障しているのは、①刑事手続を法律で定めることですが、同条はそれだけでなく、②刑事手続が適正であること、③犯罪と刑罰の内容（実体）を法律で定めること（**罪刑法定主義**<rt>けいほうてい</rt>）、④犯罪と刑罰の内容が適正であること（刑罰規定の明確性や罪刑の均衡<rt>きんこう</rt>）まで保障している、と解されています。つまり、刑事の手続・実体の両面について、法定と適正を求めているのです。なお、手続の法定の要請を受けて、刑事訴訟法等が制定されています。また、成田新法事件判決（☞**2**）によれば、手続の適正としては、刑罰の相手方に対して事前に告知・弁解・防御の機会を与えること（刑罰の内容と理由を伝えて、それに対する相手方の言い分を聞くこと）などが求められます。

### 2 行政手続への適用——成田新法事件判決

↓成田闘争

毎日新聞社

↓成田空港の滑走路とその途中にある私有地

私有地

Google Earth（滑走路の強調およびキャプション付加）

成田新法とは、成田空港建設に反対する過激派集団等が激しい反対闘争を繰り広げたことを受けて、空港の安全確保のために制定された法律です。同法は、運輸大臣が規制区域内にある工作物等の所有者等に対して、工作物等を「多数の暴力主義的破壊活動者の集合の用」などに供することを禁止する命令を発することができると定めており、この命令の手続として、告知・弁解・防御の機会を設けていませんでした。このような行政手続が憲法31条に違反しないかが争われたのが、**成田新法事件**（最高裁平成4年7月1日判決）です。

最高裁は、憲法31条は直接的には刑事手続に関する条文であるとしつつも、それが行政手続にも適用されうることを認めました。もっとも、行政手続は、刑事手続とは性質が異なり、また行政目的に応じて多種多様であるため、常に必ず告知・弁解・防御の機会を与える必要があるわけではないと説き、成田新法を合憲と判断しました。

実は、この成田空港建設反対運動は、同空港の開港から40年以上が経過した今日においても、終わってはいません。成田空港の中には今でも立ち退きを拒否している住民の私有地があり、そのため滑走路はそれらの私有地を避けるようにグニャグニャとした形で敷かれています（上の航空写真を参照）。

★〇✕問題でチェック★

問1 憲法31条は、もっぱら刑事手続に関する条文であり、犯罪や刑罰の内容にはまったく関係がない。
問2 憲法31条は、直接的には刑事手続に関する条文であるが、行政手続に適用されることもありうる。

## 3 刑事手続の流れ

↓刑事手続の流れと各段階における権利保障

**捜　査**
- 逮捕の令状主義(33条)
- 弁護人依頼権(34条前段)
- 捜査差押え等の令状主義(35条)
- 黙秘権・自白法則(38条)

**公　判**
- 公平な裁判所の迅速な公開裁判を受ける権利(37条1項)
- 証人審問権・証人喚問権(37条2項)
- 国選弁護人請求権(37条3項後段)

**判　決**
- 無罪推定の原則(31条参照)
- 残虐な刑罰の禁止(36条)
- 遡及処罰の禁止(39条前段)
- 二重処罰の禁止(39条後段)
- 刑事補償請求権(40条)

筆者作成

　刑事手続は、捜査→公判→判決という流れで進みます。捜査では、捜索・差押えによって証拠物を収集したり、取調べによって事件関係者の供述を録取したり、被疑者が証拠隠滅や逃亡をしないようにその身柄を拘束したりします。捜査で十分な証拠が集まったと判断すると、検察官は起訴（公訴提起）をし、これによって公判が始まります。公判では、検察官側と被告人・弁護人側がそれぞれの主張・立証を行い、どちらの主張が正しいか裁判所が審理します。公判が終わると、いよいよ判決です。判決において、裁判所は、被告人が有罪か無罪か、有罪だとしていかなる刑罰を下すかを決定します。これらの各段階において、憲法がどのような権利を保障しているか、上の図で確認しておきましょう。

## II　捜　査

## 1 身体拘束の期間制限

↓身体拘束の流れと期間制限

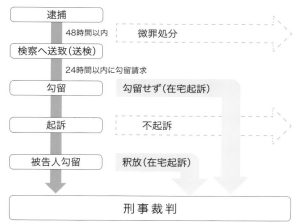

筆者作成

　憲法自体ではなく刑事訴訟法上のルールですが、被疑者の身体拘束には厳格な期間制限があります。まず、警察官が被疑者を逮捕していられるのは最長48時間とされています。その後も身体拘束が必要と判断した場合には、書類や証拠物とともに検察官に身柄を送致（送検）しなければなりません。また、被疑者の身柄を受け取った検察官が身体拘束を継続できるのは最長24時間です。その後も身体拘束を継続する必要がある場合、検察官は裁判官に対して勾留を請求します。勾留は原則として10日間ですが、勾留延長請求が認められるとさらに最長で10日間継続します（内乱罪等の一定の犯罪に限り、最長5日間の勾留期間再延長も認められています）。

　なお、刑事事件というと、常に被疑者が逮捕されるイメージをお持ちかもしれませんが、実は被疑者が逮捕される「身柄事件」は例年3〜4割にとどまります。つまり、被疑者が身体を拘束されない「在宅事件」の方がずっと多いわけです。また、被疑者を逮捕した警察官は、一定の軽微な事件の場合には、被疑者を検察に送致することなく、釈放すること（微罪処分）ができます。例年、全検挙人員のうち約3割の者が、この微罪処分によって処理されています。さらに、検察に送致された者のうち、起訴されるのは例年3〜4割程度であり、約6〜7割の被疑者は不起訴にされています（その大多数は、犯罪の嫌疑は十分であるが、犯罪の軽重や情状等により訴追を必要としないことを理由とする、起訴猶予処分です）。刑事裁判にかけられる被疑者は、実は少数派だということですね。

↓身柄事件の割合(2019年)
- 身柄事件
- 在宅事件

35.7%
64.3%

↓微罪処分の割合(2019年)
- 微罪処分
- 送検

28.9%
71.1%

法務省『犯罪白書〔令和2年版〕』をもとに筆者作成

★〇×問題でチェック★
問3　刑事手続は、捜査→公判→判決という流れで進行する。
問4　警察官が被疑者を逮捕していられるのは、最長で10日間である。

## 2 逮捕の令状主義

**↓逮捕状**

| 逮 捕 状 (通常逮捕) | | | |
|---|---|---|---|
| 被疑者 | 氏 名 | 斎藤 悟郎 | |
| | 年 齢 | 26歳　平成 3 年 3 月 18 日 生 | |
| | 住 居 | 東京都新宿区西早稲田○−×−△ 馬場荘125号 | |
| | 職 業 | 無職 | |
| 罪　　　　名 | | 窃盗 | |
| 被疑事実の要旨 | | 別紙のとおり | |
| 引致すべき場所 | | 新宿警察署 | |
| 有 効 期 間 | | 平成 30 年 2 月 24 日まで | |

有効期間経過後は、この令状により逮捕に着手することができない。この場合には、これを当裁判所に返還しなければならない。

有効期間内であっても、逮捕の必要がなくなったときは、直ちにこれを当裁判所に返還しなければならない。

上記の被疑事実により、被疑者を逮捕することを許可する。
平 成 30 年 2 月 17 日
東 京 地 方 裁判所
裁判官 登 張 弘 之 印

| 請求者の官公職氏名 | 新宿警察署 司法警察員 警部 　柳 健太郎 | | | |
|---|---|---|---|---|
| 逮捕者の官公職氏名 | | | | |
| 逮 捕 の 年 月 日 時 | 平成　　年　　月　　日午　　時　　分 | | | |
| 及 び 場 所 | | | | で逮捕 |
| 記 名 押 印 | | | | |
| 引致の年月日時 | 平成　　年　　月　　日午　　時　　分 | | | |
| 記 名 押 印 | | | | |
| 送致する手続をした | 平成　　年　　月　　日午　　時　　分 | | | |
| 年 月 日 時 | | | | |
| 記 名 押 印 | | | | |
| 送致を受けた年月日時 | 平成　　年　　月　　日午　　時　　分 | | | |
| 記 名 押 印 | | | | |

筆者作成

憲法33条は、被疑者を逮捕するには裁判官の発する令状（許可状）が必要だと定めています。逮捕は被疑者の身体の自由を奪う措置であるため、法律のプロであり中立的な立場にある裁判官が許可した場合にのみ認めることにしたのです。もっとも、同条は、現行犯逮捕の場合には令状が不要であるとしています。現に犯罪が行われている場合には、直ちに逮捕する必要性が高く、かつ誤認逮捕の危険性が低いためです。また、刑事訴訟法は、一定の重大犯罪をしたと疑う十分な理由があり、かつ令状を請求している時間的余裕がない場合に、逮捕後直ちに令状を請求することを条件として、無令状で逮捕を行うこと（緊急逮捕）も認めています。判例はこの緊急逮捕を合憲と判断しています（最高裁昭和30年12月14日判決）。

**↓逮捕の種類**

| 通常逮捕 | 事前に裁判官が発布した令状を取得し、被疑者にその令状を示して行われる逮捕 |
|---|---|
| 現行犯逮捕 | 現行犯人（現に罪を行い、または現に罪を行い終わった者）に対する無令状での逮捕 |
| 緊急逮捕 | 一定の重大犯罪をしたと疑う十分な理由があり、かつ令状を請求している時間的余裕がない場合に、逮捕後直ちに令状を請求することを条件としてなされる、無令状での逮捕 |

筆者作成

## 3 捜索・差押え等の令状主義

**↓GPS捜査事件判決を受けて記者会見をする弁護団**

朝日新聞社

憲法35条は、捜索や差押えなどの強制処分（被疑者の重要な権利を制約する捜査）をするには、裁判官の令状が必要であると定めています。逮捕の令状主義と同様の趣旨で、被疑者の権利（プライバシー権や財産権）を制約する処分の許否を裁判官に審査させることとしたのです。

この令状主義との関係で注目される最近の判例が、GPS捜査事件判決（最高裁平成29年3月15日判決）です。本判決は、被疑者の車にGPSを取り付けて位置情報を取得するという捜査手法について、強制処分にあたると判断し、それを無令状で行ったことを違法と断じました（さらに、現行法上の検証令状等でGPS捜査を認めることには問題があり、立法措置が必要だと述べました）。従来の警察実務において、GPS捜査は基本的に令状なしで行える任意処分と考えられていたため、本判決は警察関係者に大きな衝撃を与えました。

**↓GPS捜査事件判決の概要**

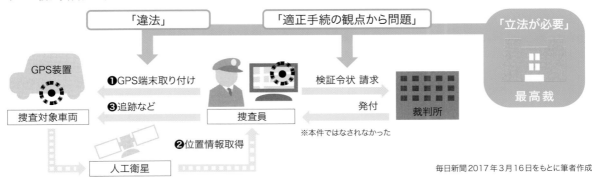

毎日新聞2017年3月16日をもとに筆者作成

★○×問題でチェック★

問5　裁判官の令状なく被疑者を逮捕することは、一切許されない。
問6　捜査官が捜索や差押えをするには、原則として裁判官の令状が必要である。

## III　公　判

**37条**　すべて刑事事件においては、被告人は、公平な裁判所の迅速な公開裁判を受ける権利を有する。

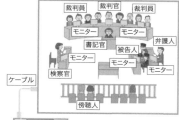

↓ビデオリンク方式

警察庁HPをもとに筆者作成

被告人には、公平な裁判所の迅速な公開裁判を受ける権利が保障されています。高田事件判決（最高裁昭和47年12月20日判決）では、第一審の審理が15年以上中断したことについて、刑事裁判の迅速性に反するとされ、審理を打ち切る免訴判決が下されました。

なお、刑事裁判では、証人のプライバシー権等を保護するため、遮蔽措置やビデオリンク方式が認められていますが、判例によれば、これらは刑事裁判の公開に違反しません（最高裁平成17年4月14日判決）。

## IV　判　決

### 1　無罪推定の原則

↓足利事件で無罪判決を受けた菅家利和氏

再審・えん罪事件全国連絡会HP

被告人は、有罪判決が確定するまでは、無罪であると推定されます（憲法31条参照）。そのため、裁判所が有罪判決を下すには、検察官が有罪の証明に成功し、被告人が有罪であることについて「合理的な疑いを差し挟む余地がないほどの確信」を裁判所に抱かせることが必要です。この無罪推定の原則は、冤罪を避けるための安全弁であり、刑事裁判の鉄則です。しかし、実際には、冤罪事件が後を絶ちません。その原因の1つとして、わが国の刑事裁判では有罪率が99%を軽く超えており、この極めて高い有罪率が事実上の「有罪推定」に結びついている、と指摘されています。つまり、裁判官が「今まで99%以上が有罪だったんだから、この被告人もきっと有罪だろう」という感覚をもってしまっている、と言われているのです。

↓主な冤罪事件

| 事件発生年 | 事件名 | 概　要 |
|---|---|---|
| 1948年 | 免田事件 | 夫婦を殺害して現金を盗んだ罪で1952年に死刑判決が確定したが、1983年に再審で無罪。 |
| 1950年 | 財田川事件 | ブローカーに対する強盗殺人の罪で1957年に死刑判決が確定したが、1984年に再審で無罪。 |
| 1954年 | 島田事件 | 女児を誘拐・殺害した罪で1954年に死刑判決が確定したが、1989年に再審で無罪。 |
| 1955年 | 松山事件 | 一家4人を殺害した罪で1960年に死刑判決が確定したが、1984年に再審で無罪。 |
| 1990年 | 足利事件 | 女児を誘拐・殺害した罪で2000年に無期懲役判決が確定したが、2010年に再審で無罪。 |

筆者作成

### 2　死刑の合憲性

**36条**　公務員による拷問及び残虐な刑罰は、絶対にこれを禁ずる。

↓東京拘置所の刑場の構造

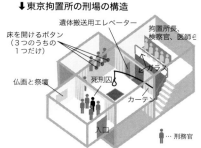

駒村圭吾編『プレステップ憲法〔第3版〕』
（弘文堂・2021年）142頁

憲法36条は「残虐な刑罰」を禁止していますが、最高裁は、火あぶり等の残虐な執行方法によらない限り、死刑は「残虐な刑罰」にあたらないと解しています。なぜなら、憲法31条は「法律の定める手続」によれば「生命」を奪うこともできると規定していると読めるからです。もっとも、死刑廃止が世界的な潮流となっている今日、死刑制度を維持することが妥当なのか、慎重な検討が必要でしょう。

ちなみに、死刑執行者の精神的負担を少しでも軽減するため、死刑の執行ボタンは3つ設置されており、3人の刑務官が同時に押すことになっています。

★○×問題でチェック★
問7　裁判所は、被疑者が無罪であることの証明がない限り、有罪判決を下すべきである。
問8　死刑は、憲法36条の「残虐な刑罰」にあたるが、必要性が高いため許容されている。

# 情報社会と憲法

## I　総　論

↓サイバー犯罪の検挙状況

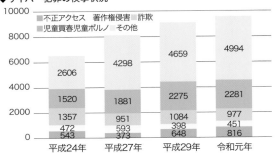

警視庁『令和元年におけるサイバー空間をめぐる脅威の情勢等について』をもとに筆者作成

　社会のデジタル化が急速に進む現在、私たちの生活は、もはやSNSやネットショッピングなど、ネットワーク上でデータをやり取りすることなしには成り立たなくなっています。一方、個人データの漏洩（ろうえい）や不正利用、著作物の違法ダウンロード、児童ポルノなどの違法データの所持や配信、オンライン決済詐欺、コンピューターウイルス攻撃などのネットワーク犯罪被害も増加・巧妙化（こうみょうか）しており、被害が深刻になっています。そこで国は、サイバーセキュリティを強化するため、違法ダウンロード（2014年著作権法改正）やネットワーク上での「なりすまし」（2009年不正アクセス禁止法制定）の刑事罰化などの立法措置をとってきました。憲法の観点からは、ネットワーク上での個人の活動に対し、国がどのような規制を行うことができるのかが問われています。

## II　情報の利活用とプライバシー・表現の自由

### 1　政府による情報の利活用

↓住基ネットの構成図

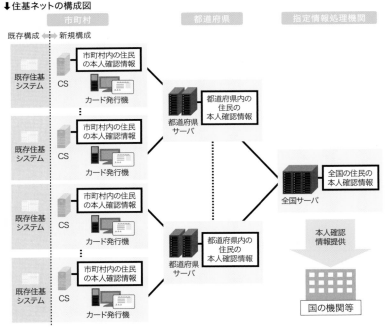

住民基本台帳ネットワークシステム推進協議会「住民基本台帳ネットワークシステムの概要」4頁をもとに作成

↓日本政府が採用した接触者確認アプリ「COCOA」

アフロ

　（☞3-II2）を侵害すると考えた住民も少なくなく、訴訟に発展しました。この住基ネット訴訟（最高裁平成20年3月6日判決）で、最高裁は、取り扱われる情報の秘匿性（ひとく）が高くないことや、漏洩や不正利用を防ぐ仕組みが設けられていることなどを評価して、憲法に違反しないとしました。

　マイナンバーの導入や住基ネットの利用拡大など、行政手続をデジタル化によって効率化しようとする動きはますます加速しています。一方、住基ネット訴訟で示されたように、制度やシステムの設計はプライバ

　国や地方公共団体は、行政のデジタル化を進めています。たとえば、住民基本台帳ネットワークシステム（住基ネット）（じゅうきネット）は、各住民に割り振られた住民票コードと氏名や生年月日などの情報を異なる自治体や国との間でやりとりすることで、転出・転入などに伴う手続を簡素化するために導入されました。しかし、行政機関が本人の同意なく情報を利用することはプライバシー権シーの保護に大きく影響するため、行政の効率化とプライバシー保護とのバランスをとる設計が求められます。感染者の接触確認アプリCOCOA（ココア）は、プライバシーフレンドリーな設計を追求して保健所が直接個人の情報にアクセスできない仕組みをとりましたが、患者の迅速な発見にはつながりにくいというデメリットもあるなど、両者のバランスをとることの難しさが改めて認識されました。

# 2 プラットフォームに関する規制

↓検索結果上に犯罪歴が表示されるイメージ

| 🔍 〇〇太郎 | 検索 |
|---|---|

Internetnews>Heisei>□□
児童買春容疑で東京都の男を逮捕
●月●日、東京都内の男(23歳)がSNS上で知り合った女子中学生に都内の
ホテルに寝泊まりさせたなどとして逮捕された。逮捕されたのは、東京都◇◇
区の〇〇太郎容疑者。警視庁によると、〇〇容疑者は、都内のホテルで…
www.instag.com>Taro.〇〇
Taro 99 (Taro.〇〇)・Inst photos
220 followers, 350 following, 5 posts. See photos and videos
of Taro 99

筆者作成

↓発信者情報開示請求手続

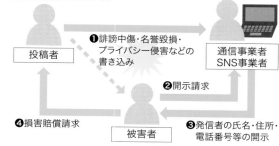

筆者作成

メールやSNS、ネットショッピングなど、インターネット上でサービスを提供するプラットフォームの仕組みによっては、ユーザーの利益が害される事例も生じています。たとえば、忘れられる権利訴訟(最高裁平成29年1月31日決定)では、グーグルの検索エンジンを使うと過去の逮捕歴に関するネットニュースへのリンクを表示される人が、グーグルに対して検索結果の削除を求めました。その人のプライバシーと、検索事業者がプログラムを使って検索結果を表示するという表現の自由(☞7・8)とが衝突した事例です。裁判所は検索事業者にリンクの削除を命じませんでした。しかし、EUでは、自己の情報に関する権利として、検索結果の削除を請求する権利が認められています。インターネット上では、過去の情報が膨らんで自分の「勝手なイメージ」ができてしまうおそれがありますが、本人が検索事業者に自己の情報の掲載をストップさせる権利をもつことで、自己のイメージをコントロールすることができるというわけです。

SNS上の投稿がほかの人のプライバシーや名誉を害する事例もますます深刻になっています。被害者が加害者をすぐに訴えること

ができればよいですが、SNS上での投稿は匿名で行われることが多いため、裁判に必要な情報を得るにはSNS事業者に問い合わせるしかありません。しかし、SNS事業者は被害を訴える人の権利と投稿者の表現の自由との間で板挟みになってしまいます。そこで国は、プロバイダ責任制限法という法律を制定し、SNS事業者がどのような場合に投稿者情報の開示の請求に応じなければならないかを明確にして、利益のバランスをとる仕組みをつくりました。

ネットサービスを使う機会が増えるほど、プラットフォーム事業者の方針が私たちのネットワーク上での行動に影響を与えるようになります。なかでもアメリカのGAFA(Google、Apple、Facebook、Amazon)や中国のBATH(バイドゥ、アリババ、テンセント、ファーウェイ)など、巨大プラットフォーム事業者は幅広いサービスを一手に提供しているため、生活のあらゆる側面が事業者の方針に左右されたり、個人の情報が様々なサービスの提供に利用されたりするようになりました。日常生活を営むにはプラットフォームから抜け出せないという問題も指摘されるようになっています。

↓様々な分野に拡大するプラットフォーマーの支配

| | デジタル プラットフォーム 企業 | | 簡易なメール (メッセージ) | 検索・ ブラウザ | コンテンツ メディア | ネットワーク経由のサービス (クラウド)(※) | 電子 商取引 | 決済 | 実店舗での小売り | IT化した住宅(スマートホーム) | 自動運転・ドローン |
|---|---|---|---|---|---|---|---|---|---|---|---|
| G A F A | Google グーグル | | Ⓜ | (事業起点) Ⓖ | ○ | ○ | ○ | Ｇ Pay | ○ | ○ | ○ |
| | アップル | (事業起点) パソコン | ○ | ○ | ○ | ○ | ○ | Pay | ○ | ○ | ○ |
| | facebook フェイスブック | | (事業起点) Ⓕ | | ○ | | ○ | FACEBOOK PAY | | ○ | |
| | amazon アマゾン | | ○ | ○ | ○ | (事業起点) | ○ | amazon pay | ○ | ○ | ○ |
| 中国系 | Alibaba.com アリババ | | Ⓦ | ○ | ○ | ○ | (事業起点) | Alipay | ○ | ○ | ○ |
| | Baidu 百度 バイドゥ | | ○ | (事業起点) | ○ | ○ | ○ | 百度钱包 | ○ | ○ | ○ |

デジタル　　　　　　　　　　　　　　　　　　　　　　　　　　リアルへの展開

(※) クラウドとは、「雲」を意味する英語で、コンピュータの利用形態のひとつ。
　　利用者は、ネットワークに接続されたコンピュータが提供するサービスを、ネットワーク経由で手元のパソコンやスマートフォンで利用する。

首相官邸未来投資会議第23回資料をもとに一部改変して作成

## 1　民主主義・裁判のデジタル化

　社会のデジタル化の影響は憲法の基本的な価値にも及んでいます。1つは、民主主義への影響です。情報技術が身近になったことによってリアルには出会うことのできない人にも簡単に意見を発信することができるようになり、政治的な議論が活発化しました。「アラブの春」では、SNS上で同じ政治的な意見をもつ人が集まったことをきっかけに政府に対するデモ活動等が活発化し、国際社会からの後押しを得て、政権を打倒する力になりました。ネットワーク上に言論空間が拡大したことによって、新しい政治参加の形ができてきたといえます。

　一方、民主主義に対する新しい脅威（きょうい）もうまれています。たとえば、選挙期間中にSNS上で敵対候補者に関するフェイクニュースを流して世論（せろん）を操作したり、サイバー攻撃によって候補者の内部情報を盗み取ったりする選挙干渉がみられるようになりました。選挙の公正性が危ぶまれています。

　もう1つは、司法への影響です。民事裁判手続では、オンラインで訴状（そじょう）を提出したり、ウェブ会議システムを使った口頭弁論（こうとうべんろん）を導入したりして、裁判所に出向かなくても裁判を進めることができる仕組みが検討されています。裁判の加速化が期待される一方で、オンライン手続でも裁判が公開されることや、情報技術を使うことができない人にも裁判を受ける権利が保障されるようにすることも重要です。

↓SNS上の呼びかけに応じてデモに参加する市民（チュニジア「ジャスミン革命」）

アフロ

## 2　日常生活のデジタル化

↓シェアリングエコノミー

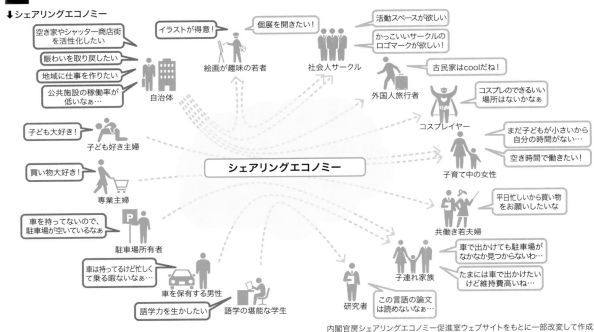

内閣官房シェアリングエコノミー促進室ウェブサイトをもとに一部改変して作成

　日常生活のデジタル化によって、私たちの働き方や教育、医療などにも大きな変化が生じるようになってきました。シェアリングエコノミーは、オークションや配車サービスアプリなどのマッチング・プラットフォームを介して、個人同士がモノやサービスの取引を行う仕組みです。これまでの働き方では就業することのできなかった人でも、手持ちのモノやスキルを活かして働くことができるようになりました。また、新型コロナウイルス感染症が流行している中でも、ICT技術を用いてオンライン授業やオンライン診療を行い、教育や医療へのアクセスが保障されました。こうした情報技術の力は、今後も不登校児童生徒の教育や、退院後の患者の継続的な観察のためにも発揮されることが期待され

ています。勤労の権利や教育を受ける権利、生存権を具体的に保護するために、デジタル化が一役（ひとやく）買っているといえます。

　このように個人の経済活動や教育、医療などのデジタル化を進めていくには、「ユーザー」の保護も欠かすことはできません。ウーバーイーツに関するトラブルでは、会社側は、配達員は雇用された労働者にはあたらないという理由で団体交渉（☞ 15-Ⅱ2）を拒否しましたが、配達員側は、賃金や労働条件を会社側によって決められている以上、労働者として団体交渉権を行使できるはずだと主張しています。デジタル化に伴い、人権保障の範囲を改めて考えることが求められています。

# 3 AI技術

↓芝麻（ゴマ）信用による信用の点数化

身分特質
（社会的ステイタス）

行為偏向　　　　信用スコア　　　　履約能力
（消費行動）　　極めて良好　　　（支払い能力）
　　　　　　　700〜950点
　　　　　　　　　↕
　　　　　　　　劣る
　　　　　　　350〜550点

人脈関係　　　　　　　　　　　信用歴史
（交友関係）　　　　（クレジットカード支払い履歴）

総務省「平成30年度情報通信白書」を参考に筆者作成

↓警察によるボディカメラの使用

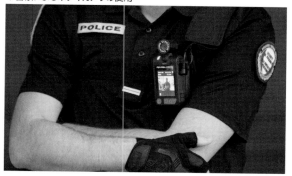

AP／アフロ

近年、AI（人工知能）技術の進展によって社会のデジタル化はより高度になっています。たとえば、AIを使えば、インターネットユーザーのウェブサイト閲覧履歴などを集積し、ビッグデータに照らして容易にプロファイリングを行うことができます。企業はその人の選好を予測し、おすすめ商品やニュースの表示などを効果的に行うことができるのです。しかし、プロファイリングによって個人を知りすぎてしまったり、本人の望まないスティグマ（マイナスなイメージ）をつけてしまったりするおそれもあります。中国では、巨大プラットフォーム事業者がユーザーのネット上での行動やSNS上での友人関係を細かにプロファイリングすることによってその人の「信用度」を点数化し、点数が高いほど特典を受けられ、低い場合には一部のサービスを使えなくなるという仕組みを運用しています。しかし、信用の算定がどのように行われるのか、AIの仕組みは不透明です。そのため、一度信用を失ってしまった人は、プラットフォームや社会で「望ましい」とされる行動を積み重ねて点数を上げるようにするしかありません。プロファイリングの結果によって不利益を与える仕組みは、個人の生き方（ライフスタイル）の自由を制限するような効果をもつことが懸念されているのです。このことは、国がプロファイリング技術を用いる際にも注意されなければ、プライバシー権などの制約として問題になる可能性もあります。

私たちの身体も情報化され、AI技術を通すことによって簡単に人物を特定されるようになりました。顔認証技術がその一例です。フランスでは、警察官がボディカメラを装着し、目の前にいる被疑者の顔映像をリアルタイムでデータセンターに送り、AI技術を利用して過去のデータと照合し人物を割り出す装備がすでに実用されています。しかし、顔はあえて隠さない限り撮影を拒否することはできません。フランスでは、このシステムがプライバシー権を侵害するとして大きな反対運動がおこりました。

日本では、社会保険の適用を受けるなど、行政サービスの利用をする際の本人確認の方法として、顔認証が導入されようとしています。プライバシーが守られるかどうかを気にする人にとっても、顔情報を差し出すことが行政サービスを受けることの条件になってしまうことのないように注意しなければならないでしょう。

↓日本における顔認証技術の利用：顔認証による社会保険資格確認

社会保険診療報酬支払基金ウェブサイトをもとに一部改変して作成

# 18 統治機構・総論

## Ⅰ 立憲主義

> フランス人権宣言16条　Toute Société dans laquelle la garantie des Droits n'est pas assurée, ni la séparation des Pouvoirs déterminée, n'a point de Constitution.
> （権利の保障が確保されず、権力の分立が定められていないすべての社会は、憲法をもたない。）

### 1 立憲主義とは何か

　立憲主義とは、憲法によって公権力を制限し、人権を保障しようとする原理です。一人ひとりの人権を守るという最終目的があり、そのためのルールを憲法で定めて、国家にそれを守らせるという考え方です。立憲主義の内容をよく見ると、「公権力の制限」と「人権の保障」に分解することができます。大学で学ぶ憲法は統治機構論と人権論に分かれていますが、統治機構論は公権力が遵守すべきルールを追究する分野、人権論は人権を守る方法を追究する分野ですから、立憲主義の2つの要素と対応していることがわかります。また右の図で示されているとおり、高校までの公民で学習してきた憲法の3つの基本原理（国民主権・基本的人権の尊重・平和主義）とも結びついています。立憲主義は、憲法の基礎中の基礎、デザインコンセプトと呼ぶべきものなのです。

↓日本国憲法の条文に現れる立憲主義

**立憲主義 Constitutionalism　公権力の制限&人権の保障**

**権力分立**
抑制と均衡による権力の制限
・三権分立
　国会(4章)／内閣(5章)／裁判所(6章)
・二院制(42条)
　衆議院／参議院
・地方自治(8章)
　中央政府／地方公共団体

**平和主義(前文、9条)**
軍事・外交の政策内容の制限
・戦争の放棄(9条1項)
・戦力の不保持(9条2項)

**国民主権(前文)**
国民による国政意思決定
国民の監視による権力の制限
・選挙権(15条)
・政治的表現の自由(21条)
・憲法改正国民投票(96条)

**国民の権利(3章)**
保障される人権を網羅したカタログ
・人権の基本原理(13条、14条)
・歴史上侵害されてきた人権

**違憲審査制(81条)**
・公権力による人権侵害の制限
・人権保障の最後の砦

**最高法規性(98条1項)**
**公務員の憲法尊重擁護義務(99条)**
**厳格な改正手続(96条1項)**
・公権力による憲法の破壊を防止
・憲法尊重擁護は国民でなく国家の義務

　公権力の制限の要素
　人権の保障の要素
　両方にかかわる要素

筆者作成

### 2 立憲主義の人類史的な価値

↓Jean-Jacques-François, Le Barbier La Déclaration des droits de l'homme et du citoyen：人権宣言を題材とした絵画

仏カルナヴァレ美術館 HP

　立憲主義が憲法の基礎であるというのは、日本国憲法に限った話ではありません。立憲主義は近代の欧米に登場し、それ以降世界中の憲法の基礎となった、長い歴史をもつ原理なのです。このページの最初に挙げたのは日本国憲法の条文ではなく、1789年のフランス人権宣言の条文です。憲法には権力分立（公権力の制限）と権利の保障（人権の保障）の2つが揃っていなければならないという意味で、立憲主義の原理を明確に示しています。人権宣言はフランス革命を象徴するもので、左の絵画にも革命のシンボルが数多く描き込まれています。しかし同時に、人権宣言の内容は国家の基本原理として普遍性をもち、フランス革命にとどまらず後の人類と国家の歴史に大きな影響を与えました。同様にイギリスの権利請願や権利の章典、アメリカのバージニア権利章典や独立宣言も、立憲主義の原理を明示しています。立憲主義は、人類が国家を形成する際の基本原理として長きにわたって参照してきた、人類史上重要な考え方なのです。

★○×問題でチェック★

問1　立憲主義とは、憲法によって公権力を制限し、人権を保障しようとする原理である。
問2　立憲主義は、20世紀の中頃に第二次世界大戦が終わってから初めて登場した原理である。

| 立憲主義の歴史<br>様々な時代・場所で立憲主義が発展 | 日本の歴史<br>憲法体制の発展・政治運動など |
|---|---|
| **①立憲主義の発生期　自然権・社会契約** | 【江戸時代】ペリー来航(1853)、開国(1854) |
| イギリス　**名誉革命**(1688)、**権利の章典**(1689)<br>イギリス人の権利保障のための王権制限<br>**ロック『市民政府二論』**(1690)<br>自然権、権利保障のための政府<br>社会契約論 | 【明治時代】明治維新(1867)<br>　　　　西洋思想の展開(福沢諭吉など)<br>　　　　東京大学設立(1877)、私学の勃興<br>　　　　　法学部・法律学校の発展、<br>　　　　　欧米法研究<br>　　　　自由民権運動と国会開設への展開 |
| **②立憲主義の確立期　近代市民革命** | 　　　　　国会開設の勅諭(1881)<br>　　　　憲法研究が活発化、私擬憲法の登場<br>　　　　　五日市憲法草案、日本国憲案 |
| アメリカ　**アメリカ独立宣言**(1776)<br>ロックの思想を継承<br>自然権、社会契約の明文化 | 　　　　　枢密院で憲法草案を審議(1888〜) |
| フランス　**フランス革命**(1789)<br>**フランス人権宣言**(1789)<br>国民主権、人権保障、権力分立を明文化 | 大日本帝国憲法(1889)<br>　　　　天皇主権、外見的立憲主義<br>　　　　立憲主義の実質が不十分 |
| **③立憲主義の修正・発展期** | 【大正・昭和　大正デモクラシーの展開<br>時代】　　大日本帝国憲法の民主的運用<br>　　　　立憲主義的な学問・思想の傾向 |
| ドイツ　**ワイマール憲法**(1919)<br>社会権の登場、福祉国家の先駆 | 　　　　　美濃部達吉(憲法)の天皇機関説<br>　　　　　吉野作造の民本主義(democracyの訳)<br>　　　　普通選挙制を求める運動・デモ<br>　　　　男子普通選挙制(1925〜)<br>　　　　政党内閣の時代(1924〜1932) |
| 日　本　**日本国憲法**(1946)<br>国民主権、人権保障、平和主義<br>平和主義をはじめ、先進的な内容<br>男女平等、生存権、違憲審査制など | 【終戦後　アメリカの統治下で新憲法制定作業<br>(1945〜)】GHQ草案の先進的な内容<br>　　　　日本政府案作成・帝国議会での審議 |

筆者作成

欧米で誕生し展開していった立憲主義が日本の憲法に根付いたのは1946年の日本国憲法制定時でした。しかしそれは突然やってきたわけではなく、そのルーツは明治時代にさかのぼります。明治になると、政府は近代的な法制度を日本に取り入れるため、欧米の法制度を盛んに研究し始めました。国立・私立問わず数多くの大学が設立され、当時の大学法学部は欧米の法律学を翻訳することを使命としていました。民主的な議会政治を確立しようとする自由民権運動が高まると、民間で憲法草案をつくる動きも活発化します。こうして作られた多くの私擬憲法(☞ **29** - Ⅰ **2**)には、欧米の立憲主義と民主主義を色濃く反映したものがあり、当時の市民の立憲主義への意識と深い理解を物語っています。その後制定された大日本帝国憲法は、権力分立も人権保障も不十分なもので、戦前の日本の立憲主義は外見だけのものにとどまることになります。戦後、日本国憲法が制定されたことで、立憲主義の歴史の流れに日本も合流したのです。

## Ⅱ　権力分立

### 1　権力分立とは何か

↓三権分立のイメージ

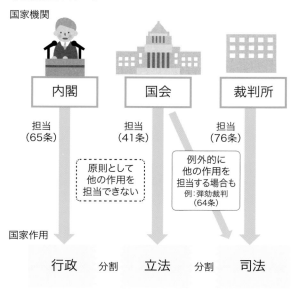

筆者作成

権力分立とは、国家作用を分割して複数の国家機関に分担させ、公権力の相互の抑制と均衡(checks and balances)をはかる原理です。「公権力」の概念を分解し、権力がもたらす効果(国家作用)と権力を執行する主体(国家機関)を区別して考えることが、権力分立の特徴です。この原理の典型例である三権分立は、国家作用を立法、行政、司法の3つに分け、それぞれ国会、内閣、裁判所に担当させる仕組みです。憲法が41条・65条・76条で担当を定めているので条文を確認してみてください。他の権力分立の例として、立法作用を衆議院と参議院の間で分担する二院制(☞ **19** - Ⅱ **1**)や、国家作用を国の政府と地方公共団体が分担する地方自治(☞ **25**)があります。

ところで、三権分立における作用−機関の対応関係(立法−国会、行政−内閣、司法−裁判所)のもと、原則として他の作用を担当することはできませんが、例外がないわけではありません。左図の弾劾裁判(憲法64条)は国会が司法作用の一部を担当する例ですが、このように他の作用を担当する場合もあります。三権分立の例外を学習する場合は、例外の暗記だけではなく、なぜその機関にその作用を担当させるのか、理由に気をつけて理解を深めてください。

★○×問題でチェック★
問3　権力分立とは、公権力を分割し複数の機関に担当させ権力相互の抑制と均衡をはかる原理である。
問4　三権分立においては国会が行政権を、内閣が立法権を、裁判所が司法権を担当する。

18 統治機構・総論　**79**

## 2 抑制と均衡・国民によるコントロール

**↓三権相互の抑制と均衡＋国民からのコントロール**

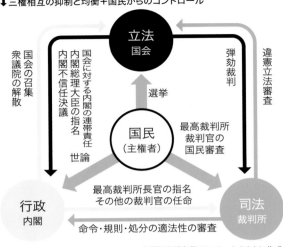

参議院参観者用パンフレットをもとに作成

権力分立の目的は、抑制と均衡（checks and balances）であり、抑制とは他の機関に対して歯止めをかけることを指します。たとえば裁判所の違憲立法審査は、国会に対する抑制の手段として説明されます。また内閣が国会に対して責任を負っていることは、国会が内閣の政治責任を追及する際の根拠になります。三権分立の仕組みでは、単なる国家作用の分担だけでなく、抑制の手段を相互にもち、1つの権力が強くなりすぎないよう均衡を保とうとしています。

権力分立では、国家機関に加えて、主権者国民の位置づけも重要です。抑制と均衡が必要なのは、国家作用を受ける国民の権利・自由が不当に侵害されるのを防ぐためです。ですから公権力相互の抑制に加えて、国民からも公権力を抑制することが重要になります。選挙で議員を選出したり、国民一人ひとりの意見表明を積み重ねて世論を形成し政治に影響を与えたりすることは、国民の政治参加としてだけでなく、公権力の暴走を防ぐための国民によるコントロールとしても重要なのです。

## 3 政治の領域と裁判の領域

今度は権力分立を出発点として、憲法が描く公権力と国民の関係の全体像をみていきましょう。ここで重要なのは政治の領域と裁判の領域の区別です。政治の領域は政治家や行政機関で働く公務員が担当し、国家機関としては国会・内閣と行政機関が該当します。内閣は国会の信任によって成立し、国会に対して責任を負います。国会と内閣を信任・責任の関係で結ぶこの仕組みを議院内閣制と呼びます（☞**21-Ⅰ 3**）。議院内閣制では、国会議員を最も多く当選させた政党（与党）の長（たとえば自民党なら「総裁」）が首相（内閣総理大臣）に選ばれます。三権分立では国会と内閣は抑制しあう関係でしたが、議院内閣制と政党政治の仕組みにより国会（特に衆議院）の多数派と内閣の長が同じ政党に属するので、国会と内閣が協力する場面も多くなります。閣法（☞**19-Ⅳ**）はその典型例といえます。

裁判の領域はもちろん裁判所が担当しますが、国会と内閣が結びつくのに対し、裁判所と裁判官は政治の領域から切断されています。国民の権利義務について裁定する裁判では、政治的立場にとらわれず公正中立な判断が求められるからです。抑制と均衡の原理の一方で、実際には裁判所・裁判官に対して国会・内閣は簡単に干渉できない仕組みになっています（司法権の独立☞**23-Ⅱ 1**）。

次に2つの領域と国民の関係をみてみましょう。国会は法律の制定によって、内閣・行政機関は命令・処分等によって、

**↓憲法が描く政治の領域と裁判の領域**

```
政治の領域                           裁判の領域

国会と内閣を結ぶしくみ              裁判領域固有のルール
議院内閣制・政党政治                司法権の独立・公正な裁判

国会（立法）      内閣（行政）        裁判所（司法）
衆議院 参議院    行政機関           最高裁判所・下級裁判所

法律    命令・処分など                      違憲審査
政治領域が生み出すもの                  （付随的違憲審査制）
市民を対象とする国家行為

人権                        違憲無効！
侵害

                市 民

選挙での投票              裁判の中で審査の申立て
```

筆者作成

国民の権利・自由に縛りをかけます。政治領域が定めたルール（法令）が憲法の保障する人権を侵害した場合、国民は裁判による救済を求めることができます（憲法訴訟☞**24-Ⅱ**）。憲法訴訟では、裁判所は法令が憲法に違反しているかを審査します（違憲審査制）。憲法は国の最高法規（憲法98条1項）ですから、裁判所がその法令を憲法違反（違憲）であると判断した場合、その法令は無効となり国民を縛る効力を失って人権侵害は解消されます。国会、内閣、裁判所の学習の際には、この全体像のうちどの部分を学んでいるのか、常に意識しておくとよいでしょう。

★ ○×問題でチェック ★

問5　公権力相互の抑制と均衡が必要なのは、国家機関が暴走するのを防止するためである。
問6　国会が定めた法律が人権を侵害している場合、裁判所はその法律を違憲無効とすることができる。

# III 国民主権

**前文 第1段**

日本国民は、正当に選挙された国会における代表者を通じて行動し、われらとわれらの子孫のために、諸国民との協和による成果と、わが国全土にわたつて自由のもたらす恵沢を確保し、政府の行為によつて再び戦争の惨禍が起ることのないやうにすることを決意し、ここに主権が国民に存すること（さんか）を宣言し、この憲法を確定する。そもそも国政は、国民の厳粛な信託によるものであつて、その権威は国民に由来し、その権力は国民の代表者がこれを行使し、その福利は国民がこれを享受する。これは人類（げんしゆく）（きようじゆ）普遍の原理であり、この憲法は、かかる原理に基くものである。われらは、これに反する一切の憲法、法令及び詔勅を排除する。（しようちよく）

## 1 国民主権とは何か

国民主権（憲法前文第1段、1条）は、一言でいえば国家の主権を国民がもつ原理なのですが、その中には様々な要素が含まれます。第1の要素は、公権力の正しさの根拠は国民であることです（正統性の契機）。たとえば国会議員になぜ法（けいき）律を制定する権限があるのかと問えば、貴族だからとか天皇を助ける神聖な立場だからといった説明はできず、「国民が選んだ代表だから」としか答えられません。これが戦前の天皇主権との大きな違いです。公権力の正しさを説明しようとすると必ず国民に行き着くことが、国民主権の意義の1つです。第2の要素は、国家機関ではなく国民が公権力を直接行使することです（権力性の契機）。主権者である国民自身が政治参加を通じて、国政のあり方を実質的に決めていくことも、国民主権の重要な意義です。

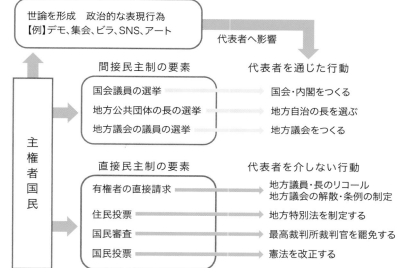

↓主権者国民の政治参加の方法

筆者作成

## 2 政治参加と主権者教育

国民主権の第2の要素、権力性の契機についてさらに掘り下げてみましょう。国民自身が公権力を行使するには、政治参加が欠かせません。国民の政治参加の方法として、まず民主主義の制度が挙げられます。民主主義の制度には間接民主制と直接民主制の2種類があります。間接民主制とは、国民の代表者を通じて政治参加する制度です。国会議員や地方議会議員、地方公共団体の長の選挙（憲法15条1項、43条1項、（ちよう）93条2項）が挙げられます。直接民主制とは、代表者を用いず国民が直接に政治について意思決定する制度です。地方議会議員や地方公共団体の長のリコール、地方議会解散、条例制定などを求める有権者の直接請求（地方自治法74〜88条）や最高裁判所裁判官の国民審査（憲法79条2項）、住民投票（同95条）、憲法改正国民投票（同96条1項）などが挙げられます。

制度を用いない政治参加も重要です。国民の意見が集約された世論は政治に影響を与えますし、国民一人ひとりが表現の自由（憲法21条）を用いてデモや集会、SNSやアートなどで政治的表現を行うこともできます。

こうして見ると、憲法が想定する「主権者国民」と

↓総務省作成の主権者教育の動画「まなべ！センキョッキョ」シリーズ

YouTube 総務省動画チャンネルより

は非常に主体的で積極的な存在であることがわかります。国民の政治への関心が低下しているといわれる現代社会では、主権者国民の主体性がより重要となるでしょう。2016年から選挙権年齢が20歳から18歳へ引き下げられ、主権者としての主体性を育成する主権者教育も活発化しています。統治機構論の学習は、主権者としてより深く考え政治に参加する手がかりにもなるのです。

---

★○✕問題でチェック★

問7　戦後日本では天皇を正統性の根拠としたうえで、権力集中を防ぐ民主的な政治制度がつくられた。

問8　国民の人数は膨大であるから、主権者国民が政治に参加する方法は選挙での投票のみである。

# 19 国会

## Ⅰ 国会の地位

**41条** 国会は、国権の最高機関であつて、国の唯一の立法機関である。

### 1 国権の最高機関

　国権とは一般に国家の統治権を指します。そして、国会が国権の「最高機関」であるとは、主権者である国民を除いて、国会が統治権力の中で最も高い地位にあることを意味します。国民を代表する国会は、法律の制定権をはじめ予算の議決権や条約の承認権、内閣に対する統制権、憲法改正発議権など、国政における重要な権限を有していることから、通説は、最高機関とは国会が国政の中心にあることを象徴的に表現した美称（ほめ言葉）であると説きます（政治的美称説）。他方、最高機関という文言には法的意味があるとする学説もあります。たとえば、この規定を根拠に、国会が国政全般を統括する権能

↓最高機関

国会

最高機関

「最高」って法的にどんな意味？

筆者作成

をもつとする見解、国会が国家諸機関の総合調整機能をもつとする見解、あるいは、所属不明の権限を国会に帰属させるとする見解等が主張されています。

### 2 国の唯一の立法機関

↓「国会中心立法の原則」と「国会単独立法の原則」

| | 意義 | 憲法上の例外 |
|---|---|---|
| 国会中心立法の原則 | 国会が立法権を独占する | 両院の議院規則制定権（58条2項）内閣の政令制定権（73条6号）最高裁の裁判所規則制定権（77条1項）地方公共団体の条例制定権(?)（94条） |
| 国会単独立法の原則 | 国会以外の機関が国会による立法に関与してはならない | 内閣の法律案提出権（72条）地方特別法の住民投票（95条） |

筆者作成

　立法とは、まず「法律」という形式の規範を制定することを意味します（形式的意味の立法、憲法59条）。しかし、この説明では国会がどんな内容の規範を法律という形式で定める機関なのかわかりません。そこで、憲法41条に基づいて国会が行使する国家作用としての立法は、法律の内容に着目して理解しなければなりません（実質的意味の立法）。今日の通説では、実質的意味の立法とは、一般的・抽象的法規範を定めることであるとされています。法律が一般的・抽象的であるとは、法律の内容が特定の人や特定の事案に特化したものではないことを意味します。したがって、国会が国の唯一の立法機関であるとは、このような一般的・抽象的法規範を定立できる

のは国会だけであるということなのです。そして、国会だけが立法権を行使できることには2つの側面があります。

　第1に、国会以外の機関は立法権を行使してはなりません。これを国会中心立法の原則と呼びます。ただし、この原則には憲法に例外が定められています。まず、法律の規定を実施するための政令や法律の委任に基づく政令の制定権が内閣に認められています。また、国会の両議院には議院規則制定権、最高裁には裁判所規則制定権がそれぞれ与えられています。なお、地方公共団体の条例制定権も憲法上の例外であるとする見解も有力ですが、通説は、法律と同様に条例も住民を代表する地方議会の立法なので、これをあえて例外とする必要はないとしています。

　第2に、国会以外の機関は国会による立法に関与してはなりません。これを国会単独立法の原則と呼びます。ただし、この原則にも憲法に例外が定められています。まず、特定の地方公共団体だけに適用される地方特別法は、国会の議決に加えて、当該地方公共団体における住民投票による過半数の同意を成立の要件としています。また、憲法が議院内閣制を採用しているため国会の多数党が内閣を組織すること、憲法72条に基づいて内閣総理大臣が内閣を代表して国会に提出する「議案」の中に法律案も含まれると解釈できることなどから、通説は、内閣の法律案提出権は憲法上認められるとしています。

★○×問題でチェック★

問1　国会は国権の最高機関であるから、通説は、国会が国政全般を統括する権限を有すると考える。
問2　特定の地方公共団体に対してのみ適用される法律の制定には、必ず住民投票が必要である。

## Ⅱ　国会の組織

### 1　二院制

**42条** 国会は、衆議院及び参議院の両議院でこれを構成する。

　世界の議会のうち約6割は一院制であり、二院制議会はむしろ少数派です。しかし、比較的人口規模の大きい民主制国家の多くは二院制を採用しています。憲法学では、それら二院制議会における第二院（日本国憲法では参議院）をその構成原理に着目して3つのタイプに分類することがあります。すなわち、任命等によって選ばれた貴族等の身分を有する者で構成される貴族院型、連邦国家において各州の代表によって構成される連邦国家型、単一国家において選挙によって選ばれた国民代表で構成される単一国家民選型です。しかし、政治学者レイプハルトの分析にもあるように、各国の二院制議会の特徴を理解するには第二院の構成原理だけでなく両院の権限関係にも着目する必要があります。

　一般に第二院の権限が第一院のそれと同程度に強い場合には、第二院の構成原理には第一院のそれと同程度の正統性が認められています。たとえば、連邦国家の場合には、連邦全体の利益とは異質でかつ正統化可能な州の利益の存在が想定されるので、連邦を代表する第一院の決定を場合によっては阻止できるほど強い権限を州の代表である第二院にもたせることが承認されます（「強い二院制」）。他方、第二院の構成原理における正統性が第一院のそれより劣るものとみなされている場合、第二院の権限は弱くなることが多くなります。たとえば、現在のイギリス貴族院には直接公選の庶民院の決定に譲歩する慣行があります。また、間接選挙制であるフランス元老院の権限は直接公選制である国民議会の権限に劣位しています（「中間

**↓構成原理に着目した第二院の特徴**

| 類型 | 主な議会第二院 |
|---|---|
| 貴族院型 | イギリス貴族院、明治憲法下の貴族院 |
| 連邦国家型 | アメリカ議会上院、ドイツ連邦参議院 |
| 単一国家民選型 | 日本国憲法下の参議院 |

筆者作成

**↓二院制の類型論**

| 類型 | 両院の権限と構成原理 | 主な国 |
|---|---|---|
| 強い二院制 | 両院の権限が対等で構成原理が異質 | アメリカ、ドイツ |
| 中間的強さの二院制① | 両院の権限が不対等で構成原理が異質 | イギリス、フランス |
| 中間的強さの二院制② | 両院の権限が対等で構成原理が類似 | イタリア、日本 |
| 弱い二院制 | 両院の権限が不対等で構成原理が類似 | オーストリア |

アレンド・レイプハルト（粕谷祐子・菊池啓一訳）『民主主義 対 民主主義〔原著第2版〕』（勁草書房・2015年）165-174頁を参考に筆者作成

的強さの二院制 ①）。逆に、単一国家において両院の構成原理が類似していると、第二院の権限が第一院と同程度に強い傾向がありますが、その場合には両院の対等な権限をどのように調整するかが課題になります（「中間的強さの二院制②」）。また、両院の構成原理が類似しているにもかかわらず第二院の権限が弱い場合には、第二院の存在意義が問われることになります（「弱い二院制」）。

　日本の国会は「衆議院の優越」があるので「弱い二院制」ともいえますが、参議院で否決された法律案が衆議院で再可決されるための3分の2以上という要件は与党だけで超えることが時として困難なハードルなので、実質的に両院の権限は対等に近く、「中間的強さの二院制②」とみることができます。両院で同じ党派が多数を占める場合には、参議院は独自性を失って衆議院の「カーボンコピー」と揶揄されますが、両院の多数党が異なる「ねじれ国会」が発生した場合には、参議院は衆議院と異なる議決を連発するので、その権限の強さが際立ちます。そのため近年では、両院の対立による立法の停滞を回避しつつ、参議院の独自性も発揮できる仕組みが模索されています。

**↓衆議院の優越**

| 衆議院だけに認められた権限 | 衆議院の優越がないもの |
|---|---|
| 予算先議権（60条1項）<br>内閣信任・不信任決議権（69条） | 皇室財産授受の議決権（8条）<br>予備費支出に対する事後の承諾権（87条2項）<br>決算の審査についての決議（90条）<br>憲法改正の発議（96条1項） |

※法律により、議決における衆議院の優越（再議決要件なし）を定めたものとして、
　臨時会および特別会の会期、ならびに国会の会期延長などがある。

| 案件 | 参議院に与えられた日数 | 参議院が議決しない場合 | 参議院が否決した場合 | 両院が異なる議決をした場合の両院協議会の開催 |
|---|---|---|---|---|
| 法律案 | 60日 | 参議院は否決したとみなす | 法律の成立には衆議院での3分の2以上の多数による再可決が必要 | 衆議院の裁量 |
| 予算 | 30日 | 衆議院の議決が国会の議決となる | | 義務 |
| 条約の承認 | 30日 | 衆議院の議決が国会の議決となる | | 義務 |
| 内閣総理大臣の指名 | 10日 | 衆議院の議決が国会の議決となる | | 義務 |

筆者作成

★ ○×問題でチェック ★

問3　国会による憲法改正の発議について衆議院の優越はない。
問4　参議院で衆議院と異なった議決をしたときは、必ず両院協議会を開催しなければならない。

## 2 国会の構成

**↓国会の組織図**

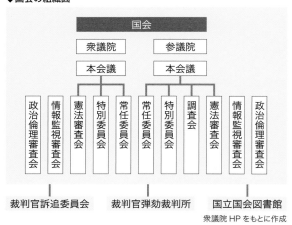

衆議院HPをもとに作成

国会法に基づいて、各議院には、法律案等の案件について本会議での審議に先立つ予備的な審査（法令上、本会議の「審議」と区別して「審査」といいます）を行うために、常任委員会と特別委員会が設けられています。常任委員会は、中央省庁別に設置された機関で、各府省庁が所管する議案等の審査を行います。他方、特別委員会は、特に必要があると認められた案件や常任委員会の所管に属しない案件を審査するために各議院の議決により設置されます。また、日本国憲法および日本国憲法に密接に関連する基本法制について広範かつ総合的に調査を行い、憲法改正原案、憲法改正の発議または国民投票に関する法律案等を審査するために、各議院に憲法審査会が設けられています。その他、参議院独自の機関として、長期的かつ総合的な観点からの調査を行うために調査会が設置されています。

## Ⅲ 国会における法案審議の流れ

**59条**

法律案は、この憲法に特別の定（さだめ）のある場合を除いては、両議院で可決したとき法律となる。

2　衆議院で可決し、参議院でこれと異なつた議決をした法律案は、衆議院で出席議員の３分の２以上の多数で再び可決したときは、法律となる。

3　前項の規定は、法律の定めるところにより、衆議院が、両議院の協議会を開くことを求めることを妨げない。

4　参議院が、衆議院の可決した法律案を受け取つた後、国会休会中の期間を除いて６０日以内に、議決しないときは、衆議院は、参議院がその法律案を否決したものとみなすことができる。

**↓法案審議の流れ（衆議院先議の場合）**

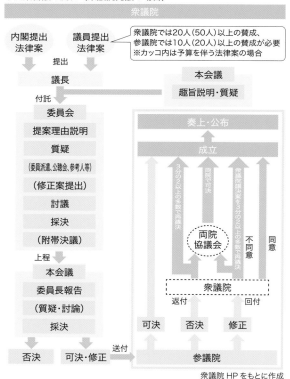

衆議院HPをもとに作成

国会での法案審議は、衆参どちらかの議院への議案の提出から始まります。議員による議案の提出（法令上は「発議」という）には、衆議院では20人以上、参議院では10人以上の議員の賛成が必要です（予算を伴う法律案の場合は左図を参照）。また、国会法により、内閣、委員会、調査会も議案を提案（法令上は発議と区別して「提出」という）することができます。議院に提出された議案は、一部の例外を除いて、議長によって所管の委員会に付託されます。法案審議の中心は、帝国議会時代には本会議でしたが、国会では委員会です（委員会中心主義）。委員会審査は、提案者の趣旨説明、質疑、討議、採決の順に進められます。趣旨説明は、議員発議の場合は提案者の１人が、内閣提出の場合は関係国務大臣が通常行います。日本の国会では、政府と与野党議員による質疑応答が委員会審査の中心で、議員が論を闘わせる討議は時間も短く形骸化しています。審査が終了すると、委員長は報告書を作成し議長に提出します。続く本会議での審議は委員会審査に関する委員長報告から開始されますが、その後の質疑や討論は省略されることがほとんどで、本会議審議の形骸化も指摘されています。先に議案の提案を受けた議院（先議の議院）で法律案が可決されると、他方の議院（後議の議院）に送付され、同様のプロセスが繰り返されます。先議の議院で可決された議案が後議の議院でも可決されれば成立となります（否決された場合の扱いについては☞Ⅱ❶）。

---

★○×問題でチェック★

問5　各議院における憲法改正原案の審査は、通常の法律案と同様に常任委員会で行うものとされている。
問6　国会議員は、1人で法律案を発議することはできない。

# Ⅳ　内閣提出法律案と議員提出法律案

**↓最近の法律案の提出・成立件数**

| 年（召集された国会） | 閣法 | | 議員立法 | |
| --- | --- | --- | --- | --- |
| | 提出件数 | 成立件数 | 提出件数 | 成立件数 |
| 2020年（常会＋臨時会） | 66 | 62 | 89 | 13 |
| 2019年（常会＋臨時会） | 72 | 68 | 96 | 22 |
| 2018年（常会＋臨時会） | 78 | 73 | 159 | 29 |
| 2017年（常会＋臨時会＋特別会） | 75 | 71 | 164 | 12 |
| 2016年（常会＋臨時会） | 75 | 68 | 198 | 31 |

内閣法制局HPをもとに筆者作成

　国会（特に衆議院）の多数党が内閣を組織するため、成立に至る法律案の大多数は内閣が提出したもの（閣法と呼ばれる）となっています。閣法には、首相官邸や府省から提案されるもの、利益団体等の働きかけによって政治家から提案されるもの、（条約を含む）外国からの要求で必要になるもの等があり、作成の契機は様々ですが、いずれの場合も法律案を直接起案するのは府省の官僚です。閣法の原案は、関係府省の担当部局の内部で検討され、必要に応じて他部局や他省庁との協議・調整を経たうえで作成されます。また、それと並行して与党審査と呼ばれる手続が進行します。与党審査とは、1960年前後から自民党内部で行われているもので、閣法は国会提出前に与党の了承を得なければならないという慣行です。審査を主として担う自民党内の組織は政務調査会です。その内部には府省の専門分野に対応した部会がおかれています。府省の官僚が準備した草案は、最初に特定の部会に持ち込まれ、自民党の議員と関係府省の官僚との間で条文ごとに協議が行われます。この段階で議員の要求で草案が大幅に修正されることもあれば、議員の強い反対によって廃案になることもあります。このように特定分野の政策立案に影響力を行使する自民党の議員は族議員と呼ばれてきましたが、近年、その影響

**↓会派別の議員立法の特徴**

| 主体 | 特徴 |
| --- | --- |
| 与党会派 | ・省庁間の調整に時間を要したり、省庁間の折衝が頓挫したりした場合に、内閣から与党議員へ依頼<br>・内閣から距離をおいた与党会派が独自の立場から提出する |
| 野党会派 | ・党の政策を国民に向けてアピールする<br>・特定の政府法案に対する対案を提示する |
| 超党派 | ・特定議員の個人的なアイデアに基づく<br>・党派とは異なる共通利益（たとえば、女性議員）に依拠する |

大山礼子『国会学入門〔第2版〕』（三省堂・2003年）
82-89頁を参考に筆者作成

　国会議員（委員会を含む）が発議する法律案は、衆議院の場合は衆法、参議院の場合は参法、両方あわせて議員立法と呼ばれています。発議に課された賛成者数の要件（☞Ⅲ）は、議員が特定の支援団体にアピールするための、いわゆる「お土産立法」の防止を目的に1955年に定められました。また、

**↓自公連立政権における内閣提出法律案の事前審査**

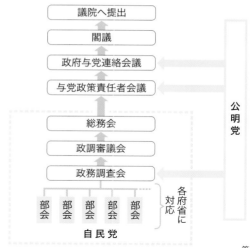

筆者作成

力低下も指摘されています。部会の審査を通過した草案は、政務調査会の決定機関である政調審議会で承認されると、自民党の最高意思決定機関である総務会に付託されます。総務会で承認されるまでが自民党による事前審査です。これらのプロセスは全会一致が原則ですが、部会内で全会一致が難しい場合には部会長一任という形で了承が得られたことにしたり、総務会では反対者の退席によって全会一致の体裁がとられたりすることもあります。こうして閣議まで到達した法律案は与党のコンセンサスが得られたものとみなされるので、国会の審議ではすべての自民党議員に強い党議拘束が課されます。自民党による事前審査を終えた法律案は連立を組む公明党との協議・調整のうえ（連立与党間の調整は複数のチャンネルを通して行われます）、閣議を経て国会に提出されるのです。

　衆議院での発議には、慣例として所属会派の承認を必要とします（機関承認）。これらについては、少数会派や議員個人の発議に対する不当な制約になっているのではないかとの指摘もあります。他方、議員立法は、発議する会派によって法律案の目的や性格が異なります。特に、内閣提出法案への対案として野党会派が発議する法律案は、成立の見込みはほとんどありませんが、政府案の問題点を明らかにし、場合によっては政府案に必要な修正を迫る意義をもつため、国会審議を充実させるうえで重要です。また、超党派の賛同を得た委員会提出の法律案は成立する可能性が高い反面、会派間の合意が事前になされているために質疑や討論がほとんど行われないまま採択に至るものも多く、審議の透明性の観点から問題があることが指摘されています。議員提出法案の作成にあたっては、閣法と異なり、議院法制局、委員会調査室、国立国会図書館といった国会の立法補佐機関がサポートします。

---

　問7　日本では、議員提出法律案よりも内閣提出法律案の成立率の方が高い。
　問8　内閣提出法律案は、国会への提出前に与党による審査を行うことが法律で義務づけられている。

# 20 議院と議員

## I 議院自律権

**58条**

両議院は、各々その議長その他の役員を選任する。

2　両議院は、各々その会議その他の手続及び内部の規律に関する規則を定め、又、院内の秩序をみだした議員を懲罰することができる。但し、議員を除名するには、出席議員の3分の2以上の多数による議決を必要とする。

**議員の除名**

| | 議院 | 議員名 | 理由 |
|---|---|---|---|
| 1950年 | 参議院 | 小川友三 | 予算案の採決に際して反対討論を行ったにもかかわらず、賛成票を投じた |
| 1951年 | 衆議院 | 川上貫一 | 代表質問における発言が議院の品位を傷つけたとして議場での陳謝を命じられたが、これを拒否した |
| 2023年 | 参議院 | ガーシー | 当選以来一度も登院していないことに対し議場での陳謝を命じられたが、これを拒否した |

筆者作成

議院内部のルールに関する決定権を議院自律権といいます。議院自律権には、議長その他役員の選任等の議院組織に関する自律権と、議院規則の制定や議員の懲罰等の議院運営に関する自律権があります。議員の懲罰の内容については、国会法や議院規則で定められており、正当な理由なく会議を欠席する、会議中に議場の秩序を乱す、院内で無礼の言を用い、あるいは他人の私生活にわたる言論を行う、登院停止を遵守しない、議長の制止や発言取消しの命令に従わない、秘密会の内容を外部に漏らす、といったことが懲罰の対象になります。懲罰事犯があったときは、議長の付託により懲罰委員会で審査した後、議院で議決します。衆議院では40人以上、参議院では20人以上の賛成があれば、議員も懲罰動議を提出できます。懲罰の種類は、戒告、陳謝、登院停止、除名の4段階で、登院停止は30日が上限です。除名は、議院の秩序を乱しまたは議院の品位を傷つけた情状が特に重い場合などに行われることになっていますが、過去の事例は3件のみです。なお通説では、議院による懲罰について司法審査は及ばないとされています（☞ 24-I **2**）。

## II 国政調査権

**62条**

両議院は、各々国政に関する調査を行ひ、これに関して、証人の出頭及び証言並びに記録の提出を要求することができる。

**森友文書改ざん事件、参議院予算委員会における佐川宣寿氏（元国税庁長官）の証人喚問**

新華社／アフロ

通説によると、国政調査権は、法律の制定や予算の議決、行政統制など、憲法上議院に付与された諸権能を効果的に行使するための補助的権能であるとされています。議院が強制力を伴って調査権を行使する方法としては、いわゆる議院証言法に基づく証人の出頭・証言および書類の提出要求があります。正当な理由のない不出頭、証言拒否、書類提出拒否は処罰されます。ただし、本人や親族等が刑事訴追または有罪判決を受けるおそれがあるときは証言等を拒否できます。また、医者や弁護士等の場合、業務上知りえた他人の秘密について証言等を拒否できます。さらに、職務上の秘密に関する証言等を公務員に求めるときは監督庁の承認が必要です。加えて、国家の重大な利益に悪影響を及ぼす旨の内閣の声明があった場合、公務員は証言等をする必要がありません。他方、強制力を伴わない調査手段としては、会計検査院に対する会計検査の要求等があります。なお、立入りや押収は、刑事司法活動になるので議院には認められないとされています。

★○×問題でチェック★

問1　議員の懲罰の中でも、除名には議院の総議員の3分の2以上による議決を必要とする。
問2　議院で証言を求められた者は自己の刑事責任が問われる可能性を理由に証言拒否が認められる。

## III　会　期

**52条** 国会の常会は、毎年１回これを召集（しょうしゅう）する。

**53条** 内閣は、国会の臨時会の召集を決定することができる。いづれかの議院の総議員の４分の１以上の要求があれば、内閣は、その召集を決定しなければならない。

**54条** 衆議院が解散されたときは、解散の日から40日以内に、衆議院議員の総選挙を行ひ、その選挙の日から30日以内に、国会を召集しなければならない。
　２　衆議院が解散されたときは、参議院は、同時に閉会となる。但し、内閣は、国に緊急の必要があるときは、参議院の緊急集会を求めることができる。
　３　前項但書の緊急集会において採られた措置は、臨時のものであつて、次の国会開会の後10日以内に、衆議院の同意がない場合には、その効力を失ふ。

↓日本と比較した欧米主要国議会の会期制度

| | 会期 | 任期 | 議案の継続 |
|---|---|---|---|
| 日本 | 常会は150日間（延長１回まで）。また、臨時会（延長２回まで）、特別会（延長２回まで）がある | 衆議院議員4年（解散制度あり）、参議院議員6年（ただし、3年ごとに半数改選） | 原則として継続しない。ただし、議院の議決により閉会中も審査し、後会に継続できる |
| アメリカ | 約1年間（1月初旬に開会され、11月または12月閉会）。また、大統領は非常の場合に臨時会を召集できる | 下院議員2年（解散制度なし）、上院議員6年（ただし、2年ごとに3分の1ずつ改選） | 通常の法律案は2年間の議会期の間継続する |
| イギリス | 約1年間（閉会期間は1週間ほどしかないため、実態としては通年会期に近い） | 下院議員5年（解散制度あり）、上院議員は事実上の任命制で終身 | 原則として継続しない。ただし、議院の議決により1会期に限り継続できる法律案と会期を超えて継続できる法律案がある |
| ドイツ | 下院に会期制度はないが、通常は年間22週〜24週程度開かれる。また、議長は特別会議を開くことができる。上院は年間13日程度だけ本会議が開かれる | 下院議員4年（解散制度あり）、上院議員は各州政府が任免する州の政府構成員が務めるため任期はない | 下院では、4年間の選挙期の間継続する。上院は常設機関であるため、原則として議案の不継続はない |
| フランス | 常会は約9か月間（ただし、その間の120日）。また、臨時会、当然会、および補充本会議日がある | 下院議員5年（解散制度あり）、上院議員6年（ただし、3年ごとに半数改選） | 下院では、5年間の立法期の間継続する。上院提出後3回目の常会開始時に成立していない法律案は廃案となる |

古賀豪・高澤美有紀「欧米主要国議会の会期制度」調査と情報797号（2013年）を参考に筆者作成

　日本の国会の活動は、会期と呼ばれる期間に分かれています（会期制）。常会、臨時会、特別会という３つの会期のうち、常会は年に１度の召集が義務づけられ150日間開かれますが、１回だけ会期を延長できます。いずれかの議院で総議員の４分の１以上による要求があれば、内閣は臨時会を召集しなければなりませんが、召集期日を強制する手段がないため、臨時会が召集されないことがあり問題となっています。国会議員の任期満了による選挙が行われたときは、新たな任期が始まる日から30日以内に臨時会が召集されます（ただし、いくつかの例外があります）。特別会は、衆議院が解散して総選挙が実施された日から30日以内に召集されなければなりません。解散総選挙等によって常会が開かれなかった場合には、特別会はその代わりを務めることができます。臨時会と特別会は２回まで延長できます。また、衆議院の解散中に国会による緊急の対応が必要なとき、参議院のみで国会を開く緊急集会の制度があります。緊急の対応が必要な場合として災害や騒乱などの事態が想定されますが、そのような非常事態に限られるわけではありません。過去の緊急集会の開催は、中央選挙管理会委員の任命を目的としたものなど２例のみです。

　国会法では、会期中に議決に至らなかった案件は原則として後会に継続しないと定められています。「会期不継続の原則」と呼ばれるこの原則により、１つの会期中に両院で議決されなかった議案は、先議の議院で議決されていても廃案となります。ただし、議院の議決により特に付託された案件は、国会が閉会した後も常任委員会または特別委員会で審査し（閉会中審査）、後会に継続することができます。その場合でも、議決の効力は継続しないものとされているので、両院の議決は同一会期中になされなければなりません。予算については閉会中審査に付すことはできない扱いになっています。欧米諸国の議会では、会期制を採用している場合でも、（上院発議を除いて）議案の審議は下院議員の任期（立法期、議会期などと呼ばれます）を単位とする場合が多く、会期ごとに議案の審議が途切れる日本のようなやり方は一般的ではありません。審議期間が短く分断されていることは、議席数で劣る野党に、政府与党に対抗する手段を与える点で肯定的に評価されることもあります。つまり、審議を長引かせて時間切れに追い込むことによって、政府与党が主導する法律案の成立を阻止したり、政府与党から一定の譲歩を引き出したりすることができるということです。その反面、両院間で議案の審議を繰り返すことによって徐々に党派間の合意を見出していくという二院制に期待される機能を十分に働かせることは、困難になります。また、会期末になると与野党の攻防によって議事の混乱が生じ、結果的に充実した国会審議を妨げているという指摘もあります。

★ ○×問題でチェック ★
問３　国会は、常会として年に150日間開かれるが、会期の延長も認められている。
問４　会期中に議決に至らなかった議案は、例外なく廃案となる。

## Ⅳ　会議の原則

**56条**　両議院は、各々その総議員の3分の1以上の出席がなければ、議事を開き、議決することができない。
2　両議院の議事は、この憲法に特別の定のある場合を除いては、出席議員の過半数でこれを決し、可否同数のときは、議長の決するところによる。

**57条1項**　両議院の会議は、公開とする。但し、出席議員の3分の2以上の多数で議決したときは、秘密会を開くことができる。

▼定足数

| 種類 | 定足数 |
|---|---|
| 本会議の議事・議決（憲法56条1項） | 総議員の1/3以上 |
| 委員会の議事・議決（国会法49条） | 総委員の1/2以上 |
| 両院協議会の議事・議決（国会法91条） | 各協議委員の2/3以上 |
| 憲法改正案の発議のための本会議の議事 | 総議員の2/3以上（？） |

筆者作成

▼憲法に特別の定めのある場合の表決数

| 種類 | 表決数 |
|---|---|
| 資格争訟の裁判により議員資格を失わせる（憲法55条） | 出席議員の2/3以上 |
| 秘密会を開く（憲法57条1項） | 出席議員の2/3以上 |
| 議員を除名する（憲法58条2項） | 出席議員の2/3以上 |
| 衆議院が法律案を再議決する（憲法59条2項） | 出席議員の2/3以上 |
| 憲法改正案を発議する（憲法96条1項） | 両議院の総議員の2/3以上 |

筆者作成

▼有事関連法案の質疑に集まった大勢の傍聴者

読売新聞／アフロ

　憲法は、適正かつ有効に国会の審議や議決が行われるための定足数を定めています。また、委員会や両院協議会の定足数については国会法で定めています。憲法改正案の発議のための本会議の議事定足数については特に定めがないので、議決要件と同じく総議員の3分の2以上とする説と、通常の議事要件と同じく総議員の3分の1以上とする説とに見解が分かれています。両議院は、本会議について国民の自由な傍聴と報道機関による自由な報道を認めています。現行憲法下で本会議が秘密会とされたことはありません。一方、委員会は非公開が原則となっていますが、実際には委員長の許可のもとに傍聴と報道が認められています。また、本会議、委員会ともにテレビやインターネットでの中継が行われています。

## Ⅴ　議事運営

　国会法では、法案審議スケジュール等の議事運営は、各議院に設置された議院運営委員会（議運）での協議を経て決定されることになっています。しかし、議事運営の実質的な交渉は、各党の国会対策委員会の間で非公式に行われています（国対政治）。自民党の長期政権が続く中で、野党の対抗手段として審議引き延ばし戦術が用いられてきましたが、これは諸外国でも議会少数派の抵抗手段（議事妨害）としてよくみられる現象です。日本の国会では、投票の際に故意にゆっくり歩いて採決を遅らせる「牛歩戦術」がかつて頻繁にみられました。会期末まで審議時間を長引かせて政府案を廃案に追い込んだり、政府案に修正を迫ったりするのが日本の野党による議事妨害の主な目的ですが、政府与党にとって妥協の余地のない重要法案については、与党の側が議事妨害に対抗して採決を強行することもしばしばみられます。

▼衆議院運営委員会理事会

毎日新聞社

▼野党の牛歩戦術

ロイター／アフロ

▼委員会での「強行採決」の様子（安保法制）

毎日新聞社

★○×問題でチェック★

問5　議院の本会議で議決を行うためには、総議員の2分の1以上の出席者が必要である。
問6　両議院の本会議を非公開で行うためには、出席議員の3分の2以上の賛成が必要である。

# VI 国会議員

## 1 歳費受給権

　資産の有無にかかわらず国民誰もが政治に直接参加できるように、憲法は国会議員の歳費受給権を保障しています。通説によると、国会議員の歳費とは、その勤務に対する報酬であると解されています。国会法では、議員の歳費は一般職の国家公務員の最高の給与額より少なくない金額にするとしています。歳費月額は法律で定められており、議院の議長と副議長の場合はその職責を考慮して一般の議員よりも高額になっています（議長：217万円、副議長：158万4000円）。また、歳費以外についても表のように金銭給付がなされます。これらに加えて、国会開会中には、議長、副議長、常任・特別委員長、事務総長、憲法審査会会長、参議院調査会会長に、議会雑費として

**↓国会議員の歳費と主な手当等**（「国会議員の歳費、旅費及び手当等に関する法律」、「国会における各会派に対する立法事務費の交付に関する法律」）

| 種類 | 金額など |
|---|---|
| 歳費（月額） | 129万4000円 |
| 期末手当（年2回） | 約319万円（2020年6月）、約310万円（2020年12月） |
| 調査研究広報滞在費（月額） | 100万円（非課税、領収書提出義務なし） |
| 立法事務費（月額） | 65万円（所属会派に支給） |
| 特殊乗車券 | JR各社の鉄道および自動車に無料で乗車できる（必要に応じて航空券への引き換えが可能） |
| 秘書給与 | 職務遂行を補佐するための秘書2名、政策担当秘書1名 |

筆者作成

日額上限6000円が支払われています。さらに、国内外に議院の公務で派遣された場合には、派遣旅費として旅行日数に応じて計算された日当と交通費その他が支給されます。

## 2 不逮捕特権・免責特権

　国会議員には不逮捕特権が認められています。これは警察権を利用した不当な妨害から議員の自由な活動を守る趣旨と解されています。ただし、国会法により、院外における現行犯逮捕の場合と所属する議院の許諾がある場合は逮捕が認められます。また、不逮捕特権には不起訴特権は含まれないと解されています。したがって、逮捕・勾留等の身体的拘束が伴わない限り、議員に対する起訴は認められます。ただし、憲法により、国務大臣はその在任中、内閣総理大臣の同意がなければ訴追されないと定められているので、国会に議席をもつ国務大臣の場合には身体の拘束を伴わないとしても、内閣総理大臣の同意がない限り起訴することはできません（この場合に、国務大臣を逮捕・勾留できるか否かについては学説上の争いがあります）。なお、議院が逮捕の許諾を与える場合、これに条件や期限を設けることができるか否かについて議論があります。贈収賄事件の容疑で有田二郎議員の逮捕許諾請求がなされた際、衆議院は期限を付して逮捕を許諾しました。しかし、裁判所は、逮捕を許諾する場合に条件を付すことはできないとして、期限付きの逮捕許諾を認めませんでした（東京地裁昭和29年3月6日決定）。

　国会議員には免責特権も認められています。その意義は、国会における議員の自由な言論を確保し、国民の代表である議員

の職務遂行を保障することにあります。免除される責任とは、一般市民であれば問われるはずの民事責任や刑事責任といった法的責任を意味し、国民に対する国会議員の政治的責任はそこに含まれません。また、国会では国務大臣等も発言しま

**↓造船疑獄　衆議院議院運営委員会での有田二郎議員の逮捕許諾請求の採決（1954年2月）**

毎日新聞社

**↓国務大臣・地方議会議員との比較**

| | 不逮捕特権 | 免責特権 |
|---|---|---|
| 国会議員 | ○ | ○ |
| 国務大臣 | △ | △ |
| 地方議会議員 | × | × |

筆者作成

すが、免責されるのは国会議員だけであるとされています。ただし、国会に議席をもつ国務大臣の場合は、国会議員としての発言や行動に限り免責の対象となり、国務大臣としての発言や行動は法的責任を問われる可能性があると解されています。

　なお、地方議会の議員については、不逮捕特権も免責特権も保障されていません（最高裁昭和42年5月24日判決）。

---

★ ○×問題でチェック ★

問7　国会議員は、たとえ犯罪を行ったとしても、法律で定められた場合を除いて起訴されない。
問8　国会議員が国会で発言した内容について政治的に批判することは、免責特権に抵触する。

# 21 内閣

## I 内閣の組織と運営

### 1 内閣府と内閣官房

皆さんはニュースで「内閣」「内閣府」「内閣官房」といった言葉を聞いたことがあるでしょうか？ ちょっと紛らわしいですが、それぞれの違いがわかりますか？

「内閣」は、憲法66条で規定された、内閣総理大臣と国務大臣から組織される執行機関です。国の様々な「政策」が実際に決定される場が、内閣であるといえます。

「内閣府」は、内閣による総合的な政策形成を補佐するための組織で、内閣が取り組む様々な政策課題についての下調べや企画、調整が任務です。これに対して「内閣官房」は、内閣総理大臣を直接に補佐する「総理の右腕」です。「内閣官房長官」が「内閣官房」のトップの役職です。内閣の広報官でもあり、毎日のニュース映像でおなじみの顔でしょう。内閣官房は1924年からの歴史のある組織であるのに対し、内閣府は、内閣が扱う政策課題の複雑・高度化に伴い、2001年に設置された比較的新しい組織です。両組織とも、内閣と内閣総理大臣のサポート役として、存在感を増しています。

かつての日本での政策形成は、各省庁が自身の所管する領域で、様々な利害関係者や専門家の意見を聴きながら政策形成していく「ボトムアップ型」のモデルが主流でした。そして、そこでは、いわゆる「縦割り」ゆえの非効率が指摘されてきました。現代国家は、単に社会の秩序を維持する消極的な存在（「夜警国家」）ではなく、社会・経済の調和ある発展のために、積極的かつスピーディに行動する存在（「積極

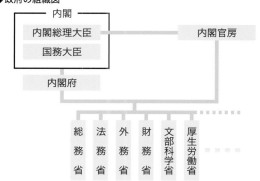

↓政府の組織図

中央省庁等改革推進本部顧問会議資料をもとに筆者作成

国家」）であることを求められています。この点で、内閣が強力なリーダーシップを発揮して政策を形成・遂行していくという「トップダウン型」のモデルの必要性が語られます。「内閣府」と「内閣官房」は、省庁ごとの縦割りの発想にとらわれない内閣と内閣総理大臣のリーダーシップのために、重要な組織として位置づけられることとなります。しかし、他方では、組織として肥大化しすぎていること、専門的合理性よりも政治的性格の方が濃厚な「官邸の意向」を追認・正当化し、省庁に押し付ける傾向など、マイナス面が指摘されている点にも、注意が必要でしょう。

### 2 内閣の運営——閣議

内閣は、行政権を担当する国家機関であり（憲法65条）、内閣法という法律によって、職権の行使は閣議を通じて行うこととされています。したがって、内閣は「首長たる内閣総理大臣及びその他の国務大臣」で構成されますが（憲法66条）、内閣総理大臣は独断ですべてを決められるわけではありません。したがって、内閣は「合議体」であるといえます。閣議は非公開であり、議事録も作成されてきませんでしたが、「公文書の管理に関する法律」の趣旨に基づく2014年3月28日の閣議決定によって、2014年4月から議事録の作成と公開がなされるようになりました。

↓2013年1月8日の閣議冒頭の様子

首相官邸 HP

★○✕問題でチェック★
問1 内閣府は、内閣総理大臣を直接に補佐する。
問2 閣議は、議事録の公開はされているものの、非公開で行われている。

## 3 議院内閣制の仕組み

↓議院内閣制における内閣—国会の関係

衆議院の解散(69条)
内閣信任・不信任の決議(69条)
指名(67条1項)
過半数は国会議員(68条1項)
連帯責任(66条3項)
衆議院
参議院
国会
内閣総理大臣
任命・罷免(68条1項・2項)
その他の国務大臣
内閣

筆者作成

憲法66条3項は、内閣の行政権行使について国会への連帯責任を定めています。もっとも、ここでの「責任」は「政治責任」であり、違反すれば罰金や懲役を科されるような法的責任とは異なります。そこで、法的制裁の威嚇によらず、内閣が国会に対して責任を負うような仕組みが必要です。そのため、憲法67条1項や66条3項は、内閣の存立を国会、特に衆議院に依存させる仕組みを採用しています。他方で、内閣と国会のパワーバランスのためには、内閣の側にも対抗手段が必要です。憲法69条は、衆議院による内閣不信任に対して内閣の衆議院解散権（☞27-Ⅱ2）を対置しています。このように、内閣の国会に対する責任を確保しつつ、両者の力関係の均衡状態を実現するために日本国憲法が採用する仕組みを、「議院内閣制」と呼びます。

# Ⅱ 文民条項のいま・むかし

## 1 前史——明治憲法下の軍部大臣現役武官制

↓上原勇作・元陸軍大臣

国立国会図書館データベース

憲法66条2項は、内閣を構成するすべての大臣が「文民」であることを求めています。「文民」はcivilianの訳語であり、原語では「軍人でない者」を指します。

この規定を理解するにあたって、日本の憲政史を振り返ることには大きな意義があります。明治時代に導入され、大正時代にいったん廃止されながらも、1930年代に復活した「軍部大臣現役武官制」は、陸軍大臣と海軍大臣の就職資格を現役軍人（武官）に限定しました。この制度は、政党の存在感が強まる中で、藩閥の勢力を維持するために山県有朋の主導で1900年に導入されたもので、その後、明治憲法下での立憲民主政治の展開に大きな障害となりました。第2次西園寺内閣（1911〜1912年）のとき、陸軍による「2個師団増設」要求を拒否した西園寺公望首相に反発した上原勇作陸相（写真）は、単独で帷幄上奏（軍部が軍事に関して天皇に直接進言すること）して、辞任しました。陸軍は後任を出さず、内閣は結局総辞職を余儀なくされてしまいました。軍部は結束の強い強固な特殊利益集団を形成していますから、大臣のポストに現役の軍人が就くことは、閣内の連帯をいたずらにかき乱すことになります。かつての日本が戦争に向かう中で、青年将校のテロと並んで、軍部大臣現役武官制が大きな責任を負っていると指摘されるゆえんです。

## 2 文民条項が問題となった事例——野村吉三郎の防衛庁長官人事

写真の温厚な笑顔から、この老紳士がかつて海軍軍人であったことを連想できる人はいるでしょうか。彼の名は野村吉三郎、第一次上海事変での武勲名高い軍人であった一方で、海軍きっての国際派でした。日本史を勉強した皆さんは、彼が第2次近衛内閣の駐米大使として対米開戦回避に奔走したことをご存知かもしれません。彼は戦後も活躍し、参議院議員であった1950年代、鳩山・石橋内閣などの組閣時に、防衛庁長官に推されます。その経歴から適材適所と考えられたのでしょうが、この人事は憲法66条2項の「文民条項」との関係で波紋を投げかけました。

↓野村吉三郎・元海軍大将、元外務大臣

和歌山市HP

憲法が9条2項で戦力不保持を規定している以上、軍が存在するときにのみ意味をもつはずの文民条項の解釈が、ここで問題となります。そもそも文民条項は、いわゆる「芦田修正」（☞28-Ⅰ2）の結果、日本の再軍備の可能性が出てきたと判断した連合国の要求によって挿入されたものです。憲法施行後、戦力不保持原則が維持される中で、文民条項に意味をもたせるための解釈が必要となります。「文民」を「敗戦以前に職業軍人でなかった者」とする解釈や「職業軍人の経歴を有していても、強い軍国主義思想には染まっていない者」とする解釈が唱えられてきました。後者の解釈によれば、野村氏は「文民」といえたかもしれませんが、結局、彼を防衛庁長官に就ける人事はいずれも実現しませんでした。

---

★○✕問題でチェック★
問3　議院内閣制においては、内閣は国民に対して直接責任を負う。
問4　「文民条項」は明治憲法にはおかれていなかった。

## 3　現代における文民条項の意味・意義

　文民条項に関しては、今日では旧軍との関係よりも自衛隊との関係で論じられる解釈論に意義があります。自衛隊の合憲性に関しては論者によって見解の相違が目立ちますが（☞ 28 - Ⅱ 2）、自衛隊が国防のための実力組織である以上、現役自衛官が文民ではないという点に関しては、学説、政府見解ともに一致しています。問題は、過去に自衛官であった経歴を有する人が大臣になれるか否かという点にあります。写真の中谷元氏は、第1次小泉内閣で防衛庁長官、第3次安倍内閣で防衛大臣を務めた人物ですが、1980年代に自衛官として勤務し、2等陸尉で退官した経歴をもっています。そのため、第1次小泉内閣で彼を防衛庁長官に就ける人事が行われた際は、彼の文民性について疑問の声が上がりました。野党議員からの質問に対する政府答弁は「現職自衛官の文民性は否定されるが、元自衛官については否定されない」、また「自衛隊と旧軍とはその組織の性格が大きく異なる」として、中谷氏の文民性を肯定しました。学説においても、元自衛官の文民性を肯定する見解が多くみられます。文民条項は、実力組織の独走や政治介入を防止する「文民統制」の目的を実現するための手段として位置づけられます。実力組織への政治部門によるコントロールの実効性の観点から、議論が深められるべき問題といえるでしょう。

↓中谷元・元防衛大臣

自由民主党 HP

## Ⅲ　内閣総理大臣の地位と権限

　内閣総理大臣は、内閣の「首長」（憲法66条1項）として、リーダーシップをはかることのできる強い権限が与えられています。たとえば、国務大臣の任命権および「任意の」罷免権（憲法68条1項・2項）を与えられており、内閣総理大臣による国務大臣の罷免には何ら法的制約がかけられていません。内閣を形成し主宰する権限、さらに、内閣の対外的代表者として、内閣を代表して行政各部を指揮監督する権限（同72条）を与えられている点が重要です。ただし、行政各部の指揮監督権は、それが合議体である「内閣を代表して」行われるものである以上、内閣総理大臣が内閣としての明示的な方針決定の外で、独断で他の大臣の行政事務を指揮監督することがあれば、問題となりかねません。

　この点に関して、ロッキード事件丸紅ルート判決（最高裁平成7年2月22日判決）が重要な先例といえます。ロッキード事件は、ある商社の社長が田中角栄首相に対して、ある航空会社がロッキード社製航空機を購入するよう働きかけることを依頼し、田中首相がこれを承諾して、運輸大臣に対する行政指導の見返りとして5億円を受け取ったとされる事件です。収賄罪が成立するためには「職務に関して」賄賂を受け取った事実

↓ロッキード事件の有罪判決後、保釈が認められて東京地裁を出る田中角栄氏

毎日新聞社

が必要です。最高裁は、内閣総理大臣の法的指揮監督権行使には事前に閣議での決定が必要だが、内閣総理大臣は閣議で決定された方針が存在しなくても、随時、指導・助言などを行う権限を有すると述べました。今も昔も、首相からの事実上の「指示」は多くなされているようですが、なし崩し的な首相権限の拡大を正面から追認するのも問題です。この点、判決は、総理大臣の法的権限を限定しつつ、事実上の政治的指導性を肯定する巧みな解釈として、学説から評価されています。

　議院内閣制の枠内では、内閣総理大臣の強力な地位・権限も、国会への責任・協働の観点から理解される必要があります。内閣総理大臣の大臣任命権は過半数を国会議員から選ぶという条件付きのものですし（憲法68条2項）、内閣総理大臣自身が国会議員の中から選ばれなければなりません（同67条1項前段）。しかし、現実政治においては、内閣総理大臣は「国会に対して責任を負う内閣の首長」という性格よりも「与党の総裁」としての性格を強く示しています。政策決定過程における合意調達・調整作業も、国会と内閣の間より、与党内や与党・野党間の非公式の作業として行われている実態があります（☞ 19- Ⅳ）。

↓政府与党連絡会議であいさつする、安倍晋三・第98代内閣総理大臣（2018年4月2日）

首相官邸 HP

★○×問題でチェック★

問5　元自衛官は「文民」にあたらない。
問6　閣議を介さないで総理大臣がとった行動は、例外なく私人としての行為とみなされる。

# Ⅳ　歴代の内閣

　日本における内閣制度の始まりは、大日本帝国憲法成立に先立つ1885年12月22日に発せられた「太政官達第69号」とされています。そこで初代内閣総理大臣となったのが、伊藤博文です。内閣制度は、それ以来、130年以上にわたって存続し、現在に至っています。

　ただし、明治憲法下の内閣制度と日本国憲法下のそれとでは基本的性格が大きく異なりますから、戦前と戦後は必ずしも連続的には理解できません。明治憲法にはどこにも「内閣」という言葉は出てきません。明治憲法と同年に出された「内閣官制」という名の、天皇の「官制大権」に基づく勅令が内閣制度の運営基準となっていましたが、そこでの内閣総理大臣は「同輩中の首席」にすぎませんでした。統治権の総攬者である天皇が行政大権をもつという明治憲法の建前と、内閣総理大臣がリーダーシップを行使する内閣制度は相容れないところがあったのです。

　日本国憲法は内閣を行政権の主体とし、天皇はもはやいかなる行政権ももちません。憲法体制の大転換は内閣制度にとっても大転換だったのです。

↓初代内閣総理大臣・伊藤博文

首相官邸 HP

↓歴代内閣総理大臣の在任期間ランキング（上位と下位各5名。下位の5名については辞職理由を付記。2021年11月1日時点）

| 第1位 | 安倍晋三 | 3188日間 | 第90、第96、第97、第98代内閣総理大臣としての通算在職日数 |
|---|---|---|---|
| 第2位 | 桂太郎 | 2886日間 | 第11、第13、第15代内閣総理大臣としての通算在職日数 |
| 第3位 | 佐藤栄作 | 2798日間 | 第61、第62、第63代内閣総理大臣としての通算在職日数 |
| 第4位 | 伊藤博文 | 2720日間 | 初代、第5代、第7代、第10代内閣総理大臣としての通算在職日数 |
| 第5位 | 吉田茂 | 2616日間 | 第45、第48、第49、第50、第51代内閣総理大臣としての通算在職日数 |

⋮

| 第93位 | 林銑十郎 | 123日間 | 「食い逃げ解散」。予算成立のタイミングを見計らった軍人出身の首相による「理由なき解散」 |
|---|---|---|---|
| 第94位 | 宇野宗佑 | 69日間 | 首相自身の「女性問題」が大スキャンダルとなる中で、自民党が第15回参院選で記録的大敗を喫したこと |
| 第95位 | 石橋湛山 | 65日間 | 内閣発足直後に石橋首相自身が軽度の脳梗塞を発症したこと |
| 第96位 | 羽田孜 | 64日間 | 自民・共産を除く7党1会派からなる連立与党から社会党が離脱する騒然とした状況で、自民党から内閣不信任決議案が提出されたこと |
| 第97位 | 東久邇宮稔彦王 | 54日間 | 憲政史上唯一の皇族出身の内閣総理大臣。GHQによる民主化方針を内政干渉であるとして、抗議の辞職 |

筆者作成

　ただし、憲法や様々な決まりごとを変えればすべてが変わる、というわけではありません。内閣による議院内閣制の運営は「法的」である以上に「政治的」な営みです。議院内閣制の実際の姿からは、憲法などによる法的なデザインとその他様々な「政治的要素」とが織りなす表情を見てとることができます。

　上の「歴代内閣総理大臣の在任期間ランキング」は、その点で象徴的なものといえそうです。各総理大臣の在任期間は通算のもので、特に在任期間が長い人物は複数の内閣にまたがっていますが、おおむねランキング上位の総理大臣は安定した内閣、下位の総理大臣は不安定な内閣を担当していたことになります。ランキング上位にも下位にも、明治憲法下・日本国憲法下それぞれの総理大臣が含まれているとおり、内閣の安定・不安定は、憲法やその他の制度自体の相違だけでなく、その時々の政党状況、さらには政治家個人の人格・力量といった非制度的要素にも規定されています。佐藤内閣は福田赳夫と田中角栄という自民党内の大物のバランスをとることで長命を保持し、安倍内閣は与党内部における首相の権力基盤強化と野党の弱体によって異例の長期政権となりました。また、

東久邇宮首相がGHQと渡りあう政治力を発揮できずに内閣を投げ出したのに対して、吉田首相はしたたかな交渉力を発揮して戦後復興期に長期政権を担いました。羽田内閣の短命ぶりは、政権が多数の政党から組織されている場合（連立政権）の政治的不安定を象徴しています。連立政権は、異なる主張をもった複数の政党の寄り合い所帯なので、政権の安定的な運営が難しいのです。憲法の統治機構に関する規定は、一定のルールを設けて政治を規律しますが、ルールの厳密さの度合いはさほど高くありません。憲法に描かれた議院内閣制の実際の姿を知るためには、政治風土や不文の慣行といったものも考慮する、幅広い視野をもつ必要があるといえそうです。

↓特別国会で、内閣総理大臣に指名される安倍晋三氏（2014年12月24日）

Natsuki Sakai／アフロ

★〇✕問題でチェック★

　問7　明治憲法下の内閣総理大臣が有していた地位は、基本的には他の国務大臣と異ならなかった。
　問8　一般に、連立政権の場合は内閣が安定する。

# 22 行政

## Ⅰ 行政の機構

### 1 行政権のおかれた場所

　右図は、東京都心のある場所の地図ですが、皇居のお堀端を歩いたことのある人はピンと来るかもしれません。千代田区永田町、霞が関……この地図は東京の都心、いや、事実上「日本における国家的意思決定の中心部」の配置図といっても過言ではありません。北から南まで、歩いて30分足らず。そこに日本の首脳部、いわゆる「三権」がひしめいています。憲法は「三権分立」を定めていますが（☞18-Ⅱ**2**）、しかし実際には、「三権」の「距離」は歩いて30分以内、とても近いのです！

　これは単なる比喩ではありません。「行政権」とは何かという問いに対して、すべての国家作用の中から立法権と司法権を引いた（＝控除した）ものと定義づける有力な説（控除説）があります。三権の中で最大の組織をもち、国民生活に密接して様々に活動する行政権は、厳密な形での定義が困難であると指摘されてきました。実際には、経済・社会生活の高度化に伴い、国政の運営を行政権が強力に引っ張っていく現状（行政国家化現象）があり、近年では、行政権を国の政策を積極的に形成する政治的権限として理解する説（執政権説）も唱えられています。右の地図は立法と行政の協働を象徴的に表しているといえるでしょう。ここで重要なことは、右の地図の下寄りに位置するお役所にかかる比重がますます大きくなっているということです。

↓皇居の西〜南西側の地図

中島誠『立法学〔第3版〕』
（法律文化社・2014年）をもとに作成

### 2 国の行政機関の組織

↓わが国の統治機構の概略

総務省『行政機構図』
をもとに筆者作成

　**1**の地図で「霞が関」と記してあるあたりは、日本の中央行政機関が極端に集中するお役所街です。そこで、本来は固有名詞である「霞が関」が、日本の行政官庁を指す普通名詞に転じているのです。そして、霞が関の官庁街を構成する省庁を示したのが、上の「行政機構図」です。

　憲法は、65条で「行政権は、内閣に属する」としか規定していません。内閣の組織に関しては内閣法という法律が規定しており、上の図にもみられる「内閣官房」が設置されること、国務大臣の数が最大で17名であることなどを定めています。しか

し、憲法と内閣法が規定しているのは、広大な行政機構のごく一部でしかありません。上の図でいえば、内閣府や〇〇省という名のついている機関に限ります。その下の〇〇庁や〇〇委員会といった各省の「外局」は、各省の組織法や行政組織法といった個別の法律に基づいて設置されています。さらに、外局の組織や運営は、政令が定めています。そして、上の行政機構図自体、中央省庁のごく一部を表すものにすぎません。日本の行政機構全体を理解するためには、憲法の規定を眺めているだけでは不十分なのです。

---

★○×問題でチェック★

問1　いわゆる「控除説」は、行政権を政策決定・遂行にあたる権限として積極的に定義づける。
問2　「内閣官房」は憲法の規定に基づいて設置された行政機関である。

## II 官僚機構

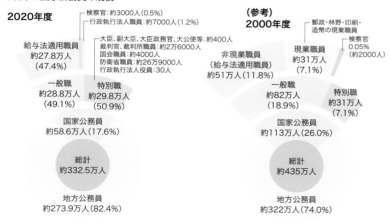

↓日本の国家公務員の規模

**2020年度**

検察官：約3000人（0.5%）
行政執行法人職員：約7000人（1.2%）

大臣、副大臣、大臣政務官、大公使等：約400人
裁判官、裁判所職員：約2万6000人
国会職員：約4000人
防衛省職員：約26万9000人
行政執行法人役員：30人

給与法適用職員
約27.8万人
（47.4%）

一般職
約28.8万人
（49.1%）

特別職
約29.8万人
（50.9%）

国家公務員
約58.6万人（17.6%）

総計
約332.5万人

地方公務員
約273.9万人（82.4%）

**（参考）2000年度**

郵政・林野・印刷・造幣の現業職員

検察官
0.05%
（約2000人）

非現業職員
（給与法適用職員）
約51万人（11.8%）

現業職員
約31万人
（7.1%）

一般職
約82万人
（18.9%）

特別職
約31万人
（7.1%）

国家公務員
約113万人（26.0%）

総計
約435万人

地方公務員
約322万人（74.0%）

人事院 HP をもとに作成

↓府・省の組織

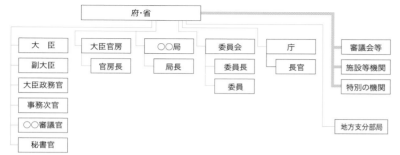

府・省

大臣 ／ 副大臣 ／ 大臣政務官 ／ 事務次官 ／ ○○審議官 ／ 秘書官

大臣官房／官房長

○○局／局長

委員会／委員長／委員

庁／長官

審議会等

施設等機関

特別の機関

地方支分部局

総務省『行政機構図』をもとに作成

左上段の円グラフは、日本の公務員組織全体の規模、そしてその中に占める国家公務員組織の規模を知るために好適です。みなさんは公務員の数が多いと感じたでしょうか？ たしかに、300万人を超える人々から組織される日本の公務員組織は、超巨大な存在に思えますね。ただし、皆さんに注目していただきたいのは、300万人以上という絶対数の問題だけではありません。参考までに挙げた2000年度時点での公務員組織全体の規模との比較が重要です。20年間で何と、100万人近く減少しているのです。**IV**で後述しますが、1990年代後半の橋本行革会議以来、日本は行政のスリム化を推し進めてきました。日本で公務員組織に対して浴びせられる声には厳しいものがあります。かねてから効率の悪い大きな組織と批判され、景気低迷期には感情的な公務員叩きが行われることもあります。しかし、現在の日本の公務員組織の規模は、人口1人あたりの人数でみた場合、先進国の中では群を抜いて小さなものであることを知っておく必要があるといえるでしょう。

下段「府・省の組織」は、府・省の内部組織のモデルを示しています。様々な役職が書かれていますが、実はこの中で、政治家が就く役職は「大臣」「副大臣」「大臣政務官」の3つの役職だけです。いわゆる「政治任用」される府・省のこの3つの役職を「政務三役」と呼びます。残りはすべて「官僚」と呼ばれる公務員が担う役職なのです。ちなみに、これらの役職の中で、「事務次官」という役職は、府・省の組織の中で、官僚の人々が就くことのできる、最高位の役職です。いうまでもなく政治家は、国民から選挙によって選ばれる人々ですが、これに対して、公務員は試験によって能力に基づいて選抜される人々です。公務員の中でも中央官庁での職務を担う人々が、一般に官僚と呼ばれます。難関の試験をくぐりぬけた人々が、大変な激務をこなすというイメージで知られています。

「政務三役」のみが政治任用される役職である以上、府・省内で働く人々の顔ぶれは、選挙をはじめとする政治の世界での変動にもかかわらず、基本的には変わらないということになります。中央省庁における、事務次官をトップとする常設の大規模な人的組織——これこそが、明治維新以来、敗戦と憲法体制の転換にもかかわらず続いてきた日本の「官僚制」です。明治維新後、中央集権国家をつくりあげて早急に近代化を達成するために、政治家ではなく天皇に直接仕える「天皇の官吏」の集団として形成されたのが、日本の官僚制の起源でした。政治の世界の変動に左右されないエリート集団が、安定・継続して仕事を遂行できる官僚制の長所が、日本の近代化に果たした役割は否定できません。しかし、この長所は、その裏返しとして、選挙によって選ばれた政治家からの統制を嫌う、閉鎖的な利益集団をつくってしまう点で、民主主義国家において大きな問題点となります。

選挙で選ばれたわけでもない官僚に、政策形成をリードする資格はないはずだという声は従来から根強いものがありました。ちなみに、アメリカには常設の巨大な官僚機構は存在せず、イギリスでも行政府の3分の1以上の役職には国会議員が就きます。敗戦後、GHQ は日本の官僚制の大改革を試みましたが、うまくいきませんでした。日本の官僚制は根強く、1990年代後半以来の行政改革や、2009年の政権交代後に民主党政権が目指した「政治主導」強化の改革は「官僚主導」の状況を十分に変革させることができませんでした。もっとも、近年は官僚叩きが行きすぎていたきらいも指摘されています。選挙によって選ばれた政治家たちの政治的判断も、官僚という専門家集団のサポートなしでは、複雑高度な現代社会に対応できません。政治家が主導権を握ったうえで、官僚機構とうまく協働していくことが重要であるといえるでしょう。

★ ○×問題でチェック ★

問3 いわゆる「政務三役」は、選挙で選ばれた人物が就くポストである。
問4 日本の官僚制は、戦後、アメリカをモデルにして形成された。

**↓政策決定の1つのモデル**

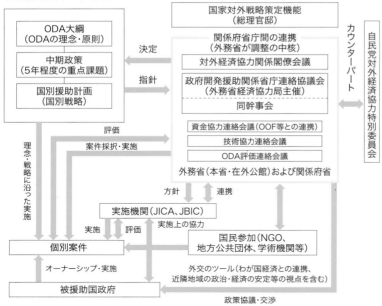

外務省HP（ODA改革の方向性に関する中間とりまとめ案）をもとに作成

**↓上掲の ODA 実施過程の改革案**

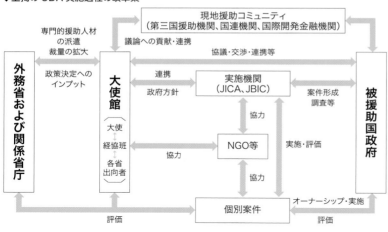

外務省HP（ODA改革の方向性に関する中間とりまとめ案）をもとに作成

IIでみたように、中央省庁組織の中で政治家が占める比重は微々たるものであるというのが事実です。しかし、それと同時に各省庁の中で最上位の政務三役は政治家によって担われ、官僚による実務に対し、より上位の政治家が民主的統制を及ぼすというモデルがとられていることも事実です。これは、言い換えれば、政策形成の段階は選挙によって選ばれた政治家によって民主的に決定され、政策の具体的な実施の段階は実務を担う官僚によって遂行されるというモデルがとられているといってもよいでしょう。

このことは左に挙げた上下2つの図によって、具体的な形で示されています。ODA（政府開発援助）とは、世界中の開発途上地域の開発を主目的として投入される公的資金のことをいいます。ODA に関する基本的方針（ODA 大綱）は1992年に策定された後、2003年に改訂され、2015年に再び改訂されましたが、左の図は、2003年の改定に際して改革が提言されたODA 政策の決定・実施過程を図式化したものです。そこでは、基本的な政策方針決定は総理官邸や関係閣僚会議といった政治家が行う体制が示されています。さらに、外務省・関係省庁といった政治家をトップとする本国の中央省庁が、国外の大使館などに政策方針を指示、さらには実施された個別案件に対するレビューを行うという、事後的な統制作用についても具体的に提示されているのがわかります。

したがってここでは、政策決定→遂行の過程について、政治家をトップにおく上意下達のモデルを基本形にしているといえます。ODA で投入されるのが公的資金、つまり国民から集められた税金である以上、政治責任を負う政治家がリーダーシップをとる必要がありますから、政治家上位の上意下達モデルはある意味で当然のことといえます。

しかし、上の図は、政策実施過程が、単純に上意下達によって行われるものではないこともまた、示しています。この図がモデルとして提起されたODA 改革の中では、政策実施過程における現地機関の役割を強化し、現地からのリアクションを中央での政策決定に反映させることが強調されました。そのため、ODA の実施過程では、単に上から下に方針を指示するだけで

なく、政策実施にあたって上下の機関が「連携」するという側面が強調されています。また、NGO（非政府組織）や学術機関などが政策実施主体に組み込まれたモデルが提示されている点も注目されるべきでしょう。日本の政策形成・実施過程は、これまで「官僚主導」から「政治主導」への転換によって政策形成・実施過程における民主的統制を強化することが目標とされてきました。たしかに、政治主導によって政策の民主的正統性を強化するという視点は大切です。しかし、現代の複雑・高度な政治経済・国際社会の中では、政策形成・実施過程の中に、民間団体や学術団体といった多元的な主体を組み込むことによって、政策の合理性を高めていくことが重要になっているのです。

問5　中央省庁は、政治任用された人物が官僚を指導するというモデルに基づいて組織されている。
問6　NGOや学術機関は、公務員でも政治家でもないので、政策決定過程に関与できない。

# Ⅳ　行政とその任務──「構造改革」路線か「大きな政府」か

**↓社会保障の給付と負担の現状（2020年度）**

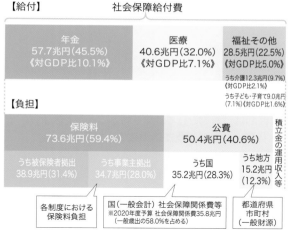

【給付】

社会保障給付費

| 年金 57.7兆円（45.5%）《対GDP比10.1%》 | 医療 40.6兆円（32.0%）《対GDP比7.1%》 | 福祉その他 28.5兆円（22.5%）《対GDP比5.0%》 |
| --- | --- | --- |

うち介護12.3兆円（9.7%）《対GDP比2.1%》
うち子ども・子育て9.0兆円（7.1%）《対GDP比1.6%》

【負担】

| 保険料 73.6兆円（59.4%） | 公費 50.4兆円（40.6%） | 積立金の運用収入等 |
| --- | --- | --- |
| うち被保険者拠出 38.9兆円（31.4%）／うち事業主拠出 34.7兆円（28.0%） | うち国 35.2兆円（28.3%）／うち地方 15.2兆円（12.3%） | |

各制度における保険料負担
国（一般会計）社会保障関係費等 ※2020年度予算 社会保障関係費35.8兆円（一般歳出の58.0%を占める）
都道府県市町村（一般財源）

厚生労働省HPをもとに筆者作成

**↓国の債務残高の推移**

（兆円）

| 1200 | 1100 | 1000 | 900 | 800 | 700 | 600 | 500 | 400 | 300 | 200 | 100 | 0 |

1984 1987 1990 1993 1996 1999 2002 2005 2008 2011 2014 2017 2020 （年度）

政府広報オンラインをもとに作成

**↓主な国の債務残高**

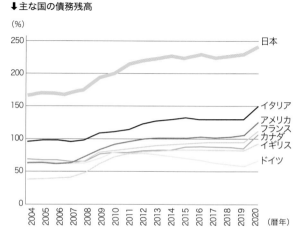

（%）

250 200 150 100 50 0

日本
イタリア
アメリカ
フランス
カナダ
イギリス
ドイツ

2004 2005 2006 2007 2008 2009 2010 2011 2012 2013 2014 2015 2016 2017 2018 2019 2020 （暦年）

財務省HPをもとに筆者作成

　左のグラフは、2020年度の社会保障の給付と負担の現状を表したものです。社会保障給付費が保険料で十分にまかなえていない現状がよくわかります。不足分は公費でまかなわざるをえませんから、国や地方の税、借り入れに大きな負荷がかかってしまいます。憲法学説は生存権を人権として理解し、高度な福祉と社会の調和的発展に国家が大きな役割を果たすこと、つまり「大きな政府」という考え方に親和的でした。これは日本国憲法に社会権規定があり、また戦後の日本が高度経済成長を遂げてきたことも背景としています。しかし、欧米では1970年代、日本では1990年代以来、長期不況が続く中で、各国とも赤字財政からなかなか脱却できませんでした。国民は高度な福祉を求める一方、国の側では原資が不足するため、各国政府は、これまで国が担ってきた大きな役割を「市場」にアウトソーシングするため、「規制緩和」によって「小さな政府」への転換を目指すようになりました。

　さて、国の「借入状況」が、一般家庭でいえばかなり危機的な状況であるのは、左のグラフから明らかですね。実際、2012年度末の時点で、国の正味資産がマイナスになる事態が生じています。それでは「収入」の状況はといえば、2014年4月の8%への消費増税の後、景気が大きく下振れしている状況があり、今後も大幅な税収増は見込めないでしょうから、借金の返済は簡単ではありません。国は、たとえばJR各社の政府保有株式を売りに出すなどして資産を切り売りはしてきましたが、さすがに国道から国有地まで何から何まで売り払うことは実際問題として難しいわけですから、厳しい状況といえます。今後の日本経済にかつてのような高度成長は期待できませんから、どうしてもこれは国が行わなくてはならないという仕事以外は、市場にまかせざるをえない──このような状況に、日本、そして私たちは立たされているわけです。

　諸外国と比べても深刻な財政状況に直面して、1990年代半ばから2000年代半ばにかけて、行政の「構造改革」路線が採用されました。歳出削減・効率重視の掛け声のもと、Ⅱで示したとおり公務員の数が減り、公共事業が縮小され、「小さな政府」が目指されたのです。しかし、その後2009年に誕生した民主党政権、2012年以降の自民党政権は──「庶民目線」とも「ばらまき」とも表現されますが──基本的には「大きな政府」を指向しました。日本の財政状況は明らかに、行政のスリム化を要請しています。他方、2020年からのコロナ禍が明らかにしたように、大規模な財政出動が要請される場面が存在することも事実であり、市場にすべてを委ねる発想にも無理があります。憲法の社会権規定や福祉国家の理念自体は解釈に幅があり、「大きな政府」と「小さな政府」の二者択一を求めるものではありません。国家と市場の役割を見定める見識が、主権者国民にとって大切だといえます。

★ 〇×問題でチェック ★

　問7　1990年代以降、社会保障給付費は増大しているが、国の保険料収入は伸び悩んでいる。
　問8　「大きな政府」という発想は、社会の中で国が果たす役割を市場が果たす役割以上に重視する。

22 行政　**97**

# 23 裁判所

## I 裁判所の組織

**76条** すべて司法権は、最高裁判所及び法律の定めるところにより設置する下級裁判所に属する。
2 特別裁判所は、これを設置することができない。行政機関は、終審として裁判を行ふことができない。
3 すべて裁判官は、その良心に従ひ独立してその職権を行ひ、この憲法及び法律にのみ拘束される。

### 1 裁判所の種類

↓裁判所の審級

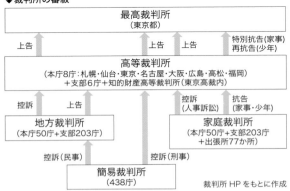

裁判所HPをもとに作成

日本では最高裁判所（最高裁）と、下級裁判所として高等裁判所・地方裁判所・家庭裁判所・簡易裁判所がおかれています。家庭裁判所は家族関係に関する事件や少年事件を、簡易裁判所は少額の民事訴訟や軽微な犯罪の刑事事件を扱います。裁判に不服がある場合は上級の裁判所に控訴し、さらに不服があれば上告が認められ、計3つの審級で裁判を受けることができます（三審制）。憲法76条2項では、このような最高裁を頂点とする通常の裁判所の系統にない特別裁判所の設置を禁止しています（例：戦前の行政裁判所や軍法会議）。また、行政機関が裁判所と同じように争いを裁定することがありますが、終審として裁判ができないため、その裁定に不服がある場合には裁判所に訴えることが認められなければなりません。

### 2 最高裁判所

**77条** 最高裁判所は、訴訟に関する手続、弁護士、裁判所の内部規律及び司法事務処理に関する事項について、規則を定める権限を有する。
2 検察官は、最高裁判所の定める規則に従はなければならない。
3 最高裁判所は、下級裁判所に関する規則を定める権限を、下級裁判所に委任することができる。

↓最高裁判所の機構

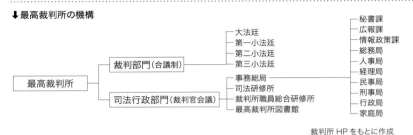

裁判所HPをもとに作成

↓最高裁判所大法廷

裁判所HP

最高裁の事務の1つは、上告事件等の裁判を行う裁判事務です。最高裁は長官1名と裁判官14名の15名で構成されます。この15名は5人ずつ3つの小法廷に配属され、基本的にはこれらの小法廷で裁判が行われます。ただし、最高裁として初めて判断する憲法問題や法令等を違憲とする場合、憲法・法令の解釈適用についての判例変更が必要な場合は15名全員による大法廷での裁判が行われます（裁判所法10条）。一方

で最高裁は、訴訟手続や裁判所の内部規律等に関する最高裁判所規則の制定（憲法77条1項）、下級裁判所の裁判官の指名（同80条1項）、下級裁判所や裁判所職員の監督といった様々な司法行政事務も行います。これらは最高裁判所裁判官によって構成される裁判官会議の議決に基づき行われますが、裁判事務で裁判官が多忙であるため、実際には事務総局とそれ以下の局・課によって庶務が行われています。

★○✕問題でチェック★

問1 憲法76条2項は、家族関係の訴訟を裁判する家庭裁判所のような特別裁判所の設置を禁止している。
問2 最高裁判所が過去の判決で示した憲法解釈を変更する場合には、大法廷で裁判が行われる。

## II 司法権の独立

### 1 裁判所の独立・裁判官の職権の独立

　裁判所は法の支配のもとで公正な裁判を行うとともに、ときには権利侵害を救済することが期待されています。そのため、裁判所は政治とは距離をおき、政治的な干渉から自由でなければなりません。そこで司法権の独立の1つの要請である、他の機関から干渉を受けないという意味での裁判所の独立が要請されます。この観点から、1②で述べた最高裁の規則制定権や下級裁判所裁判官の指名権などが重要な要素になります。司法権の独立のもう1つの意味としては、裁判官の職権の独立があります。憲法76条3項は「すべて裁判官は、その良心に従ひ独立してその職権を行ひ、この憲法及び法律にのみ拘束される」と定め、裁判官がほかの誰からの指示も受けることなく、裁判官としての良心に従い、自己の判断に基づいて職権を行使すべきとされています。1969年の平賀書簡事件では、自衛隊の違憲性が争われた長沼事件の裁判にあたり札幌地裁の所長が担当裁判官に違憲判断を避けるべきという内容の書簡を送ったことが、裁判官の職権の独立を侵害するとして問題視されました。

↓平賀書簡事件

毎日新聞 1969年9月15日
東京夕刊1面

### 2 裁判官の身分保障

> **78条**　裁判官は、裁判により、心身の故障のために職務を執ることができないと決定された場合を除いては、公の弾劾によらなければ罷免されない。裁判官の懲戒処分は、行政機関がこれを行ふことはできない。

　裁判官が独立して職権を行うために、日本国憲法では裁判官の身分を手厚く保障しています。裁判官が罷免される（クビになる）のは、①心身の故障により職務執行が不可能な場合（憲法78条前段）であり、その決定をするのが裁判所で行われる分限裁判です。また、②「公の弾劾」（同条前段）による場合で、職務上の義務の著しい違反や裁判官としての威信を著しく失う非行がある場合です。②の場合は、国会に設置され、各議院から10名ずつ選出された議員で構成される訴追委員会によって調査が行われ審議を経て訴追が決定されます。訴追が決定された場合は同じく国会に設置され、各議院から7名ずつ選出された議員で構成される弾劾裁判所の裁判でその罷免が決定されます。裁判官弾劾法によれば、罷免宣告を受けた裁判官は5年を経過すれば資格回復の裁判を請求できます。このように、裁判官が罷免される場合が限定されることで任期中の身分が保障されています。また、懲戒処分は行政機関が行うことはできず（憲法78条後段）、裁判所での分限裁判で行われます。裁判官分限法では懲戒処分として「戒告又は1万円以下の過料」を定めています。

　裁判所法49条は懲戒事由として①職務上の義務違反、②職務懈怠、③品位を辱める行状を列挙しています。最近の事例では、自己のTwitterアカウントの投稿で過去に厳重注意を受けていた東京高裁（当時）の判事が図のような犬の返還請求事件のニュースに関する投稿を行い、投稿で揶揄されて傷ついたという当該訴訟の原告が東京高裁に抗議し、高裁が分限裁判を申し立てました。最高裁平成30年10月17日決定は、裁判官に表現の自由が保障されているとしながらも、裁判官は「公正、中立な審判者」として職責を負い、「品位を辱める行状」とは職務上の行為・私的行為問わず「およそ裁判官に対する国民の信頼を損ね、又は裁判の公正を疑わせるような言動をいうもの」と解釈し、当該投稿が表現の自由の許容限度を超えるものとして戒告処分としました。なお、2021年6月に弾劾裁判所への訴追も決定されています。

　なお、裁判官には相当額の定期的な報酬と在任中の減額禁止が保障されています（憲法79条6項、80条2項）。

↓裁判官弾劾裁判の手続

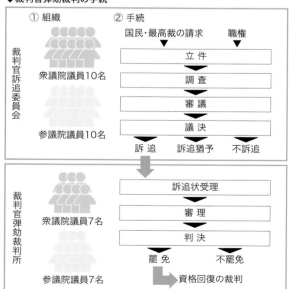

筆者作成

↓東京高裁判事（当時）の
　ツイート（イメージ）

□□□□□ @○○○○○○

公園に放置されていた犬を保護し育てていたら、3か月くらい経ってもとの飼い主が名乗り出てきて、「返してください」
え？あなたこの犬を捨てたんでしょ？

3か月も放置しておきながら…

裁判の結果は…

放置された犬を保護して飼育
3か月後に返還要求、
裁判に発展

裁判資料および被引用記事（太田匡彦「放置された犬を保護して飼育 3カ月後に返還請求、裁判に発展」朝日新聞sippo2018年5月16日）をもとに作成

★◯✕問題でチェック★
　問3　裁判官が他の裁判官に担当事件についての助言をすると職権の独立を侵害するおそれがある。
　問4　ブログに不適切な投稿をした裁判官に懲戒処分を下す決定は、国会の弾劾裁判所で行われる。

## Ⅲ 市民と裁判

### 1 裁判の公開原則

**82条** 裁判の対審及び判決は、公開法廷でこれを行ふ。
2 裁判所が、裁判官の全員一致で、公の秩序又は善良の風俗を害する虞（おそれ）があると決した場合には、対審は、公開しないでこれを行ふことができる。但し、政治犯罪、出版に関する犯罪又はこの憲法第3章で保障する国民の権利が問題となつてゐる事件の対審は、常にこれを公開しなければならない。

↓初の裁判員裁判で並ぶ大勢の傍聴希望者

読売新聞／アフロ

　憲法82条では裁判の公開原則とその例外が定められています。かつて密室での不当な裁判が行われることがあったため、市民が裁判を傍聴し、裁判官を公衆の監視のもとにおき不当な裁判を防止するとともに、裁判の信頼を確保することが公開裁判の趣旨です。法廷でのメモ行為の自由が問題になったレペタ事件（最高裁平成元年3月8日判決）では、公開裁判は制度として保障されるにとどまり、権利として裁判の傍聴を保障していないとしながら、訴訟運営の妨げにならないメモ行為は傍聴人の自由に任せるべきとしました。なお法廷の物理的制約から傍聴券を配布し人数制限をすることがあります。

### 2 最高裁裁判官の国民審査

**79条** 最高裁判所は、その長たる裁判官及び法律の定める員数（いんずう）のその他の裁判官でこれを構成し、その長たる裁判官以外の裁判官は、内閣でこれを任命する。
2 最高裁判所の裁判官の任命は、その任命後初めて行はれる衆議院議員総選挙の際国民の審査に付し、その後10年を経過した後初めて行はれる衆議院議員総選挙の際更に審査に付し、その後も同様とする。
3 前項の場合において、投票者の多数が裁判官の罷免を可とするときは、その裁判官は、罷免される。
4〜6 （略）

↓国民審査用紙（イメージ）

| | | | ×を書く欄 | 注意 | |
|---|---|---|---|---|---|
| | | | | 一、やめさせた方がよいと思う裁判官については、その上の欄に×を書くこと。二、やめさせなくてもよいと思う裁判官については、何も書かないこと。 | 最高裁判所国民審査投票用紙 |
| | | 甲野乙丙 | 裁判官の名前 | | ○県○市選挙管理委員会印 |

筆者作成

　最高裁長官は内閣の指名に基づいて天皇が任命し（憲法6条2項）、それ以外の裁判官は内閣が任命します（同79条1項、80条）。このように裁判官は民主的な選挙によって選ばれません。そこで裁判官にも民主的なコントロールを及ぼすために、最高裁裁判官に限り国民審査が行われています。最高裁裁判官は任命後初めて行われる衆議院議員総選挙の際に国民審査に付され、その後10年ごとに再審査の対象となります。左図のように、やめさせた方がよい場合のみ×を記入する方式で行われ、国民に与えられる判断材料も少ないことから、罷免された例はなく実効性が疑問視されています。

### 3 国民の司法参加（裁判員制度）

　司法に対する国民の理解の増進とその信頼の向上を目的として、2004年に裁判員法が制定され、2009年から裁判員制度が実施されました。諸外国の刑事裁判における司法参加制度を比較すると、アメリカのような陪審制は、事件ごとに抽選で選出された陪審員が事実認定を全員一致で行い、量刑（りょうけい）（いかなる刑を科すか）は裁判官が行うという役割分担が行われます。他方で、ドイツのような参審制は職業裁判官に任期ごとに選任される参審員が加わり合議体として、事実認定と量刑判断を多数決で判断します。

↓陪審制と参審制

| | 構成 | 非裁判官の権限 | 評決方法 | 任期・選任手続 |
|---|---|---|---|---|
| 陪審制（アメリカ） | 裁判官1名（評議に参加せず）／陪審員12名 | 犯罪事実の認定 | 全員一致 | 事件ごとに抽選 |
| 参審制（ドイツ） | 裁判官3名 ※地裁の場合／参審員2名 | 犯罪事実の認定＋量刑判断 | 被告人に不利益な判断の場合は、2/3の特別多数決が必要 | 任期制、候補者名簿に基づき選考委員会が選任 |
| 裁判員制度（日本） | 裁判官3名／裁判員6名 | 犯罪事実の認定＋量刑判断 | 多数決（裁判官・裁判員それぞれ1名以上の賛成が必要） | 事件ごとに抽選 |

裁判員裁判ウェブサイト（裁判所HP）をもとに筆者作成

★〇✕問題でチェック★
問5　裁判は原則的に公開されるが、一定の場合に裁判官の全員一致の決定で対審を非公開にできる。
問6　国民審査は最高裁判所の裁判官が対象であり、下級裁判所の裁判官は対象としていない。

**↓裁判員裁判の流れ**

```
┌─────────────────────┐   ┌─────────────────────┐
│  裁判員候補者名簿作成   │ ▶ │  名簿記載通知・調査票送付  │
└─────────────────────┘   └─────────────────────┘
- - - - - - - - - - - - - - - - - - - - - - - - - - - -
┌─────────────────────┐   ┌─────────────────────┐
│  個別の事件の公訴提起   │ ▶ │   公判前整理手続      │
└─────────────────────┘   └─────────────────────┘
```

| 選任手続 | | | |
|---|---|---|---|
| 事件ごとに名簿からくじで選定 | 裁判の6週間前までに呼出状・質問票を送付 | 選任手続期日に裁判長による質問手続 | 裁判員6名と補充裁判員の選出 |

| 公判手続 | | | |
|---|---|---|---|
| 宣誓手続 | 冒頭手続<br>人定質問<br>起訴状朗読<br>罪状認否 | 証拠調べ手続<br>冒頭陳述<br>証拠書類等の取調べ<br>証人尋問・被告人質問 | 弁論手続<br>検察官論告・求刑<br>弁護人の弁論<br>被告人の最終陳述 |

```
┌─────────────────────────────────────────┐
│                 評  議                    │
└─────────────────────────────────────────┘
                     ▼
┌─────────────────────────────────────────┐
│                 判  決                    │
└─────────────────────────────────────────┘
```

筆者作成

**↓裁判員裁判用法廷**　　**↓評議室**

裁判員裁判HP

　裁判員には評議の秘密などの守秘義務があり、秘密を漏らすと罪に問われます。また、裁判員を裁判に長く拘束すると過度な負担となるため、審理を迅速化するために事前に争点整理を行う公判前整理手続が行われます。右表のデータは第1回公判期日から判決までの平均実審理期間やその間の開廷回数の平均値を示しています。ただし、自白事件よりも否認事件の方が裁判が長期化しています。また、候補者の選任手続の欠席や辞退者も多い点も最近問題視されています。なお、審理が著しく長期にわたる見込みがある等の場合には対象事件から除外されます。

　裁判員制度には、①憲法条文で素人裁判官を認める条文がない、②裁判員が参加することで公平な裁判を受ける権利を侵害する、③裁判員の意見に影響を受け、拘束される点で裁判官の職権の独立を侵害する、④裁判員を含む裁判体が特別裁判所にあたる、⑤裁判員に意に反する苦役を与える点で憲法18条に違反するという憲法上の問題が指摘されています。これらの点について、最高裁は次のような理由で裁判員制度を合憲と判断しています（最高裁平成23年11月16日判決）。❶憲法80条1項が下級裁判所について国民の司法参加を禁じていない、❷裁判員制度は制度的に公平な裁判を十分保障している、❸裁判員制度でも職業裁判官が裁判の基本的な担い手であり、

　日本でも戦前に陪審法がありましたが、被告人の請求により陪審が行われる点や評決に拘束力がないということから十分に活用されていませんでした。その後1999年の司法制度改革審議会で国民の司法参加が検討され、2004年に裁判員法が制定されました。まず、裁判員裁判は死刑または無期の懲役もしくは禁錮にあたる罪に関する事件（殺人や覚せい剤の営利目的輸入など）や法律上合議体で裁判すべき事件のうち、故意の犯罪行為により被害者を死亡させた罪に関する事件（危険運転致死など）といった一定の重大犯罪にかかわる地方裁判所の裁判が、対象事件となります（高等裁判所が第一審となる内乱罪は除きます）。②原則的に裁判官3名と裁判員6名の合議体で行われます（公訴事実に争いがない場合などは、裁判官1名と裁判員4名になります）。③裁判員が裁判官とともに判断できるものは、事実の認定、法令の適用、刑の量定であり、その評決は裁判官および裁判員の双方の意見を含む多数決で決まります。裁判官と評議で判断すること、そして量刑判断まで行う点では参審制に近い制度といえるでしょう。もっとも裁判員が任期制ではなく抽選で選出される点では陪審制の要素も含んでいるようにみえます。

　裁判員の選任は、毎年地方裁判所が管内の市町村の選挙管理委員会が18歳以上の有権者から抽選で作成した名簿をもとに裁判員候補者名簿を作成します。名簿に登録された候補者には通知とともに就職禁止事由（国会議員などの一定の職の者）や辞退事由（5年以内に裁判員であった者など）を尋ねる調査票が送付されます。そして対象事件の公訴提起があった際に、名簿からくじで裁判員候補者が選ばれ、候補者に呼出状と病気等で辞退を希望するかを尋ねる質問票が送付されます。そして選任手続期日に裁判長が不公平な裁判をするおそれがあるか等を質問し、裁判員と補充裁判員を選任します。

**↓2020年裁判員裁判対象事件の概況データ（抜粋）**

| 新受人員（被告人の実人員） | 1,005人 |
|---|---|
| 裁判員候補者名簿登録人数 | 232,800人 |
| 選定された裁判員候補者の数 | 104,205人 |
| 選任手続期日への裁判員候補者の出席率 | 69.7% |
| 辞退が認められた裁判員候補者の割合 | 66.3% |
| 平均審理期間 | 12.0月 |
| 平均実審理期間 | 12.1日 |
| 平均開廷回数 | 4.7回 |
| 平均取調べ証拠数 | 21.6個 |
| 平均取調べ証人数 | 2.7人 |
| 平均証人尋問時間 | 219.1分 |
| 平均被告人質問時間 | 185.6分 |
| 平均評議時間 | 761.2分 |

最高裁判所事務総局
「令和2年における裁判員裁判の実施状況等に関する資料」をもとに筆者作成

多数意見に少なくとも1名の裁判官が加わる必要がある、❹地方裁判所の裁判であり、控訴・上告が可能である、❺国民参加という点で参政権と同様の権限を付与し、辞退事由や旅費・日当の支給で負担が軽減されている。

★○×問題でチェック★
問7　裁判員裁判で裁判員は犯罪事実の認定について判断できるが、量刑は裁判官のみで決定される。
問8　裁判員裁判で被告人を有罪とする評決を行うには全員一致が必要である。

# 24 司法権と憲法訴訟

## I 司法権

> **76条** すべて司法権は、最高裁判所及び法律の定めるところにより設置する下級裁判所に属する。
> 2〜3 （略）

### 1 司法権の観念と法律上の争訟

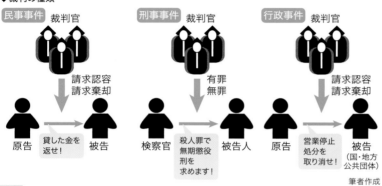

↓裁判の種類

筆者作成

裁判所に帰属する司法権は「法律上の争訟」（裁判所法3条1項）を裁判する国家作用と理解されています。この法律上の争訟は次の2つの要件から成ります。第1の要件は当事者間の具体的な権利義務の存否や法律関係をめぐる争いであるという事件性の要件であり、左に示している民事事件・刑事事件・行政事件は基本的にこの事件性の要件を満たします。第2の要件は、法律を適用して終局的に解決できるという終局性の要件です。

### 2 司法権の限界

　裁判所が裁判できない事柄には次のものがあります。まず、法律上の争訟との関係で、単に法律が憲法に違反するかどうかを問う争いは事件性を満たしません。自衛隊の元となった警察予備隊の創設の際にこのような裁判が不適法とされました（警察予備隊訴訟。最高裁昭和27年10月8日判決）。また、紛争の解決に宗教上の教義や学問上・技術上の正しさをめぐる争いの判断が必要な事件は終局性を満たしません。宗教法人への寄付金の返還を争った際に、寄付の前提となる板まんだらの真偽が問題となった板まんだら事件が代表例です（最高裁昭和56年4月7日判決）。

　法律上の争訟にあたるものでも、司法権の限界として裁判所が裁判できないものがあります。憲法上の限界として、議員資格争訟（憲法55条）・裁判官の弾劾裁判（同64条）、国際法上の限界としての治外法権、権力分立の観点から議院自律権や内閣総理大臣の国務大臣任免権などがあります。

↓板まんだらの一例

蕨市歴史民俗資料館提供

↓砂川事件上告審判決に対する反対デモ

読売新聞／アフロ

　憲法に明文のない司法権の限界も存在します。第1に、統治行為論であり、国家統治の基本に関する高度な政治性をもった議会・内閣の行為については、裁判を控えるべきとする考え方です。統治行為の例として衆議院の解散があります。また、日米安全保障条約のもとでの駐留米軍の合憲性をめぐる砂川事件（最高裁昭和34年12月16日判決）で最高裁は、「一見極めて明白に違憲無効であると認められない限りは、裁判所の司法審査権の範囲外のもの」と示し、部分的に統治行為論を採用しています。

　第2に、部分社会の法理であり、地方議会の議員懲罰や大学の単位認定、政党の除名処分などの自律的な団体内部の紛争については、原則として司法審査を控えるべきとされてきました。もっとも、地方議会の出席停止の懲罰は司法審査の対象となります（最高裁令和2年11月25日判決）。

★○×問題でチェック★

問1　法律が憲法に違反するかの判断を裁判所に求めるだけでは、事件性がなく、訴えが不適法となる。
問2　法律上の争訟の要件を満たす訴訟であれば、裁判所は必ず司法審査を行わなければならない。

### 1 違憲審査制の類型

**81条** 最高裁判所は、一切の法律、命令、規則又は処分が憲法に適合するかしないかを決定する権限を有する終審裁判所である。

↓合衆国連邦最高裁判所の壁に刻まれたマーベリー対マディソン判決の一節

↓ドイツ連邦憲法裁判所の法廷

public domain

裁判員裁判 HP

現代の憲法では、憲法の最高法規性を維持し、人権保障を実現するためには、法令や国家行為が憲法に違反するかを審査する違憲審査制が重要になります。左の写真の「何が法であるかを語るのは断固として司法部の職務であり義務である」とはアメリカの1803年のマーベリー対マディソン判決の一節であり、この事件で違憲審査制度が慣習上確立されました。現在では多くの国で違憲審査制度がありますが、アメリカのように司法裁判所の事件に付随して審査が行われる付随的違憲審査制と、ドイツのように憲法裁判所を設置し、事件に関係なく違憲審査を行う抽象的違憲審査制に類型化されます。

### 2 憲法訴訟の訴訟類型

↓憲法訴訟で用いられた主な訴訟類型

| 類型 | | 代表的な憲法訴訟 |
|---|---|---|
| 刑事訴訟 | | 尊属殺重罰規定事件（最高裁昭和48年4月4日判決）※跳躍上告<br>砂川事件（最高裁昭和34年12月16日判決）※跳躍上告 |
| 国家賠償請求訴訟 | | 内閣総理大臣靖国神社参拝違憲訴訟（最高裁平成18年6月23日判決）<br>在宅投票制度廃止違憲訴訟（最高裁昭和60年11月21日判決）<br>在外日本人選挙権訴訟（最高裁平成17年9月14日判決） |
| 取消訴訟 | | エホバの証人剣道実技拒否事件（最高裁平成8年3月8日判決）<br>薬事法事件（最高裁昭和50年4月30日判決）<br>朝日訴訟（最高裁昭和42年5月24日判決） |
| 確認訴訟（当事者訴訟） | | 在外日本人選挙権訴訟（前掲） |
| 差止訴訟 | | 大阪空港公害訴訟（最高裁昭和56年12月16日判決） |
| 民衆訴訟 | 選挙訴訟（公職選挙法204条） | 議員定数不均衡訴訟（最高裁昭和51年4月14日判決など） |
| | 住民訴訟（地方自治法242条の2） | 津地鎮祭事件（最高裁昭和52年7月13日判決） |

筆者作成

日本は付随的違憲審査制を採用していると理解されており（警察予備隊訴訟判決☞ Ⅰ2）、憲法訴訟を行うためには通常の司法裁判所に訴訟を提起したうえで憲法問題を主張する必要があります。

上の表は憲法訴訟で用いられる訴訟類型を紹介したものです。刑事訴訟では、尊属殺重罰規定事件判決のように被告人に適用される刑罰規定の違憲性が争われます。次に国家賠償請求訴訟です。国家賠償法では公務員が損害を与えた場合の国や公共団体の賠償責任を定めており、国などによる憲法上の権利の侵害が国家賠償法上違法になるかが争われます。内閣総理大臣靖国神社参拝違憲訴訟のように、ほかに適当な訴えの手段がない場合に活用されることがあります。

行政事件訴訟として、まず、取消訴訟は行政処分やその他公権力の行使にあたる行為の取消しを求める訴訟で、薬事法事件のように県から受けた薬局開設の不許可処分の取消しを求める際に、許可基準の距離制限規定の違憲性を争う場合や、エホバの証人剣道実技拒否事件のように公立学校の退学処分の取消しを求める場合に信教の自由の侵害を争うことがあります。次に、確認訴訟とは、特定の権利や法律関係の存否を確認する訴訟のことで、行政事件訴訟法では公法上の法律関係の確認を求める訴訟などを当事者訴訟と呼んでいます。在外日本人選挙権訴訟では、国家賠償請求だけでなく、次回の衆議院議員総選挙の小選挙区での選挙権および参議院議員通常選挙選挙区における選挙で投票できる地位の確認を求め、認められました。差止めについては、大阪空港公害訴訟において、人格権と環境権に基づき一定の時間帯での航空機離発着のための空港の供用の差止めを求める民事訴訟が不適法と判断されました。その後2004年の行政事件訴訟法改正で差止訴訟が法定されました。

以上のような当事者の権利や利益の保護のための訴訟は主観訴訟といいます。他方で適正な法秩序を維持するために、法律が定める場合にのみ提訴できる訴訟を客観訴訟といいます。そのうち民衆訴訟は国や公共団体の法規に適合しない行為の是正を求める訴訟であり、選挙の効力を争う公職選挙法の選挙訴訟や政教分離訴訟で活用される地方自治法の住民訴訟があります。

★〇✕問題でチェック★

問3　違憲審査制のうち、司法裁判所の事件に付随して審査が行われるものを付随的違憲審査制という。

問4　日本には憲法裁判所があり、違憲審査は憲法裁判所でしか行われない。

# 3 違憲判断の対象と方法

↓法令違憲とした最高裁判決および決定

| 事件名 | 裁判年月日 | 概要 | 判決後の展開 |
|---|---|---|---|
| 尊属殺重罰規定事件判決<br>（☞4-Ⅱ**1**） | S48.4.4 | 尊属殺人に対し一般の殺人罪よりも法定刑を加重して死刑または無期懲役とする刑法200条が憲法14条1項に違反するとした | 法務省が尊属殺人に一般の殺人罪を適用するように通達した。1995（平成7）年5月12日の刑法全面改正で削除された |
| 薬事法事件判決<br>（☞11-Ⅱ**2**） | S50.4.30 | 薬局開設許可における薬事法6条2項・4項の適正配置規制が憲法22条1項に違反するとした | 同年6月13日の薬事法改正により規定が削除された |
| 議員定数不均衡訴訟判決<br>（☞16-Ⅱ**2**） | S51.4.14 | 1972（昭和47）年12月10日の第33回衆議院議員総選挙における最大較差4.99を違憲としたが、事情判決により選挙は有効であるとした | 判決前の1975（昭和50）年7月15日の公職選挙法改正で定数是正（20増）が行われ最大較差が2.92になった |
| 議員定数不均衡訴訟判決<br>（☞16-Ⅱ**2**） | S60.7.17 | 1983（昭和58）年12月18日の第37回衆議院議員総選挙における最大較差4.40を違憲としたが、事情判決により選挙は有効であるとした | 1986（昭和61）年5月23日の公職選挙法改正で定数是正（8増7減）が行われ最大較差が2.99になった |
| 森林法事件判決<br>（☞12-Ⅰ**2**） | S62.4.22 | 民法256条1項の適用を排除し、1/2以下の持分で森林を共有する者の分割請求権を認めない森林法186条が憲法29条2項に違反するとした | 同年5月27日の森林法改正で規定が削除された |
| 郵便法違憲判決 | H14.9.11 | 国の損害賠償責任を免除・制限した郵便法68条・73条の規定の一部分が憲法17条に違反するとした（本文参照） | 同年12月4日に郵便法が改正された |
| 在外日本人選挙権訴訟判決<br>（☞16-Ⅰ**3**） | H17.9.14 | 在外日本人に選挙区選挙の選挙権を認めていない公職選挙法の規定が憲法15条1項・3項、43条1項、44条ただし書に違反するとした | 2006（平成18）年6月14日の公職選挙法改正で削除された |
| 国籍法違憲判決<br>（☞4-Ⅱ**3**） | H20.6.4 | 日本国民である父と日本国民でない母との間に出生した後に父から認知された子の国籍取得に父母の婚姻を要件とする国籍法3条1項が憲法14条1項に違反するとした | 同年12月5日の改正国籍法が成立した |
| 婚外子相続分差別違憲決定<br>（☞4-Ⅱ**2**） | H25.9.4 | 婚外子（非嫡出子）の法定相続分が婚内子の1/2とする民法900条4号ただし書の合理性は少なくとも当事件の相続開始時の2001（平成13）年には失われており、同規定が憲法14条1項に違反するとした | 同年12月5日に民法が改正され、規定が削除された |
| 再婚禁止期間違憲判決<br>（☞4-Ⅱ**4**） | H27.12.16 | 女性のみに6か月の再婚禁止期間を設けた民法733条について、同772条の父性の推定規定との重複を超える100日超過部分が合理性を欠き、憲法14条1項、24条2項に違反するとした | 法務省は判決後直ちに前婚の解消または取消しの日から100日を経過した婚姻届を受理するよう全国の自治体に通達。2016（平成28）年6月7日に改正 |

筆者作成

違憲審査の対象は国会が定める法律や法律以外の法規範である命令・規則、そして、公権力による処分です（憲法81条）。条約についても審査を認めるべきという見解が有力です。なお、国会が憲法上求められる法律の制定を怠った立法不作為について、再婚禁止期間違憲判決は、憲法上保障される「権利利益を合理的な理由なく制約するものとして憲法の規定に違反するものであることが明白であるにもかかわらず」、「国会が正当な理由なく長期にわたってその改廃等の立法措置を怠る場合などにおいては」国家賠償法上の違法の評価を受けることがあるとしました。

違憲判断の方法のうち、法令違憲とは、合憲性が争われている法令の規定そのものを違憲と判断する方法です。ところが、最高裁による法令違憲判断は2021年9月までに10件しかありません。このうち郵便法違憲判決以外は本書のほかの箇所で紹介されています。（民営化前の）郵便法の事件では、郵便法68条・73条が郵便物の亡失等における国の損害賠償責任を制限・限定しており、書留については業務従事者の故意または重過失による場合に、また、特別送達郵便物につき軽過失による場合（さらに請求権者を差出人とその承諾を得た受取人に限定）には損害賠償請求できず、この部分が国家賠償請求権を保障する憲法17条に反するとしました。

また、法令の規定そのものを違憲とせず、当該事件における適用行為を違憲とする適用違憲の方法もあります。たとえば、猿払事件一審判決（旭川地裁昭和43年3月25日判決）では、国家公務員の政治的行為を禁止する国家公務員法の規定自体は合憲であるが、非管理職の公務員である被告人が勤務時間外に国の施設を利用せずに行ったポスター掲示行為にその規定が適用されることは違憲であると判断されました。

違憲判断の際には、法令の文面だけを審査する文面審査が行われることがあります。特に表現の自由を規制する刑罰法規で、その文言があいまいであり、合法である行為でも規制をおそれて萎縮してしまう場合には、法規それ自体が違憲とされます（漠然性ゆえに無効）。また、法文が明確であっても規制の範囲があまりにも広く及び、表現の自由によって守られるべき行為にまで適用される場合にも違憲とされます（過度の広汎性ゆえに無効）。

違憲審査では法令の文面だけでなく様々な社会的・経済的・文化的な事実に着目して立法の合理性などを判断します。たとえば婚外子相続分差別違憲決定では婚姻や家族のあり方やそれに対する国民意識等の変遷にみられる社会的状況や社会通念の変化を読み取り、最高裁平成7年7月5日決定で合憲とした法定相続分規定の合理性が失われたとして違憲判断を導きました。

★ ○×問題でチェック ★

問5　違憲審査は法律のみならず、行政庁が行った処分も対象となる。
問6　裁判所は法令自体を違憲とするだけでなく、法律の適用方法を違憲と判断することもある。

## 4 違憲判決の効力

↓婚外子相続分差別違憲決定（平成25年大法廷決定）の効力

他の事件
への影響

「他の相続につき、本件規定を前提としてされた遺産の分割の審判その他の裁判、遺産の分割の協議その他の合意等により確定的なものとなった法律関係に影響を及ぼすものではない」

規定の
合憲性

民法900条4号
ただし書は合憲

民法900条4号
ただし書は違憲無効

昭和22年
民法改正

平成7年
大法廷決定

平成13年7月

平成25年
大法廷決定

本件相続
への適用

本件相続
開始

破棄
差戻し

筆者作成

付随的（ふずい）違憲審査制の日本では、違憲判決には、法律を一般的に無効とするという一般的効力ではなく、当該事件の適用に限定して法律を違憲無効とする個別的効力が認められます。この場合は国会による法律の改廃を待つことになります。尊属殺重罰規定事件判決で違憲無効となった規定は1995年まで削除されませんでした。しかし、違憲判決後に検察が同様の事件を一般の殺人罪で起訴したように行政機関が違憲判決を尊重した対応をとることもあります。**3**に示した法令違憲判断の一覧の「判決後の展開」もみてみましょう。

## 5 憲法判断の回避

日本の憲法訴訟の理論は同じ付随的違憲審査制をとるアメリカを参照することが多いです。その中でもアメリカのブランダイス裁判官が説いたブランダイス・ルールという憲法判断の回避に関する準則があります。簡単にいえば、裁判において憲法問題が提起されていても、憲法判断を行わずに事件を処理できる場合には憲法判断を行う必要はなく、行うべきでない、というものです。このような憲法判断の回避を日本で行った事件として指摘されるのが恵庭（えにわ）事件（札幌地裁昭和42年3月29日判決）です。この事件は、北海道千歳郡恵庭町（ちとせ）（現恵庭市）の陸上自衛隊島松演習地において、付近に住んでいた酪農家の兄弟が、射撃演習での命令伝達のために設けられた通信線を切断したため、自衛隊法121条が定める「自衛隊の所有し、又は使用する武器、弾薬、航空機その他の防衛の用に供する物を損壊」する罪に問われた事件です。被告人らは、自衛隊の存在が憲法9条に違反し、自衛隊法全般も違憲無効であると主張しました。裁判所は、自衛隊法の合憲性を判断せずに、そもそも切断した通信線が「防衛の用に供する物」に該当せず、自衛隊法121条に違反せず無罪としました（なお、被告人らの行為は刑法261条の器物損壊行為に該当しますが、この事件で検察官は器物損壊での処罰を求めていませんでした）。この事件は自衛隊の合憲性をめぐる裁判として3年近く争われましたが、まさかの憲法問題に触れない決着となりました。

↓自衛隊の合憲性判断には
立ち入らずに無罪判決を
下した恵庭事件

毎日新聞 1967年3月29日
東京夕刊1面

## 6 司法積極主義と司法消極主義

↓日本では内閣法制局の審査事務により法律案の段階で違憲性の
チェックが行われる。写真は政令の審査をする参事官ら（2007年）

朝日新聞社

違憲審査権をもつ裁判所が憲法問題に直面した際にどのような態度や考え方をとるかという傾向を司法積極主義と司法消極主義という言葉で分析することがあります。違憲審査権を積極的に行使する傾向を司法積極主義といい、反対に政治部門（国会や内閣）の政策的判断を尊重して違憲審査権が控えめに行使される傾向を司法消極主義といいます。日本の場合は、法令違憲判決の圧倒的な少なさから司法消極主義の国であるという評価がされることがあります。しかし、法令違憲判決・決定の少なさについては、日本では閣議に付される法律案に対して内閣法制局の審査事務により厳格な違憲性審査が行われていることも要因として考えられます。また、裁判所が憲法判断を回避せずに合憲判断を下すことも多く、その意味では違憲審査権を積極的に行使しているといえます。

★○×問題でチェック★

問7　ある法律の違憲判決が確定した場合、直ちにその法律がすべての事件について無効となる。

問8　裁判所が政治部門の判断を尊重して違憲判断を控える傾向が強いと、司法消極主義とよばれる。

# 25 地方自治

**92条** 地方公共団体の組織及び運営に関する事項は、地方自治の本旨に基いて、法律でこれを定める。

## I 地方自治とはなにか

### 1 戦前の地方自治制度

↓最後の官選沖縄県知事島田叡と2015年に完成した顕彰碑

映画「生きろ　島田叡」の
パンフレットを編集部撮影

沖縄県HP

便利な面もあったのですが、他方で、そもそも知事がその赴任先のことをよく知っているとも限らないので、その地域ごとの特性にあった政策を実現するということには向いていませんでした。

　こうした、知事と都道府県の結びつきの弱さは、大きな問題を生むことにもなります。太平洋戦争末期、連合国の沖縄上陸が間近に迫ってくると、中央官庁の中には、沖縄県知事のなり手がいなくなってしまうのです。最後にお鉢が回ってきたのが、「生きろ　島田叡」というタイトルで映画化もされた島田叡でした。

　地方自治という言葉にはなじみがなくても、自分たちの都道府県の意見をズバッと言う、そういった知事の姿ならイメージしやすいかもしれません。しかし、戦前の憲法（大日本帝国憲法）には、地方自治に関する規定はおかれず、また、都道府県知事も、住民が選挙で選ぶのではなく、国が中央官庁から任命する形式（官選知事）をとっていました。こういった制度は、一方で、国の政策を全国一律で推し進めるためには大変

彼は、「俺が死にたくないから、誰か代わりに行って死んでくれとは言えない」と述べ、決死の覚悟で沖縄に赴任していきました。就任後3か月もしないうちに、米軍の空襲は激化し、その後、陸軍司令部とともに、知事は地下壕で執務にあたることになりました。沖縄戦の終わりが近い6月上旬、島田知事は、県南部の摩文仁の壕で、付き添う職員に、県庁の解散命令を出した後、行方不明となり、いまだに遺体は発見されていません。

### 2 住民自治と団体自治

↓住民自治と団体自治

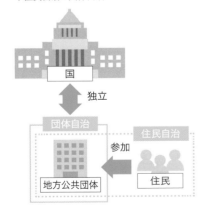

筆者作成

　憲法92条では、「地方自治の本旨」に基づいて、地方公共団体にかかわる法律が定められなくてはならないと書かれています。この条文を受けて制定されている法律としては、地方自治法や地方公務員法、そして地方税法など様々なものを挙げることができます。

　では、そうした法律の骨格となっている、地方自治の本旨とはどういったものなのでしょうか。憲法学では、これを2つの要素に分けて考えています。1つは、地方公共団体が自分たちの地域で、国から独立して、自分たちの責任で行政などの事務を進めていく、ということです。これを、団体自治といいます。中央の政府とそれぞれの地方公共団体が独立して運営を行うことで、権力が分散され、強大な権力の集中を防ぐことにもつながります。もう1つは、地方公共団体の事務が、地域の住民の意思に基づいて行われる、ということです。これは、住民自治と呼ばれます。地域の住民が、地方公共団体の運営に携わっていくことで、民主主義が充実していくことが期待できますし、また、地域の特性にあわせた問題解決の方法を、地域のことをよく知っている住民自身が判断していくことで、より適切な解決策を考えていくことができるとされています。

　これら2つの要素は、これからみていく、憲法の他の条文にも反映されています。たとえば、憲法94条は団体自治を保障するものですし、また、93条は、住民自治に関するものといえるでしょう。

★○×問題でチェック★

問1　地方自治の歴史は古く、明治時代から憲法で保障されていた。
問2　憲法92条にいう「地方自治の本旨」には特に意味はなく、政治的美称にすぎない。

## II　地方分権の潮流

### 1 「三割自治」、「四割自治」

　日本国憲法で地方自治が定められているとはいえ、従来、日本における地方公共団体の自治は不十分であるといわれてきていました。その原因の1つは、自治体に十分な財源がないことだといわれます。地方税など、自治体独自の財源は3割から4割ほどしかなく、残りは国（市町村の場合は県も）からの交付金などに頼らざるをえません。そのため、自治は独自の財源がある範囲のみということで、「三割自治」や「四割自治」などと表現されることもあります。実際、自治体への国の影響力は大きく、基地問題で揺れる沖縄県名護市の市長選挙（2018年）では、国からの交付金がどうなるかが、選挙の行方を左右していたとの報道もありました。

### 2 地方分権の潮流

↓地方分権改革の流れ

```
┌─────────────────────────────────┐
│        第一次地方分権改革          │
│ 地方分権一括推進法（1999年）        │
│ ・機関委任事務の廃止               │
│   自治事務     →  自治事務         │
│   機関委任事務    法定受託事務      │
│ ・国の関与の法定化                 │
│ ・地方への権限委譲                 │
└─────────────────────────────────┘
              ↓
┌─────────────────────────────────┐
│    三位一体の改革（地方財政改革）    │
│ ・国庫補助・負担金の減額（約4兆7000億円）│
│ ・地方交付税交付金の抑制（約5兆円）） │
│ ・個人住民税への財源移譲（約3兆円）  │
└─────────────────────────────────┘
              ↓
┌─────────────────────────────────┐
│        第二次地方分権改革          │
│ 地方分権改革推進法（2006年）        │
│ 第一次～第十次一括法（2011年～2020年）│
│ ・規制緩和（義務づけ・枠づけの見直し）│
│ ・国から地方への権限委譲           │
│ ・都道府県から市町村への権限委譲    │
└─────────────────────────────────┘
```

内閣府 HP をもとに筆者作成

### 3 進む市町村合併

　地方分権を実現していくためには、国の権限を、都道府県や市町村などの地方公共団体に移していくこと（権限委譲）が必要です。ただ、特に町村では規模が十分ではなく、権限を委譲されても困ってしまう可能性もあります。そこで、地方分権を実現していくために、自治の担い手である地方自治体を強化することを目的として、近年、市町村の合併が進められてきました。これを平成の大合併といいます。

　実は以前にも、市町村の合併が進められたことが2回あります。1回目は明治の大合併で、江戸時代からの集落をまとめ、1つの町村で最低限1つの小学校を運営していくことができるように、市町村の規模を考えて合併が進められました。2回目は昭和の大合併ですが、この時には、最低限1つの中学校が配置

↓2016年度の、国税と地方税の占める割合（左）と、名護市の歳入状況（右）

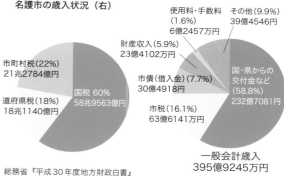

総務省『平成30年度地方財政白書』をもとに筆者作成

名護市 HP

　地方自治の実現を妨げて、さらに、「市町村よりも県が偉く、県よりも国が偉い」という誤解を招くものとして、批判され続けてきたものが機関委任事務です。この機関委任事務については自治が許されず、地方公共団体は、国の細かな指示に従って事務処理を進めていく必要がありました。地方分権改革は、まず、この機関委任事務の問題を解決することからスタートしました。地方分権一括推進法が成立することで、機関委任事務は廃止され、その代わりに、やり方を条例などで自治体が独自に決めることができる法定受託事務の制度が導入されました。また、国が自治体に口出し（関与）する際の取り決めが地方自治法で定められたのも、この第一次地方分権改革においてでした。

　次いで問題とされたのが、1で述べた自治体の財源についてです。三位一体の改革では、国が支出する、国庫支出金と地方交付税交付金を見直し（減らし）、その分自治体独自の財源を増やすことを目指して、改革が進められました。しかし、適切な財源を見つけることが難しいなどの理由もあり、地方財政の問題が解決されたとはいえません。

　地方自治改革は、その後も継続的に進められ、現在まで続く第二次地方分権改革では、国から自治体への権限委譲などが、徐々に進められています。

できるように、それを目安に合併が計画されたといわれています。

　合併には、権限委譲が可能になるというメリットがあります。しかし、東日本大震災の際には、合併で吸収された側の町村の復旧・復興に遅れがみられるなどの指摘もありました。住民の分断が起こらないよう、慎重に行政を進めていく必要があるでしょう。

↓市町村数の変遷

| | 市 | 町 | 村 | |
|---|---|---|---|---|
| 明治21年（1888年） | | | 71314 | |
| 明治22年（1889年） | 39 | 15820 | | 市制・町村制施行 |
| 昭和31年（1956年） | 495 | 1870 | 2303 | 新市町村建設促進法施行 |
| 令和3年（2021年） | 792 | 743 | 183 | 現在 |

総務省 HP をもとに筆者作成

★ ○×問題でチェック ★
問3　地方公務員の数は国家公務員の3割ほどしかいないため、「三割自治」といわれることもある。
問4　地方分権のためには規模の大きな市町村が必要であり、平成の大合併が進められることになった。

## Ⅲ　地方自治体の統治制度

> **93条**　地方公共団体には、法律の定めるところにより、その議事機関として議会を設置する。
> 2　地方公共団体の長、その議会の議員及び法律の定めるその他の吏員は、その地方公共団体の住民が、直接これを選挙する。

## 1 二元的な統治構造

↓長と議会の関係

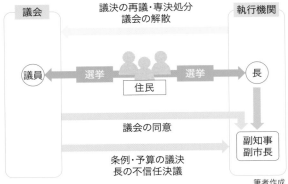

筆者作成

日本では、議院内閣制（☞**21-Ⅰ 3**）が採用されているため、私たちは首相を直接選ぶことができません。選挙で国会議員を選び、彼らが首相を選びます。これは、大統領制を採用するアメリカなどと異なる部分です。アメリカの場合、国民は大統領と国会議員の両方を、選挙で選ぶことができます。

地方公共団体の制度は、このアメリカの大統領制に近いといわれます。住民は、長と議員の両方を選ぶことができ、それぞれが執行と議事を担当します。このような制度を二元代表制と呼びます。

しかし、アメリカの大統領制とまったく同じというわけではありません。議会は長に対して不信任の議決を出すことができますし、また、長はその場合、対抗措置として、議会の解散を行うこともできます。このように、議会の信任がないと在職できない点は、大統領制と異なっています。

## 2 長と議会の対立

地方自治体では二元代表制を採用しているとはいっても、多くの場合、議会の多数派と長の支持層は共通しているため、両者が深刻な対立に至ることはまれでした。しかし、近年、個性的な長が強力なリーダーシップを発揮しようとするケースが増え、そのため、議会との対立が激しくなる局面も目につくようになってきました。

長と議会の対立を解消するためには、いくつかの制度が用意されています。不信任議決と解散以外にも、議会の議決を長が差し戻す拒否権・再議の制度や、議会が議決すべき案件を議決しない場合などに長が自ら決定を下す専決処分の制度などがあります。

鹿児島県阿久根市の竹原信一元市長は、「議会は障害になる」

などと発言し、多数の専決処分を行い、議会との対立が深刻なものになりました。竹原元市長は議会を招集せず、議会の承認がないまま、政策を進めていき

↓阿久根市における両者の対立（左が竹原元市長）

読売新聞／アフロ

ました。最終的には、竹原元市長のリコールによって対立は解消されましたが、このようなケースを防ぐため、専決処分の対象を限定するなど、影響は地方自治法の改正にまで及びました。

## 3 住民による「直接民主主義」

↓直接請求権の詳細

| 名称 | | 法定署名数 | 請求先 | 請求後の流れ |
|---|---|---|---|---|
| 条例の制定・改廃の請求 | | 有権者の1/50以上 | 長 | 長が議会に付議→結果を公表 |
| 監査請求 | | | 監査委員 | 監査→結果を公表・報告 |
| 解職請求 | 長・議員 | 有権者の1/3以上※ | 選挙管理委員会 | 住民投票→過半数の同意で失職 |
| | その他役職員 | | 長 | 長が議会に付議→2/3以上が出席、3/4以上の同意で失職 |
| 解散請求 | | | 選挙管理委員会 | 住民投票→過半数の同意で解散 |

※市の規模（40万人以上と80万人以上）により変化する。

筆者作成

二元代表制以外にも、日本の地方自治には、特徴的な制度があります。それは、間接民主主義に基づく国の場合と違い、直接民主主義の要素を取り入れて、制度が形作られている点です。1つが、**Ⅴ**で触れる地方特別法に関しての住民投票（憲法95条）であり、もう1つが、地方自治法によって定められている直接請求制度です。

住民による直接請求は、「人を辞めさせる」ものと、それ以外のものに分かれます。前者の方が与える影響も大きいため、請求のハードルは高くなっています。これによって、長や議員に辞職を求めることもできますし、議会の解散を請求することもできます。後者のものとしては、条例の制定・改廃の請求と、事務監査の請求があります。特に、住民投票を実施するために、条例制定の請求が行われることが多く、注目を集めています。

★○✕問題でチェック★

問5　地方公共団体は二元的な統治構造を採用しており、国の議院内閣制とは異なっている。
問6　民主主義を重視する観点から、住民投票にはすべて法的拘束力が与えられている。

近年では、大阪都構想の是非を問う住民投票（大阪市、2015年・2020年）や普天間基地の辺野古移設をめぐる住民投票（沖縄県、2019年）などが、全国で広く報道されました。しかし、条例による住民投票の結果に法的な拘束力をもたせることは難しく、結果をどう判断するべきなのかという問題もあります。法的拘束力を認めてしまうと、地方自治法が定める、長や議会の権限を制限することになってしまうためです。

かつて、1997年に、沖縄県名護市においても市内の辺野古への基地移設を問う住民投票が行われましたが、反対多数（52.85%）という結果にもかかわらず、市長は移設の受け入れを決めました。政治のすべてを住民投票に委ねてしまっていいのかという批判とあわせて、住民投票がどういった性質のものであるべきか、議論を深める必要があります。

↓県民投票への投票を呼びかける玉城知事

Richard A. De Guzman／アフロ

## IV　自主条例権

> **94条**　地方公共団体は、その財産を管理し、事務を処理し、及び行政を執行する権能を有し、法律の範囲内で条例を制定することができる。

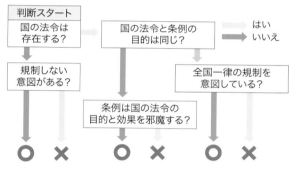
↓条例と法律の関係──徳島市公安条例事件判決

筆者作成

地方公共団体は、憲法94条に基づき、自分たちで条例を定め、それを活用しながら政策の実現を目指していきます。地方自治の流れの中で、自治基本条例を定める自治体や、さらには新潟県中里村（現・十日町市）の「雪国はつらつ条例」などのような、ユニークな条例を制定する自治体も増えてきました。

ただし、憲法94条には「法律の範囲内で」という制限があります。この点に関して、「上乗せ条例」（国の規制より厳しく規制する）や「横出し条例」（国と同じ目的だが、規制対象を増やす）は許されるのか、議論されてきました。最高裁は、徳島市公安条例事件判決（最高裁昭和50年9月10日判決）で、どういった場合なら問題がないか、左図のような考え方を示しています。

## V　地方特別法の住民投票

> **95条**　一の地方公共団体のみに適用される特別法は、法律の定めるところにより、その地方公共団体の住民の投票においてその過半数の同意を得なければ、国会は、これを制定することができない。

憲法95条は、地方特別法について定めをおいていますが、これは、特定の地方公共団体のみを対象として、組織や権限などを定める法律のことをいいます。国が地方に不当に介入して、各地方間の平等を損なってしまうことがないように、地方特別法の制定に際しては、住民投票を実施し、住民の過半数の同意を得る必要があります。地方特別法は、戦後、戦災からの復興のため、都市計画に関する法律として多く制定されました（広島市の広島平和記念都市建設法や、横浜市の横浜国際港都建設法など）。しかし、1952年に制定された法律を最後に、以降70年近く地方特別法の制定はなく、もはや活用されない制度だとする意見もあります。

なお、適用される地方公共団体は、現に存在しているものでなくてはならないと考えられているため、性質から考えると1971年に成立した沖縄復帰特別措置法は実質的には地方特別法ともいえますが、その当時は沖縄県は日本の自治体ではなかったので、地方特別法とされることもなく、また、住民投票も行われることがありませんでした。

↓沖縄復帰と幻の「地方特別法」

読売新聞／アフロ

★○×問題でチェック★
問7　すでに国の法令が規制している領域に対しては、条例で規制を加えることが一切許されない。
問8　近年、地方特別法は活用されておらず、過去60年の間に制定されたものはない。

# 26 財政

## I 租税法律主義

**83条** 国の財政を処理する権限は、国会の議決に基いて、これを行使しなければならない。

**84条** あらたに租税を課し、又は現行の租税を変更するには、法律又は法律の定める条件によることを必要とする。

**85条** 国費を支出し、又は国が債務を負担するには、国会の議決に基くことを必要とする。

### 1 「代表なくして課税なし」

↓ボストン茶会事件

public domain

　課税をする際には税を課される者から同意を得なくてはならない、という原則は、議会制や民主主義の歴史と強く結びついています。古く、1215年にイギリスで発布されたマグナ・カルタでは、国王が税を課す際に貴族たちの評議会の同意が必要であるとの規定がおかれ、また、イギリスが植民地アメリカの同意を得ずに税を課したことは、やがて、独立戦争にまで発展しました。イギリスはフランスとの戦争のため、植民地であったアメリカが輸入する茶に税を課しますが、これに対し、アメリカ側は猛反発し、イギリス系の輸入業者を襲撃したうえで、課税をするのであればアメリカの代表者の同意が不可欠であると宣言しました（ボストン茶会事件）。

　現在の日本でも、こうした課税への同意原則が受け継がれ、国民の代表者である国会の議決を求める租税法律主義として、憲法に定められています。

### 2 通達による課税？

↓当時ブームとなった
　パチンコ店の様子

毎日新聞社

　税に関する法律は、租税法律主義の要請もあって、かなり細かく定められています。しかし、どうしてもグレーゾーンのような部分も出てきてしまいます。そのため、法律を解釈するにあたっては、どれに税がかかって、どれにはかからないかなどを国税庁が細かく分類して、通達という形で税務署に命令を出し、税を徴収していきます。

　国税庁は1951年まで、パチンコ台には税が課されないと考えていましたが、戦後のパチンコブームを背景に方針を転換し、課税対象に加えることにしました。これには、国税庁の通達による課税ではないかという批判も強くありましたが、最高裁は、正しい解釈に修正しただけであり問題はないと判断しました。

### 3 行政規範による課税？

↓酒税法施行令の改正により
　誕生した、果実を利用したビール

キリンビールニュースリリース

　税に関する法律（酒税法など）の条文には、「その他政令で定める物品」などという形の表記で、詳細を行政命令（酒税法施行令や酒税法施行規則など）に委ねている場合があります。租税法律主義からは、税についての重要な部分（納税義務者や課税の対象、徴税の手続など）は法律で定める必要があるとされますが、税に関するすべてを法律で定めることまでは要求されません。そのため、状況の変化にあわせて迅速に対応できる、行政命令への委任が活用されることになります。

　2018年4月から改正酒税法施行令が施行され、ビールの原料に果実や、一定の香味料を加えることが認められるようになりました。そのため今では、コンビニやスーパーの店頭にも、従来にはなかった色鮮やかな缶が多くみられるはずです。

---

★ ○×問題でチェック ★

問1　税を課す場合には課される側の同意が必要だという考えは、議会制の発展を支えてきた。
問2　租税法律主義の観点から、税に関することはすべて法律で定められなくてはならない。

## Ⅱ 国の予算

**86条** 内閣は、毎会計年度の予算を作成し、国会に提出して、その審議を受け議決を経なければならない。

**87条** 予見し難い予算の不足に充てるため、国会の議決に基いて予備費を設け、内閣の責任でこれを支出することができる。
2 すべて予備費の支出については、内閣は、事後に国会の承諾を得なければならない。

**88条** すべて皇室財産は、国に属する。すべて皇室の費用は、予算に計上して国会の議決を経なければならない。

### 1 予算の内訳

↓2018年度予算の内訳

一般会計歳出（単位：億円）

国債費 233,020
利子払費等 90,275
債務償還費 142,745
その他 93,879
防衛 51,911
文教・科学振興 53,646
公共事業 59,789
地方交付税交付金等 155,150
社会保障 329,732
基礎的財政収支対象経費 744,108

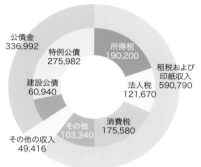

一般会計歳入（単位：億円）

公債金 336,992
特例公債 275,982
建設公債 60,940
その他の収入 49,416
所得税 190,200
租税および印紙収入 590,790
法人税 121,670
消費税 175,580
その他 103,340

一般会計歳出総額：97兆7128億円
※四捨五入によっているので、合計とは必ずしも合致しない。

一般会計歳入総額：97兆7128億円
財務省HPをもとに筆者作成

憲法86条の規定に従って、毎年度、内閣は議会に予算案を提出して、その審議と議決を経る必要があります。2018年度の予算は、上のグラフのようになっていました。予算は、政府の支出である歳出の部分と、税金などによる政府の収入である歳入に分けることができます。

### 2 予算が成立しないとどうなるの？

↓高橋是清の葬儀の様子

毎日新聞社

まず、歳出をみてみると、社会保障費の高さが目につきます。これは、高齢化が進む中で、年金や医療費などの支出が必然的に増加するためであり、この傾向は今後も続くと予想されます（☞ **13-Ⅲ2・22-Ⅳ**）。

歳入に目を転じてみると、公債金による収入が多いことが目を引きます。これは、国債などを発行し、借り入れる形での収入です。当然、いずれは返済する必要がありますが、その支出である国債費は、歳出の中でも高い割合を占めています。財政法では、公共事業費（建設国債）などを除いて、公債を発行することを原則的に禁止しています。しかし、政府は特例公債法を制定することで、公債を発行し、赤字の穴埋め（特例国債、赤字国債）をすることが常態化しています。さらに、新型コロナ禍に対応するため、2020年度には総額で112兆円を超える国債が発行されました。今後、特にコロナ禍の終息後にどのように財政の健全化を図るのか、検討する必要があります。

政府は、予算に従って支出を行うため、年度の始まりまでに予算が成立しないと、何もできなくなってしまうおそれがあります。そういった事態を避けるために、戦後、暫定予算制度がつくられました。暫定予算を定める財政法30条によれば、内閣は必要に応じて、一定期間の暫定的な予算を国会に提出することができるとされています。暫定予算は、戦後17回ほど利用され、最長でも1週間ぐらいの期間のものでした。

明治憲法下では、その71条で、予算不成立の場合は前年度の予算を執行することが定められていたので、暫定予算制度を導入することができず、結果として、予算をめぐって激しい攻防が繰り広げられるようになってしまいました。政党同士の争いだけでなく、戦前は、軍部が軍備増強を強く主張したこともあり、予算をめぐる争いが、軍事費を減らそうとする大蔵大臣へのテロ（二・二六事件での高橋是清暗殺）などに行き着くことすらあったのです。

★○×問題でチェック★
問3 報道でよく目にする消費税だが、実はその役割は大きくなく、歳入のうち1％程度を占めるにすぎない。
問4 現在の日本では、予算が期限までに成立しない場合には、暫定予算制度を利用している。

# III 財政支出への制約

**89条** 公金その他の公(おおやけ)の財産は、宗教上の組織若しくは団体の使用、便益若しくは維持のため、又は公の支配に属しない慈善、教育若しくは博愛の事業に対し、これを支出し、又はその利用に供してはならない。

## 1 「政教分離」の財政による保障

↓剣道場に設置された神棚

西国武道会館提供（神棚の近影はイメージ）

憲法89条前段は、政教分離について、それを財政面から保障するための規定であるとされます。**6-II**で詳しくとりあげているように、憲法20条は1項で、信教の自由を保障するとともに、3項で「国及びその機関は、宗教教育その他いかなる宗教的活動もしてはならない」と定めることで、政教分離の原則を打ち出しています。その原則を財政面に反映させたものが、この憲法89条前段の規定です。そのため、憲法89条前段が禁止する公金支出に関しても、20条3項が禁止する国の宗教的活動の議論を軸に考えられてきました。

憲法20条3項が禁止する国の宗教活動を考えるにあたっては、津地鎮祭事件判決（最高裁昭和52年7月13日判決）で示された、目的効果基準によって判断が行われます（☞**6-II 1**）。それから20年後の愛媛玉串料訴訟判決（最高裁平成9年4月2日判決）では、憲法89条前段が禁止する公金支出に関しても、この目的効果基準に則って判断されるべきだということが明確にされました。つまり実のところ、政教分離の判断に関しては、憲法89条前段が占めるウェイトは、それほど大きいものではないのです。

そのため、憲法20条3項とも共通のトピックとなってしまいますが、近年問題視された具体的な例としては、公立学校の武道場での神棚設置というものがあります。日本の伝統的な武道は、中学校や高校でも、授業や部活動として行われることがありますが、そのための武道場には神棚が設置されていることがあります。この神棚を新設するための支出が、憲法が禁止する支出にあたるのではないかとされ、訴訟になりましたが、裁判所は目的効果基準をもとに、憲法に違反しないものと判断しました（千葉地裁平成4年11月30日判決）。この判断は妥当なのか、改めて政教分離について考えを深めてみてください。

## 2 私学助成と「公の支配」

↓私立大学等における経常的経費と経常費補助金額の推移

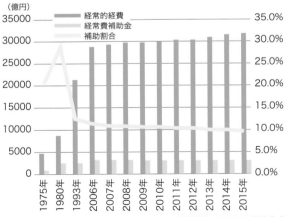

（億円）
- 経常的経費
- 経常費補助金
- 補助割合

（1975年、1980年、1993年、2006年、2007年、2008年、2009年、2010年、2011年、2012年、2013年、2014年、2015年）

文部科学省HPをもとに筆者作成

憲法89条後段の内容は、意味がはっきりとしている前段と異なって、わかりにくいものになっています。特に、「公の支配に属しない」という語句は、他の国にもあまりみられないもので、どう解釈すればいいのか、長く議論が戦わされてきました。

政府の立場も、戦後すぐの段階では、原則として私的な事業への公的補助が禁止されるという考えをとっていましたが、1960年代以降、私立学校の数が急増し、また、中には経営が危ぶまれる学校もみられるようになると、私的事業への公的補助も許されるという考えに変わっていきました。後者の考え方では、私立学校などに助成金を支出する代わりに、監督する省庁に業務・会計状況を報告させ、場合によっては、予算の変更や役員の解雇を指示できるような体制がとられていれば憲法に違反しない、ということになります。

私立学校への助成のうち、中心を占めるのは大学への助成です。大学は1校あたりの規模が大きいからという理由もありますが、日本の高等教育の拡充が、私立学校の手によって行われてきたためでもあります。実際、私立学校が占める割合は、小学校で1.2%、中学校で7.7%、高等学校で27.1%であるのに対して、大学になると一気に高まり、77.2%にも達します（2020年）。このため、私立学校への助成については、全体のおおよそ4300億円程度のうち、3500億円ほどが大学に回されています。近年、高等教育の無償化対象の拡大などが議論されていますが、こうした日本の高等教育の特徴と、さらにはこの憲法89条後段の意味についても、あわせて考えていく必要があるでしょう。

★○×問題でチェック★

問5 財政の観点からは、政教分離に関する目的効果基準が活用されることはほとんどない。
問6 日本の高等教育は、そのほとんどが国によって行われており、私立大学の数は少ない。

# Ⅳ 会計検査院と日本銀行

## 1 会計検査院の活動

↓実地検査の様子と、指摘が活かされなかった笹子トンネル崩落事故

会計検査院 HP

毎日新聞社

国のお金がムダ遣いされないようにする工夫の1つが、予算という制度の活用です。これによって、目的以外のことにお金が使われることなどが防止できます。そしてそのうえで、後から振り返って、本当にお金が適切に使われたのかをもう一度チェックする機関が、会計検査院です。

会計検査院は、提出された書類をもとにチェックする書面検査だけでなく、実際にお金が使われた現場に行って、適切に利用されているかを調べる実地検査も行っています。2012年に発生した、中央道笹子トンネル崩落事故後には、以前から会計検査院が点検体制の不備を指摘していたことが明らかになり、会計検査院の指摘内容をどう活用していくべきか、議論が活発になるきっかけともなりました。

## 2 存在感を増す日本銀行

日本銀行（日銀）は日本の中央銀行であり、ほかの銀行とは違う性質をもっています。中央銀行であるということで、日銀は①通貨を発行する発券銀行、②銀行にお金を貸す銀行の銀行、③政府の国庫金を管理する政府の銀行、という、他の銀行にはない役割を担っています。

日銀の役割のうち、特に重要と考えられるのは、①の通貨の発行権限です。日銀は、通貨の発行をコントロールすることで、物価を安定させ、さらには日本の金融システム全体の安定を維持しています（金融政策の実施）。

物価や金融システムは、国民の生活にも、そして国の財政状況にも大きな影響を及ぼします。したがって、中央銀行の役割や位置づけについて、憲法で規定する国もあります。ところが、日本国憲法には、日銀に関する規定はありません。そのため、重要な役割を担う日銀と、特に政府との関係はどうあるべきなのか、議論が続けられてきています。

実際、近年では「アベノミクス」を皮切りに、一連の景気浮揚策が採用されていますが、その中心は物価上昇によるデフレからの脱却であり、そのためには、右上の図のように、日銀が量的質的緩和策を実施し、物価上昇を達成していくことが求められ

↓日銀による量的質的緩和

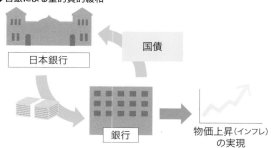

物価上昇（インフレ）の実現

筆者作成

ます。金融システムが発達した現代では、政府が経済政策を実現するためには、中央銀行との連携がキーとなってくるのです。

しかし、金融という分野は、特に専門的な知識が必要なものですから、中央銀行が政府の言いなりになってしまうのは、問題があります。ほかの国では、中央銀行の独立性を憲法で定める国もありますが、そうすると今度は、国民がコントロールできない機関になってしまうおそれもあります。日本でも中央銀行について、専門性と民主主義のバランスをどう図るべきか、憲法で規定することも含めて、一層の議論が必要でしょう。

---

★ ○×問題でチェック ★

問7 会計検査院は、書類上のチェックだけではなく、現場での実地検査も行っている。
問8 日本銀行の独立性は、憲法が保障するものである。

# 天皇

## I　天皇の地位

**1条**　天皇は、日本国の象徴であり日本国民統合の象徴であつて、この地位は、主権の存する日本国民の総意に基（もとづ）く。

**2条**　皇位は、世襲（せしゅう）のものであつて、国会の議決した皇室典範（てんぱん）の定めるところにより、これを継承する。

### 1　天皇とは

↓戦前と戦後

|  | 明治憲法 | 日本国憲法 |
|---|---|---|
| 地位 | 主権者・現人神 | 象徴 |
| 権限 | 統治権の総攬者 | 形式的・儀礼的権限 |

筆者作成

　天皇は戦前、人間の形をした神（現人神（あらひとがみ））でした。天皇の祖先である瓊瓊杵尊（ににぎのみこと）が、天照大神（あまてらすおおみかみ）の神勅（しんちょく）により、豊葦原千五百秋瑞穂国（とよあしはらのちいおあきのみずほのくに）、すなわち日本を統治してよいとされ、天皇の家系がそれを永久に継承すべきとされていました。明治憲法1条の「大日本帝国ハ万世一系（ばんせいいっけい）ノ天皇之（これ）ヲ統治ス（おか）」がまさにこのことを示しています。

　また天皇は「神聖ニシテ侵スヘカラス」（明治憲法3条）とされ、

国の元首（げんしゅ）にして統治権を総攬（そうらん）（掌握（しょうあく）して治めること）するとされていました（同4条）。旧憲法における天皇には、立法・司法・行政の三権を握る神聖な主権者の地位が与えられていたのです。

　戦後、天皇は人間宣言を経て、単なる「象徴」となりました。その権限も、国事行為という、何らの政治的決定権を有しない形式的・儀礼的な行為に限られるとされています。

↓天照大神

public domain

### 2　世襲

　天皇は、世襲（せしゅう）制となっています。憲法14条の平等原則からすると、世襲制は憲法と矛盾するようにも思えますが、憲法自身が認めているので、違憲とはいえません。

　また現行法上は男性しか天皇になれません。これは憲法ではなく、皇室典範の1条において、「皇位は、皇統に属する男系の男子が、これを継承する」と定められているからです。これも憲法14条の男女平等に反するように思えますが、14条の例外として合憲と考えられています。歴史的にみると、推古天皇（すいこ）のように、女性が天皇になったことがあり、過去には女性天皇の議論もありました。憲法は女性天皇を禁止しているわけではないので、皇室典範を改正して、女性天皇の途を開くこともできないわけではありません。

↓明治以降の歴代天皇

明治天皇　　大正天皇　　昭和天皇　　　上皇　　　　天皇

public domain および宮内庁 HP

### 3　居住地

　天皇が住んでいるのは皇居です。住所は東京都千代田区千代田1-1となります。天皇の住居は、御所です。公的行事や政務は、宮殿で行われます。

　皇居外苑（がいえん）（皇居前広場）では、1950年まで毎年5月1日に中央メーデーと呼ばれる全国の労働者の集会が実施されていました。現在、集会や国会前デモのスタート地点としては日比谷駅の近くにある日比谷公園がよく使われています。

　また栃木県の那須（なす）や神奈川県の葉山（はやま）に御用邸と呼ばれる別荘があります。お墓は天皇陵（りょう）ですが、昭和天皇の武蔵野陵は東京の八王子市にあり、高尾山の近くです。

↓皇居とその周辺

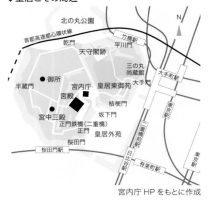

宮内庁 HP をもとに作成

★○×問題でチェック★

問1　明治憲法下で、天皇は統治権の総攬者であった。
問2　日本国憲法には天皇は男子に限ると定められている。

## Ⅱ　天皇の仕事

**3条**　天皇の国事に関するすべての行為には、内閣の助言と承認を必要とし、内閣が、その責任を負ふ。

**4条1項**　天皇は、この憲法の定める国事に関する行為のみを行ひ、国政に関する権能を有しない。

**6条**　天皇は、国会の指名に基いて、内閣総理大臣を任命する。
2　天皇は、内閣の指名に基いて、最高裁判所の長たる裁判官を任命する。

**7条**　天皇は、内閣の助言と承認により、国民のために、左の国事に関する行為を行ふ。
一　憲法改正、法律、政令及び条約を公布すること。
二　国会を召集すること。
三　衆議院を解散すること。
四　国会議員の総選挙の施行を公示すること。
五　国務大臣及び法律の定めるその他の官吏の任免並びに全権委任状及び大使及び公使の信任状を認証すること。
六　大赦、特赦、減刑、刑の執行の免除及び復権を認証すること。
七　栄典を授与すること。
八　批准書及び法律の定めるその他の外交文書を認証すること。
九　外国の大使及び公使を接受すること。
十　儀式を行ふこと。

### 1　国事行為

　憲法には、天皇の仕事として、国事行為が規定されています。国事行為は形式的・儀礼的行為であり、天皇が何かを決める決定権はないとされています。たとえば憲法6条には、天皇が内閣総理大臣を「任命」するとありますが、天皇に誰を選ぶかの決定権はなく、国会で指名された人物しか任命できません。また天皇は法律を「公布」するとされていますが、いかに違憲の疑いのある法律であるとしても、天皇にはその公布を止める権限はなく、公布という選択肢しかないのです。2017年の衆議院の解散前後の天皇の動静をみると、何が国事行為なのかがよくわからないかもしれません。9月26日の外国の大使の接受、27日の任命式、28日の（衆議院の解散に関する）執務は国事行為といえますが、それ以外は国事行為ではありません。春季皇霊祭など宗教的行事は天皇の私的行為、国民体育大会の視察などは公的行為とされています。

↓外国の大使への信任状には天皇の署名（御名）と御璽（ぎょじ）の印が押される

public domain

↓衆議院の解散があった週の天皇の動静（2017年）

| 9月23日（土） | 秋季皇霊祭・秋季神殿祭の儀（皇霊殿および神殿） | 9月27日（水） | 進講（外務省総合外交政策局長）（御所）<br>認証官任命式（副大臣2名）（宮殿） |
|---|---|---|---|
| 9月25日（月） | 後陽成天皇四百年式年祭の儀（皇霊殿）<br>会釈（勤労奉仕団）（蓮池参集所）<br>説明（宮内庁総務課長（愛媛県開催第72回国民体育大会の関連行事および県内視察の全日程について））（御所）<br>執務（御所） | 9月28日（木） | 執務（御所）<br>会釈（勤労奉仕団）（蓮池参集所）<br>執務（御所）<br>※9時33分から9時42分に閣議が開催され、衆議院解散が決定された。その後、天皇により解散の詔書が作成され、正午に衆議院が招集され、議長から「日本国憲法第7条により、衆議院を解散する」との詔書が朗読された後、万歳、拍手がなされ、解散された。 |
| 9月26日（火） | 引見（離任ウルグアイ大使夫妻）（御所）<br>拝謁（赴任大使）（御所）<br>お茶（赴任大使夫妻（ノルウェー、セルビア、ポルトガル、ボツワナ））（御所）<br>執務（御所） | 9月29日（金）〜10月1日（日） | 第72回国民体育大会臨場にあわせて地方事情視察（愛媛県） |

宮内庁 HP をもとに筆者作成

★ ○×問題でチェック ★
問3　すべての国事行為には、内閣の助言と承認を必要とする。
問4　天皇は、内閣総理大臣を指名する。

## 2 衆議院の解散

衆議院の解散については、憲法69条に内閣の不信任決議が可決された場合（☞**21-1 3**）などが定められていますが、69条による解散は過去に4回しか行われていません。それ以外は、天皇の国事行為として衆議院解散を掲げる憲法7条3号に基づいて行われています（いわゆる**7条解散**）。

憲法7条3号には「衆議院を解散すること」とありますが、衆議院の解散は高度の政治性を有する行為であり、国政に関する権能を有しない天皇がいつ解散するかを実質的に決定できるとは考えられません。そこで「内閣の助言と承認」に実質的な決定権を読み込み、内閣（実際上は、内閣総理大臣）が解散を決定できるとされています。

憲法7条によれば、内閣はいつでも衆議院を解散できることになりますが、あまり自由に解散できるとなると、内閣の支持率が高いときや野党の選挙準備が不十分なときなど、政権与党が勝てる見込みがあるときにしか衆議院を解散しなくなる可能

性があります。本来、衆議院の解散は、4年の任期満了前か、真に民意を問う必要がある場合に限るべきでしょう。

**↓2017年9月28日の衆議院解散**

つのだよしお／アフロ

**↓現憲法下の衆議院の解散**

| 解散日時 | 解散時の内閣 | 解散の通称 |
|---|---|---|
| 1948.12.23 | 吉田（第2次）※ | 馴れ合い解散 |
| 1952. 8.28 | 吉田（第3次） | 抜き打ち解散 |
| 1953. 3.14 | 吉田（第4次）※ | バカヤロー解散 |
| 1955. 1.24 | 鳩山（第1次） | 天の声解散 |
| 1958. 4.25 | 岸（第1次） | 話し合い解散 |
| 1960.10.24 | 池田（第1次） | 安保解散 |
| 1963.10.23 | 池田（第2次） | 所得倍増解散 |
| 1966.12.27 | 佐藤（第1次） | 黒い霧解散 |
| 1969.12. 2 | 佐藤（第2次） | 沖縄解散 |
| 1972.11.13 | 田中（第1次） | 日中解散 |
| 1976.12. 5 | 三木 | |
| 1979. 9. 7 | 大平（第1次） | 増税解散 |
| 1980. 5.19 | 大平（第2次）※ | ハプニング解散 |
| 1983.11.28 | 中曽根（第1次） | 田中判決解散 |
| 1986. 6. 2 | 中曽根（第2次） | 死んだふり解散 |
| 1990.1.24 | 海部（第1次） | 消費税解散 |
| 1993. 6.18 | 宮澤※ | 政治改革解散 |
| 1996. 9.27 | 橋本（第1次） | 小選挙区解散 |
| 2000. 6. 2 | 森（第1次） | 神の国解散 |
| 2003.10.10 | 小泉（第1次） | マニフェスト解散 |
| 2005. 8. 8 | 小泉（第2次） | 郵政解散 |
| 2009. 7.21 | 麻生 | 政権選択解散 |
| 2012.11.16 | 野田（第1次） | 近いうち解散 |
| 2014.11.21 | 安倍（第2次） | アベノミクス解散 |
| 2017. 9.28 | 安倍（第3次） | 国難突破解散 |
| 2021.10.14 | 岸田 | コロナ解散 |

※は内閣不信任可決（憲法69条）によるもの 　　　　筆者作成

## 3 国事行為以外の行為

天皇にもプライベートがあり、平成天皇はハゼの研究をしていましたし、皇居内で車も運転していました。また宮中祭祀を執り行っており、毎年11月23日には、新嘗祭を行い、衆参両議院議長、内閣総理大臣、最高裁長官なども招かれています。

そのほか国事行為でもなく、プライベートでもないものとして、公的行為というカテゴリーが存在しています。たとえば毎年1月2日に皇居で行われている新年一般参賀です。また園遊会なども開催しています。平成天皇の時代には、東日本大震災などの被災者のお見舞い、戦没者慰霊のためのパラオ訪問など、象徴としての公的な行為が積極的に行われましたが、憲法に規定されていない行為を拡大してよいのか議論があります。

週刊誌を見ると、天皇・皇族のプライベートに関する記事が多く掲載されています。天皇・皇族は公人なので、原則として名誉毀損は成立しにくいと考えられています。しかし、取材もせず、憶測に基づくような記事はあるべきではないでしょう。また眞子内親王の婚姻時にあったように、相手方の親族についてまで取り上げることが果たして必要かどうかについては、よく考えなければならないでしょう。

**↓一般参賀**

宮内庁HP

**↓園遊会**

宮内庁HP

**↓パラオ訪問**

宮内庁HP

**↓眞子元内親王の結婚会見**

ロイター／アフロ

★○✕問題でチェック★
問5　衆議院の解散は憲法7条によって行われることが多い。
問6　新年の一般参賀は、国事行為として憲法に規定されている。

# III 天皇の退位

天皇の退位等に関する皇室典範特例法

1条　この法律は、天皇陛下が、昭和64年1月7日の御即位以来28年を超える長期にわたり、国事行為のほか、全国各地への御訪問、被災地のお見舞いをはじめとする象徴としての公的な御活動に精励(せいれい)してこられた中、83歳と御高齢になられ、今後これらの御活動を天皇として自ら続けられることが困難となることを深く案(あん)じておられること、これに対し、国民は、御高齢に至るまでこれらの御活動に精励されている天皇陛下を深く敬愛し、この天皇陛下のお気持ちを理解し、これに共感していること、さらに、皇嗣(こうし)である皇太子殿下は、57歳となられ、これまで国事行為の臨時代行等の御公務に長期にわたり精勤(せいきん)されておられることという現下の状況に鑑(かんが)み、皇室典範（昭和22年法律第3号）第4条の特例として、天皇陛下の退位及び皇嗣の即位を実現するとともに、天皇陛下の退位後の地位その他の退位に伴い必要となる事項を定めるものとする。

2条　天皇は、この法律の施行の日限り、退位し、皇嗣が、直ちに即位するものとする。

↓「象徴としての務めについての天皇陛下のおことば」（2016年8月8日）

戦後70年という大きな節目を過ぎ、2年後には、平成30年を迎えます。

私も80を越え、体力の面などから様々な制約を覚えることもあり、ここ数年、天皇としての自らの歩みを振り返るとともに、この先の自分の在り方や務めにつき、思いを致すようになりました。

本日は、社会の高齢化が進む中、天皇もまた高齢となった場合、どのような在り方が望ましいか、天皇という立場上、現行の皇室制度に具体的に触れることは控えながら、私が個人として、これまでに考えて来たことを話したいと思います。

……何年か前のことになりますが、2度の外科手術を受け、加えて高齢による体力の低下を覚えるようになった頃から、これから先、従来のように重い務めを果たすことが困難になった場合、どのように身を処していくことが、国にとり、国民にとり、また、私のあとを歩む皇族にとり良いことであるかにつき、考えるようになりました。既に80を越え、幸いに健康であるとは申せ、次第に進む身体の衰えを考慮する時、これまでのように、全身全霊をもって象徴の務めを果たしていくことが、難しくなるのではないかと案じています。

……天皇の高齢化に伴う対処の仕方が、国事行為や、その象徴としての行為を限りなく縮小していくことには、無理があろうと思われます。また、天皇が未成年であったり、重病などによりその機能を果たし得なくなった場合には、天皇の行為を代行する摂政を置くことも考えられます。しかし、この場合も、天皇が十分にその立場に求められる務めを果たせぬまま、生涯の終わりに至るまで天皇であり続けることに変わりはありません。

天皇が健康を損ない、深刻な状態に立ち至った場合、これまでにも見られたように、社会が停滞し、国民の暮らしにも様々な影響が及ぶことが懸念されます。更にこれまでの皇室のしきたりとして、天皇の終焉に当たっては、重い殯(もがり)の行事が連日ほぼ2ヶ月にわたって続き、その後喪儀に関連する行事が、1年間続きます。その様々な行事と、新時代に関わる諸行事が同時に進行することから、行事に関わる人々、とりわけ残される家族は、非常に厳しい状況下に置かれざるを得ません。こうした事態を避けることは出来ないものだろうかとの思いが、胸に去来することもあります。

始めにも述べましたように、憲法の下(もと)、天皇は国政に関する権能を有しません。そうした中で、このたび我が国の長い天皇の歴史を改めて振り返りつつ、これからも皇室がどのような時にも国民と共にあり、相たずさえてこの国の未来を築いていけるよう、そして象徴天皇の務めが常に途切れることなく、安定的に続いていくことをひとえに念じ、ここに私の気持ちをお話しいたしました。

国民の理解を得られることを、切に願っています。

宮内庁HP（文・写真）

天皇は崩御(ほうぎょ)（逝去(せいきょ)の意味）した場合しか、退位することはありませんが、平成天皇にのみ適用される生前退位に関する法律が定められました。今回の平成天皇の生前退位についてはもともと国会や内閣が提案したものではなく、2016年8月8日に、ビデオメッセージとして、平成天皇から「象徴としてのお務めについての天皇陛下のおことば」が発表され、その後、内閣総理大臣が開催する「天皇の公務の負担軽減等に関する有識者会議」の報告書に基づき、国会で生前退位の法整備がなされるという経緯をたどっています。このように、天皇の発言をきっかけとして政治が動いたという点については、憲法上、問題がないとはいえません。

なお2019年4月30日の退位後、天皇は上皇(じょうこう)、皇后は上皇后(じょうこうごう)となりました。

★ ○×問題でチェック ★

問7　天皇は原則として自らの意思で退位することはできない。

問8　平成天皇のみの生前退位の法律が定められた。

## I 日本国憲法と平和主義

### 1 太平洋戦争終戦

↓1945年8月15日、グアム島の捕虜収容所で玉音放送を聞く日本軍将兵

Everett Collection／アフロ

1945年8月15日正午、昭和天皇による終戦の詔書の音読放送（玉音放送）がラジオを通してなされました。この放送は、日本国民に対して、太平洋戦争における日本の降伏を伝えるもので、日本では、この日を終戦の日としています。4年にわたる戦争は、日本だけでも300万人以上の犠牲者を出したといわれており、日本が降伏文書に調印した9月2日の2日後に召集された帝国議会の開院式では、終戦に伴う多くの苦難を克服し、わが国が信義を果たす意思を世界に知らせ、平和国家を確立して人類の文化に貢献することを希求する、というこれまでに例を見ない勅語が発せられました。同年11月末の帝国議会では、下村定陸軍大臣によって、軍の解体が表明され、日本は、平和国家に向けた新たな道を歩みはじめたのです。

### 2 憲法9条の成立過程

↓幣原喜重郎

AP／アフロ

↓ダグラス・マッカーサー

近現代PL／アフロ

争をも、放棄する。日本は、その防衛と保護を、今や世界を動かしつつある崇高な理想に委ねる。日本が陸海空軍を持つ権能は、将来も与えられることはなく、交戦権が日本軍に与えられることもない」というものでした。

GHQ民政局が新憲法の草案（GHQ案）を作成するに先立ち、政府に設置された憲法問題調査委員会（松本委員会）では、すでに新憲法の方針が確定しつつありました。ところが、この松本委員会試案は、天皇の統治権について明治憲法と同じ建前をとる保守的な内容であったため、GHQ案が作成されることになったのです。GHQ案は、2月13日に日本政府に手渡されました。政府はその内容に戸惑いますが、極東委員会における討議状況をふまえると、天皇の象徴的地位と国民主権および戦争放棄が要点である、とマッカーサーから説明を受けた幣原喜重郎首相は、GHQ案をもとに政府案を作成することにします。政府は、GHQ側との折衝を重ね、3月6日に憲法改正草案要綱を発表しました。戦争の放棄に関する規定は、衆議院本会議および委員会における審議を経て、現在の形に修正されました。2項に「前項の目的を達するため」という文言が挿入されていますが、これは憲法改正特別委員会小委員会において委員長芦田均によって提唱されたため、芦田修正と呼ばれています（☞II 2）。

憲法9条は、マッカーサー・ノートの第2原則に由来するといわれています。マッカーサー・ノートとは、1946年2月3日、当時の連合国最高司令官であったダグラス・マッカーサーが、同総司令部（GHQ）の民政局（コートニー・ホイットニー局長）に憲法草案の作成を命じる際に、新憲法の基本原則として提示した3つの項目のことです。その第2原則は、「国権の発動たる戦争は、廃止する。日本は、紛争解決のための手段としての戦争、さらに自己の安全を保持するための手段としての戦

★○×問題でチェック★

問1　日本では、降伏文書に調印した9月2日を終戦の日としている。
問2　憲法9条は、マッカーサー・ノート第2原則に由来する。

# Ⅱ　戦争の放棄

## 1　9条の特徴

**↓戦争や平和に関する各国の規定**

### 侵略戦争のみを放棄

**1791年フランス憲法**
フランス国民は、征服を行うことを目的とするいかなる戦争を企てることをも放棄し、かついかなる人民の自由に対してもその武力を決して行使しない。

**1946年フランス第四共和国憲法前文**
その伝統に忠実なフランス共和国は、国際公法の原則に従う。フランス共和国は、征服を目指していかなる戦争をも企てることがなく、また、いかなる民族の自由に対してもその実力を行使することがないであろう。

**1949年ドイツ連邦共和国基本法26条**
諸国民の平和的な共同生活を乱すおそれがあり、かつその意図をもって行われる行為、特に侵略戦争の遂行を準備する行為は、これを違憲とする。これらの行為は、処罰される。
（その他）**1987年大韓民国憲法5条、1976年キューバ共和国憲法12条**など

### 国家の政策の手段としての戦争を放棄

**1931年スペイン憲法6条**
スペインは国家の政策の手段としての戦争を放棄する。
（その他）**1935年フィリピン憲法2条**

### 国際紛争解決手段としての戦争の否認

**1947年イタリア共和国憲法11条**
イタリア国は、他国民の自由を侵害する手段としての戦争、および国際紛争を解決する方法としての戦争を否認し、他国と互いに等しい条件のもとに、諸国民の間に平和と正義を確保する秩序にとって必要な主権の制限に同意し、この目的を有する国際組織を推進し、助成する。

### 恒常的軍隊の禁止

**1949年コスタリカ共和国憲法12条**
軍は、恒常的組織としては、これを禁止する。
警備および公安維持のため、必要な警察力を設ける。
アメリカ大陸協定によってのみ、または国家防衛のためにのみ、軍を組織する。いずれの場合においても、軍は、常に非軍事的権力部門に隷属しなければならない。軍は、みずから又はその他のものと共同して、政見を発表し又は宣言を発することができない。

佐藤功『日本国憲法概説〔全訂第5版〕』（学陽書房・1996年）および山中永之佑ほか
『新・資料で考える憲法』（法律文化社・2012年）を参考に筆者作成

　憲法9条は、戦争放棄を定めた規定として知られていますが、憲法で戦争放棄を謳う例として、早くは1791年フランス憲法があります。また、第二次世界大戦後には、1946年フランス第四共和国憲法や1949年ドイツ連邦共和国基本法なども侵略戦争の放棄を宣言しています。しかし、これらの規定は、戦争の全面的放棄と軍備の不保持まで徹底したものではありません。不戦条約にみられるように、国際法上は、自衛権は各主権国家に内在するため、自衛権に基づく戦争を行うことと、そのために必要な軍備を保持することは、禁止されないと考えられているからです。憲法9条は、戦争の放棄を宣言するにとどまらず、戦力の不保持と国の交戦権の否認まで打ち出した点において、きわだった特徴を示しているといえるでしょう。なお、日本以外では、パナマとコスタリカが戦力（軍隊）の保持を禁止していますが、この両国ともに交戦権は認めています。

## 2　9条の解釈

**↓日本国憲法公布原議書（いわゆる芦田修正）**

第九条　第二章　戦争の抛棄

日本國民は、正義と秩序を基調とする國際平和を誠實に希求し、國權の發動たる戦争と、武力による威嚇又は武力の行使は、國際紛争を解決する手段としては、永久にこれを抛棄する。

前項の目的を達するためには、陸海空軍その他の戦力は、これを保持してはならない。國の交戦權は、これを認めない。

放棄　解決の手段としては、永久にこれを抛棄する。

の議決に基かなければならない。

国立公文書館デジタルアーカイブ

**↓9条の解釈をめぐる見解**

| 1項「国際紛争を解決する手段としては」 | | 2項「前項の目的を達するため」 | |
|---|---|---|---|
| A1 | 一切の戦争を放棄している（∵侵略戦争と自衛のための戦争とを実際に区別することは困難である。9条は、「戦争の惨禍」に対する反省に基づいている） | B1 | 「正義と秩序を基調とする国際平和を誠実に希求」する目的 |
| A2 | 侵略戦争は放棄しているが、自衛のための戦争は放棄していない（国際法上、侵略戦争と自衛戦争とは区別され、違法なのは前者のみである。主権国家は、自衛のための戦争を行う権限を保持している） | B2 | A2を前提に、侵略戦争を放棄する目的 |

A1説 → B1説
A2説 → B2説

①A1説＋B1説
　1項でA1説をとる場合、2項では必然的にB1説をとることになる（1項全面放棄説）
②A2説＋B1説
　「正義と秩序を基調とする国際平和を誠実に希求」するという理念のために、2項で戦力の不保持や交戦権が否認される。したがって、自衛戦争を含む一切の戦争が放棄される（2項全面放棄説）
③A2説＋B2説
　自衛のための武力行使や戦力保持は認められる

筆者作成

　憲法9条は、自衛戦争を含む一切の戦争を放棄している、と考えるのが憲法学の通説ですが、この見解に至る論理構成は少し複雑です。1項の「国際紛争を解決する手段としては」とは、自衛戦争を含む一切の戦争を意味すると考える見解（A1説）に立つと、2項の「前項の目的」とは、国際平和を希求する目的ないし一切の戦争を放棄する目的を意味すると解することになり、自衛戦争を含む一切の戦争の放棄、かつ戦力の全面的な不保持という結論に至ります（1項全面放棄説）。他方、主権国家は自衛のための戦争を行う権限を保持しているのであり、国際法上の通常の用例でも、「国際紛争を解決する手段としては」とは、侵略戦争を意味すると考えられているから、1項で放棄されるのは侵略戦争のみであると考える見解（A2説）に立つと、2項の「前項の目的」をどう解釈するかによって、結論が異なってきます。侵略戦争を放棄する目的と考えれば（B2説）、侵略戦争のための戦力は保持しない、つまり自衛のための戦力は保持できるという結論に至りますし、国際平和を希求する目的と考えれば（B1説）、一切の戦力の保持が禁止される結果として、自衛および制裁のための戦争も実際的には行うことができないことになります（2項全面放棄説、通説）。

★○×問題でチェック★
問3　憲法で「戦争の放棄」を定めているのは、日本国憲法だけである。
問4　憲法9条2項は、自衛のための戦力も含めて一切の戦力を放棄している、と考えるのが通説である。

# Ⅲ 自衛権と9条

## 1 自衛権とは何か

↓個別的自衛権、集団的自衛権、集団安全保障の違い

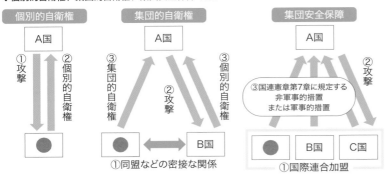

Huffpost 2014年6月21日記事「【集団的自衛権】なぜ自民党は今になって『集団安全保障』を持ちだしたのか　石破茂幹事長が説明」を参考に筆者作成

自衛権という言葉は、日本国憲法には登場しませんが、憲法9条の解釈をめぐり、自衛のための戦争・武力による威嚇・武力の行使ができるか否か、ということとの関係で問題になってきました。国連憲章51条は、「この憲章のいかなる規定も、国際連合加盟国に対して武力攻撃が発生した場合には、安全保障理事会が国際の平和及び安全の維持に必要な措置を採るまでの間、個別的又は集団的自衛の固有の権利を害するものではない」と規定しており、自衛権として個別的自衛権と集団的自衛権を挙げています。

日本政府は、国際法上の考え方に従って、主権国家には固有の権利として自衛権が認められており、憲法9条はこの自衛権を否定していない、という立場に立ったうえで、個別的自衛権については、①わが国に対する急迫不正の侵害があること、②この場合にこれを排除するために他の適当な手段がないこと、③必要最小限度の実力行使にとどまるべきこと、という3要件を満たす場合に限り発動できると解釈していました。これに対して、集団的自衛権（自国と密接な関係にある外国に対する武力攻撃を、自国が直接攻撃されていないにもかかわら

ず、実力をもって阻止する権利）については、主権国家が有する自衛権は集団的自衛権を含むとしながらも、その行使は、「わが国を防衛するため必要最小限度の範囲」を超えるものであって憲法上許されない、と考えてきました。

ところが、2014年7月1日の閣議決定において、安倍晋三内閣は、日本をめぐる安全保障環境の変化を理由に、限定的な集団的自衛権の行使は憲法上可能である、と政府見解を変更します（いわゆる解釈改憲）。以後、❶わが国またはわが国と密接な関係にある他国に対する武力攻撃が発生し、これによりわが国の存立が脅かされ、国民の生命、自由および幸福追求の権利が根底から覆される明白な危険があること（存立危機事態）、❷これを排除し、わが国の存立を全うし、国民を守るために他に適当な手段がないこと、❸必要最小限度の実力行使にとどまるべきこと、という新3要件を満たす場合には、武力の行使が可能となりました。2015年9月には、これまで特別措置法で認められてきた他国軍への後方支援を恒久的に認める国際平和支援法および存立危機事態に対処するために自衛隊法、周辺事態法、PKO協力法などを改正する平和安全法制整備法を制定しました。

ところで、国連を中心とした国際社会全体の平和と安全の維持は、集団安全保障と呼ばれる制度によって保障されています。集団安全保障とは、国際社会において諸国が互いに侵略しないことを約束し、この約束に反して武力を行使する国が出てきた場合には、他国が協力して被害国を助け、加害国に対して経済的圧迫や軍事行動を加えるという制度で、諸国の結集した力によって戦争を抑止することを目的としています。日本の平和主義を考えるうえでは、国際的な視点も大切です。

## 2 自衛権と憲法裁判

↓砂川事件再審請求のために弁護団とともに東京高裁に向かう元被告の土屋源太郎氏（前列右から3人目）（2017年）

毎日新聞社

「戦力」の概念に関連して自衛隊の合憲性を争ういくつかの訴訟が提起されていますが、最高裁は一貫して判断を回避しています。一方、米軍駐留の合憲性については、東京都北多摩郡砂川町（当時）にあった米軍基地の拡張計画に反対する学生らが、柵を破壊し基地に立ち入ったため起訴された砂川事件（最高裁昭和34年12月16日判決）において、「戦力とは、わが国がその主体となってこれに指揮権、管理権を行使し得る戦力」をいうから、外国の軍隊は、たとえ日本に駐留するとしても「戦力」には該当しないと判断されました。2014年、砂川事件の元被告ら4人は、最高裁が破棄し、差し戻した後の有罪判決は誤判だったとして、免訴を求めて東京地裁に再審請求をしましたが、地裁・高裁における棄却を経て2018年7月、最高裁において、再審が開かれないことが確定しています。なお、砂川事件最高裁判決は、憲法9条と自衛権の関係について、9条は戦争を放棄し戦力の保持を禁止しているが、これによって「わが国が主権国として持つ固有の自衛権は何ら否定されたものではなく、わが憲法の平和主義は決して無防備、無抵抗を定めたものではない」と判示しています。

★○×問題でチェック★

問5　国連憲章が定めている自衛権は、個別的自衛権のみである。
問6　判例によれば、憲法9条は、日本が主権国としてもつ固有の自衛権を否定するものではない。

# IV 国際協力と9条

## 1 日米安保体制と自衛隊

↓市街地に隣接する普天間飛行場

ロイター／アフロ

2021年1月1日現在、在日米軍施設・区域（専用施設）は、その面積の約7割が、沖縄に集中しています（令和3年版防衛白書）。その法的根拠は、日本とアメリカの「相互協力」をうたう日米安全保障条約にあります。1960年の新安保条約では、日本有事の際の米軍の日本防衛義務を明確化し、極東における平和と安全の維持のために米軍駐留を引き続き認めました。日米安全保障条約を中核とする日米安保体制は、1997年日米防衛協力のための指針、1999年周辺事態法、2001年テロ対策特別措置法、2003年イラク人道復興支援特措法（4年間の時限立法）といった法制により、自衛隊の権限を拡張し、アメリカ軍への支援を可能としてきました。2014年に集団的自衛権の行使を限定的に容認（☞ III 1 ）して以降は、存立危機事態に対応するために、自衛隊の権限はさらに拡大されています。

## 2 国際平和協力活動と自衛隊

↓自衛隊の国際平和協力活動等

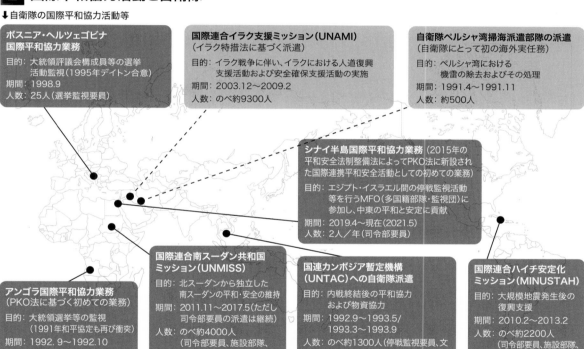

**ボスニア・ヘルツェゴビナ 国際平和協力業務**
目的：大統領評議会構成員等の選挙 活動監視（1995年デイトン合意）
期間：1998.9
人数：25人（選挙監視要員）

**国際連合イラク支援ミッション（UNAMI）** （イラク特措法に基づく派遣）
目的：イラク戦争に伴い、イラクにおける人道復興 支援活動および安全確保支援活動の実施
期間：2003.12～2009.2
人数：のべ約9300人

**自衛隊ペルシャ湾掃海派遣部隊の派遣** （自衛隊にとって初の海外実任務）
目的：ペルシャ湾における 機雷の除去およびその処理
期間：1991.4～1991.11
人数：約500人

**シナイ半島国際平和協力業務**（2015年の 平和安全法制整備法によってPKO法に新設され た国際連携平和安全活動としての初めての業務）
目的：エジプト・イスラエル間の停戦監視活動 等を行うMFO（多国籍部隊・監視団）に 参加し、中東の平和と安定に貢献
期間：2019.4～現在（2021.5）
人数：2人／年（司令部要員）

**アンゴラ国際平和協力業務** （PKO法に基づく初めての業務）
目的：大統領選挙等の監視 （1991年和平協定も再び衝突）
期間：1992.9～1992.10
人数：3人（選挙監視要員）

**国際連合南スーダン共和国 ミッション（UNMISS）**
目的：北スーダンから独立した 南スーダンの平和・安全の維持
期間：2011.11～2017.5（ただし 司令部要員の派遣は継続）
人数：のべ約4000人 （司令部要員、施設部隊、 連絡調整要員）

**国連カンボジア暫定機構 （UNTAC）への自衛隊派遣**
目的：内戦終結後の平和協力 および物資協力
期間：1992.9～1993.5／ 1993.3～1993.9
人数：のべ約1300人（停戦監視要員、文 民警察要員、施設部隊、選挙要員）

**国際連合ハイチ安定化 ミッション（MINUSTAH）**
目的：大規模地震発生後の 復興支援
期間：2010.2～2013.2
人数：のべ約2200人 （司令部要員、施設部隊、 連絡調整要員）

内閣府「活動を振り返る PKO25年」を参考に筆者作成

自衛隊の海外派遣については、正規の国連軍、国連平和維持活動（PKO）、多国籍軍の活動への参加・協力の可否が、「武力による威嚇又は武力の行使」との関係で問題になってきました。正規の国連軍への参加は、武力行使を伴うことから憲法上許されないと解されていますが、1992年のPKO協力法制定以降、国連PKOへの自衛隊の参加が可能になり、カンボジアやスーダンにおける任務が遂行されています。イラク戦争では、多数の自衛隊員が、人道復興支援活動および安全確保支援活動にあたりましたが、これはイラク人道復興支援

特措法に基づくものです。自衛隊による国際貢献が一定の評価を得る一方で、国内ではこれらの自衛隊派遣に対する差止め訴訟が相次いで提起されるなど、その合憲性が議論の対象となっています。日本国憲法は、平和主義と同時に、国際協調主義（前文第3段、98条2項）を掲げています。2006年の自衛隊法改正では、「国際社会の平和及び安全の維持に資する活動」が、自衛隊の任務の1つとして明記されました。国際社会の平和と安全への自衛隊の貢献のあり方の変化は、日本の安全保障政策と無関係ではありません。

★ ○×問題でチェック ★
問7 米軍の日本駐留は、法的根拠のない違法なものである。
問8 日本国憲法は、平和主義だけでなく国際協調主義も掲げている。

# 29 日本憲法史

## I 大日本帝国憲法の制定

### 1 憲法制定の必要性

↓条約改正問題をめぐる動き

| | | |
|---|---|---|
| 1853年 | 7月 | アメリカ合衆国東インド艦隊司令官ペリー、浦賀に来航 |
| 1854年 | 3月 | 日米和親条約に調印 |
| 1856年 | 8月 | アメリカ総領事ハリス着任 |
| 1858年 | 7月 | 日米修好通商条約に調印 |
| | 8月 | オランダ・ロシア・イギリスと調印 |
| | 10月 | フランスとの修好通商条約に調印（安政五カ国条約成立） |
| 1860年 | 3月 | 桜田門外の変 |
| 1868年 | 10月 | 明治と改元、一世一元の制をしく |
| 1869年 | 2月 | 北ドイツと修好通商航海条約に調印 |
| | 10月 | オーストリア＝ハンガリー帝国と修好通商航海条約に調印 |
| 1871年 | 12月 | 岩倉使節団、横浜を出発 |
| 1873年 | 10月 | 征韓論の政変（西郷・板垣などの5参議の下野） |
| 1878年 | 2月 | 寺島宗則外務卿の条約改正方針 |
| 1880年 | 6月 | 井上馨外務卿の改正条約草案成立 |
| 1881年 | 10月 | 国会開設の勅諭、明治14年の政変（大隈重信の下野） |
| 1882年 | 1月 | 条約改正予議会始まる |
| 1887年 | 4月 | 裁判管轄条約案の作成 |
| 1888年 | 2月 | 大隈重信、外務大臣に就任 |

※年月は、太陽暦採用以前のものも太陽暦に統一して記載した。
大石眞『日本憲法史〔第2版〕』（有斐閣・2005年）および笠原一男・安田元久編
『日本史小年表』（山川出版社・1972年）を参考に著者作成

1858年の日米修好通商条約に始まる安政五カ国条約は、日本が鎖国政策を放棄し、国際社会に加入したという意味で画期的なものでした。しかし、その条約の内容は、日本の関税自主権と司法権を制限する不平等なものであり、日本は、経済的な不利益をこうむるだけでなく、独立国として当然有すべき主権が制限されていたのです。もっとも、このような不平等条約、とりわけ領事裁判権は、欧米諸国にとっては、風俗や宗教、そして何より法制の違いに基づく不都合から自国民を保護する、という意味合いをもつものでした。したがって、不平等条約を改正し、日本の法権（国際法上、一国が外国人に対して有する民事・刑事の裁判権）を回復するためには、国内の法制度を欧米諸国並みに整備して、領事裁判制度の存在意義をなくす必要があったのです。岩倉使節団を通じて欧米列強の法制度を目の当たりにした日本政府は、憲法をはじめとする国内の基本的な法典を整備し、立憲主義（☞18-I）を導入する必要性を、さらに強く実感することになります。

### 2 自由民権運動——国会開設運動と私擬憲法の起草

↓私擬憲法の例

**交詢社**（福沢諭吉、小幡篤次郎、馬場辰猪、矢野龍渓ら）
**私擬憲法案**
（1881年4月、全79か条）
イギリス流立憲君主制、国民の権利、二院制

**筑前共愛公衆会**
（筑前各市町村から委員を選出、豪農層中心、向陽社（のちに玄洋社）とつながり）
**大日本帝国憲法概略見込書**
（1880年2月、全138か条）
立憲君主制（女帝容認）、国民の権利（帰化外国人含む）、選挙方法（戸主に限るが、納税額による制限なし）、二院制

**五日市学芸講談会、五日市学術討論会**
（千葉卓三郎、地元の地主、農民ら）
**五日市憲法草案**
（1881年4～9月、全204か条）
イギリス流立憲君主制、150条にわたる人権保障規定、二院制、地方自治権

**立志社**
（板垣退助、片岡健吉、植木枝盛ら）
**日本憲法見込案**
（1881年9月、全192か条）立憲君主制、国民の権利、選挙方法、一院制

**植木枝盛**
**東洋大日本国国憲按**
（1881年8月、全220か条）
連邦制構想、明確な人権保障規定、選挙権者から婦女を排除せず、一院制

筆者作成

1874年、愛国公党を結成した板垣退助は、民撰議院設立建白書を提出し、五箇条の御誓文の第1条「広く会議を興し、万機公論に決すべし」を根拠に、国政レベルの民選議会の開設を政府に要望します。しかし、政府の側では、全国的な議会の設立を構想しながらも、まずは地方民会からスタートさせるという考え方が主流でした。板垣は、大阪会議を経て参議に復帰し、漸進派の木戸孝允らと協調して、元老院・大審院・地方官会議を設置し、段階的に立憲政体を立てることを宣言する立憲政体の詔書の作成に携わりますが、間もなく辞職して、再び自由民権運動に身を投じます。民間の国会開設論・憲法制定論が隆盛を極めた1880年から1881年にかけては、多くの私擬憲法（民間の憲法試案）がつくられました。1881年10月、政府はついに国会開設の勅諭を発し、漸進主義を堅持しつつも、近い将来の国会開設を宣言します。

★○×問題でチェック★

問1　明治政府が目指した不平等条約改正の中身は、領事裁判権の撤廃と関税自主権の回復である。
問2　大日本帝国憲法の草案をつくったのは、もっぱら政府だけである。

## 3 明治典憲体制の成立

↓伊藤博文らが明治憲法の起草をした夏島の
別荘跡地に建立された明治憲法起草地記念碑

↓伊藤博文（左）と井上毅（右）

山口淳／アフロ　　　　　　　　　国立国会図書館データベース

　憲法制定に関しては、天皇の命を受けた元老院の「国憲」案に加え、内閣の首席参議大隈重信の憲法意見書（1881年3月。イギリス流議院内閣制の採用、年内の憲法制定、2年後の国会開設などを主張する急進的内容）や、岩倉具視から憲法問題の調査を命じられた井上毅が起草した岩倉の憲法意見書（同年7月。プロイセン型の政府が議会に優越する欽定憲法の制定を目指す漸進的内容）が出されていました。明治14年の政変で大隈が下野すると、岩倉の漸進主義路線で憲法制定が進められることになり、伊藤博文は、井上とお雇い外国人ロエスレルの草案を携え、伊東巳代治と金子堅太郎を従えて、夏島の別荘で集中的な検討を行います。ここで取りまとめられたのが、いわゆる夏島草案です。これに並行して、皇室典範の起草も進められており、1889年2月11日、皇室典範と大日本帝国憲法とが、ともに最高の形式的効力をもつ法典として制定され、憲法秩序を形成しました。これを明治典憲体制と呼んでいます。

## 4 大日本帝国憲法の特徴

↓大日本帝国憲法の特徴

| 形式 | 欽定憲法 | |
| --- | --- | --- |
| 主権 | 天皇主権 | |
| 天皇の地位 | 国家元首、神聖不可侵（3条） | |
| 天皇大権 | 緊急勅令（8条）、独立命令（9条） | |
| | 陸海空軍の統帥権（11条）、編成権（12条）、宣戦・講和の権限（13条） | |
| | 天皇が統治権を総攬（4条） | 帝国議会（貴族院と衆議院）は天皇の立法権行使に協賛（5条） |
| | | 国務各大臣は天皇を補弼（55条1項） |
| | | 司法権は、裁判所が天皇の名において行う（57条1項） |
| 人権保障 | 「居住及移転ノ自由」「外信書ノ秘密」「所有権」「信教ノ自由」「言論著作印行集会及結社ノ自由」などを保障していたが、法律の留保のもとにあった（18～32条） | |

著者作成

　日本最初の成文憲法は、大日本帝国憲法（明治憲法）です。現在の日本国憲法と比べると、まるで異なっていることがわかるでしょう。まず、明治憲法は、天皇主権に基づき天皇が制定した欽定憲法です。主権を有する天皇が、臣民に対し恩恵として一定の権利を与えることを主たる内容としていました。議会は開設されましたが、あくまで天皇自身の立法権行使に協賛するものと位置づけられました。内閣についての定めはなく、国務各大臣による天皇の輔弼のみを定めており、司法権は、裁判所が天皇の名において行うとされました。さらに、軍の統帥権、編成権、および宣戦・講和の権限は天皇大権とされ、議会はこれに関与することができませんでした。臣民の権利については、信教の自由などの古典的自由権の多くについて、これを保障する規定をおいていましたが、それらは法律によってすれば制約できるものでした（法律の留保）。そして憲法改正は、ただ天皇によってのみ発議されると定められていました。

# II 日本国憲法の制定

## 1 ポツダム宣言受諾

　1945年7月、連合国から日本の無条件降伏を勧告するポツダム宣言が発せられました。政府は当初、これを無視する姿勢を示しますが、アメリカによる原爆投下、ソ連からの宣戦布告といった事態を受け、8月14日、ポツダム宣言を受諾する旨を連合国側に伝えるとともに、翌15日、玉音放送を通じて国民に終戦を伝えます（☞28-I 1）。9月2日には、日本全権代表とされた外務大臣重光葵と参謀総長梅津美治郎が、連合国作成の降伏文書に調印しました。日本は、国家統治の権限が連合国最高司令官の制限のもとにおかれるとともに、ポツダム宣言の条項を忠実に履行する義務を負うことになったのです。宮沢俊義は、この降伏の憲法的意味として、独立の停止（主権の喪失）、領土の縮小、軍国主義の否定（平和主義の確立）、基本的人権の尊重、国民主権の確立の5点を挙げています。

↓ミズーリ艦上で降伏文書の調印に臨む重光葵全権外相

AP／アフロ

★〇×問題でチェック★
問3　明治典憲体制の「典憲」とは、皇室典範と大日本帝国憲法を指す。
問4　大日本帝国憲法には、臣民の権利を保障する規定はなかった。

## 2 憲法改正草案の作成——GHQとの対峙

**↓毎日新聞によるスクープ記事**
**（1946年2月1日）**

**↓マッカーサー・ノート**

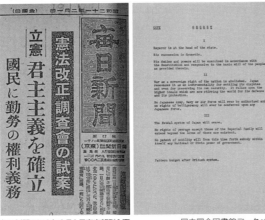

毎日新聞1946年2月1日東京朝刊1面

国立国会図書館データベース

終戦後まもなく、連合国最高司令官ダグラス・マッカーサーの指示に基づき、憲法改正が行われることになりました。政府内には、松本烝治を主任とする憲法問題調査委員会（松本委員会）が設置され、天皇が統治権を総攬するという明治憲法の基本原則の維持を前提に、議会権限の拡張、国務大臣の議会に対する責任、個人の権利と自由の保護の強化という方針が取りまとめられました。ところが、この松本委員会試案が毎日新聞にスクープされ、連合国総司令部（GHQ）に憲法改正草案の起草を決意させます。マッカーサーは、天皇は元首であって憲法に基づきその権限を行使すること、戦争放棄・戦力不保持、封建制度の廃止などを内容とする、いわゆるマッカーサー・ノートをGHQ民政局長コートニー・ホイットニーに提示して、GHQ草案の作成にあたらせました。こうして、国民主権、基本的人権の尊重、平和主義という基本原則を含んだGHQ草案が、日本国憲法の出発点となりました。

## 3 日本国憲法の成立

**↓憲法改正の限界と八月革命説**

| 憲法改正無限界説 | 憲法改正限界説 |
|---|---|
| 憲法改正権は、憲法制定権力が実定憲法の中に形態変化をとげて入り込んだものであり、その本質は憲法制定権力と同じである。改正手続を遵守すれば、いかなる内容の改正も許される。 | 憲法改正権は、憲法制定権とは質的に異なる。憲法制定権の法的根拠となる規範、すなわち当該憲法の基本価値を定める規範（根本規範）は、憲法改正権の上位に位置する。したがって、改正手続を遵守したとしても、根本規範を改正することはできず、改正の限界を超える場合は、改正ではなく「革命」である。<br>日本国憲法は、大日本帝国憲法の改正という手続をとって制定されたため、改正権の限界を超えるのではないか、ということが問題となった。これを法的に説明したのが、宮沢俊義の八月革命説である。 |

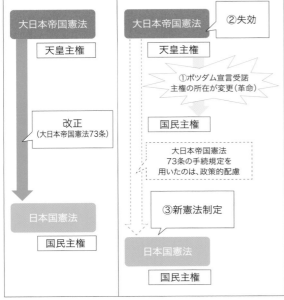

筆者作成

**↓戦後最初の衆議院議員総選挙で当選し、議場を見学する女性議員ら**

毎日新聞社

1945年11月26日、第89回帝国議会が召集されます。この議会の主要な目的は、衆議院議員選挙法を改正し、婦人に参政権を与え、選挙権の年齢要件を25歳から20歳に引き下げることでした。すみやかに総選挙を行って自由な民意に基づく政府をつくることが、幣原喜重郎内閣の任務の1つとして期待されていたのです。1946年4月10日、新選挙法のもとで総選挙が行われ、4月22日に幣原内閣は総辞職、ちょうど1か月の「政治の空白」を経て、5月22日に吉田内閣が成立しました。この選挙では、39名の女性議員が誕生しています。新憲法を審議した第90回帝国議会では、新憲法で国体は変わるのかという問題が最も注目を集めましたが、主権の所在に関しては、sovereignty の訳語として「至高」を「主権」に改め、戦争の放棄に関しては芦田修正（☞28-1 **2**）がなされるなど、重要な修正も加えられています。その後、貴族院による審議と枢密院による諮詢を経て、日本国憲法が成立しました。このとき、大日本帝国憲法の改正という手続がとられたため、当時の支配的学説であった憲法改正限界説の立場からは違憲の憲法改正ではないかが問題となりました。これに答えたのが、宮沢俊義の八月革命説です。

問5　日本国憲法の基本原則の1つに天皇主権がある。
問6　八月革命説は、憲法改正限界説を前提にしている。

## 4 日本国憲法の公布

↓憲法公布当日、宮城前広場で開かれた東京都による
祝賀都民大会の様子

毎日新聞1946年11月4日東京朝刊1面

↓憲法普及会による紙芝居

朝日新聞社

天皇臨席のもと、東京都による祝賀都民大会が開かれ、宮城（皇居）前広場は祝福ムードにつつまれました。12月1日には、貴衆両院と政府が、新憲法の普及徹底のため、1年の期限付きで帝国議会内に憲法普及会を設け、会長に芦田均、副会長に金森徳次郎が就任しました。新憲法制定に尽力した2人が、今度は、その普及に取り組むことになったのです。

日本国憲法は、1946年11月3日に公布され、翌年5月3日に施行されています。日本国憲法公布の日、貴族院本会議場で式典が催され、勅語が下されました。その内容は、〈日本国民は、自ら進んで戦争を放棄し、全世界に永遠の平和が実現することを念願し、常に基本的人権を尊重し、民主主義に基づいて国政を運営することを定めたのであり、この憲法を正しく運用し、節度と責任とを重んじ、自由と平和とを愛する文化国家を建設するように努めよう〉、というものでした。同日、昭和

憲法普及会設立の背景には、明治憲法の運用にほころびが生じたのは、その精神の普及徹底が不十分であったためであるとの反省があったといいます。憲法普及会は、『新しい憲法　明るい生活』と題する小冊子を2000万部発行するなど、中央・地方において憲法普及事業を展開しました。憲法普及事業は憲法普及協会に引き継がれ、1954年に一応の成果をみて解散されるまで、全国各地で、講演会や展覧会、紙芝居や映画フィルムの上映など、精力的な活動が続けられました。

## Ⅲ　日本国憲法公布から75年

## 1 暮らしのなかの憲法

↓第1回緊急事態宣言発令の翌朝、閑散とした渋谷スクランブル交差点

アフロ

新型コロナウイルス（Covid-19）のまん延は、私たちの生活を大きく変化させました。外出自粛、学校の休校、在宅ワーク、飲食店の時短営業など、日本ではまん延防止対策の多くが「要請」という形式でなされており、法的な強制を伴うものではありません。しかし、実際には、一般的行為の自由（☞3-Ⅱ■）や人身の自由など、個人の活動の自由が大きく制約されていると感じる人も多いでしょう。行政活動は、平等原則、比例原則、適正手続の保障など、法の一般原則にも適合していなければなりません。コロナ禍は、私たちの社会生活に関連して、様々な憲法問題を提起しています。

## 2 憲法改正に向けた動き

↓憲法公布から71年、国会前で9条改正反対を訴える人たち

Rodrigo Reyes Marin／アフロ

2012年12月、自民党が政権に復帰し、第2次安倍内閣が成立すると、憲法改正が現実味を帯びてきて、憲法議論が盛り上がりをみせました。2014年のいわゆる解釈改憲、2015年の平和安全法制整備法案（☞28-Ⅲ■）をめぐっては、各地で大規模なデモが起こり、憲法学界からも強い反対論が出ました。これからの憲法の行く末について考えるということは、これからの日本のあり方について考えるということです。日本憲法史を振り返り、先人たちが獲得し保持してきたもの、後世に残すべきものについてじっくり考え、行動に移すことが大事です。未来は、私たち一人ひとりの手にかかっているといえるでしょう。

---

★〇×問題でチェック★
問7　日本国憲法は、大日本帝国憲法の改正手続を遵守して制定された。
問8　日本国憲法は、1947年5月3日に公布された。

## I　総　論

### 1　憲法の制定と憲法の改正

↓憲法制定権と憲法改正権の位置づけ

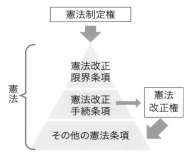

```
┌─────────────┐
│  憲法制定権  │
└─────────────┘
        ↓
     ┌─────────────┐
     │ 憲法改正     │
  憲  │ 限界条項     │
  法  ├─────────────┤  ┌────────┐
     │ 憲法改正     │→│ 憲法    │
     │ 手続条項     │  │ 改正権  │
     ├─────────────┤  └────────┘
     │ その他の憲法条項 │
```

筆者作成

　一般的に、憲法の制定と改正は、質的に異なるものと考えられています。一方で、憲法の制定に決まった手続はありません。血が流れることもあれば、戦後処理の一環としてなされることもあり、場合によっては民主的に決められることもあります。ただし、いったん憲法が制定されると、後戻りできない法の世界が開闢（かいびゃく）します。理論上は、それまでのことが嘘のように、秩序だった世界が現れるのです。その世界の基本的なルールは、憲法によって定められることになります。他方で憲法の基本ルールは、マイナーチェンジすることが憲法自身によって予定され、その手続も定められていることが一般的です（憲法改正手続）。なぜなら、基本的なルールが時代の要請に合わなくなることがあるためです。もっとも、その世界を構成する憲法の本質（アイデンティティ）にかかわる理（ことわり）は、後からは変更がききません（フルモデルチェンジの限界）。憲法改正の限界は、明文の規定があることもあれば、解釈上明らかになることもあります。

↓憲法制定と憲法改正の具体例

憲法制定は生の権力によるもの

**フランス革命**（第一共和制憲法）
[内容]王制の打倒と共和制の樹立
[手続]流血革命

**占領統治**（日本国憲法）
[内容]主権者の変更（天皇→国民）
[手続]明治憲法の全面改正
（「八月革命」☞**29-II 3**）

**憲法制定会議**（アメリカ連邦憲法）
[内容]連邦政府の樹立
[手続]連合規約の改訂
（ただし規約13条の手続に違反）

憲法改正は憲法の手続・改正限界に従った法的なもの

**人権条項や新しい理念の追加**
・同性婚の権利の承認または否認
・奴隷制廃止、死刑廃止
・環境保護原則の導入

**統治制度の改革**（水平方向）
・権力均衡の回復（大統領の任期改正など）
・新しい統治技術の導入（憲法裁判所制度など）

**統治制度の改革**（垂直方向）
・連邦と州の権限関係見直し（連邦の権限強化など）
・欧州議会選挙に関する改正（EUの権限強化など）

筆者作成

　憲法改正の内容は、人権条項を追加したり、統治構造を変革するなど様々です。いずれにせよ現行憲法の世界を維持するには、憲法改正手続を遵守（じゅんしゅ）することが必要で、改正手続を無視した「改正」は、もはや改正ではなく制定です。アメリカ憲法は連合規約の改訂という形で成立しましたが、規約改訂の手続を遵守していませんでした。また憲法改正の限界を超えた「改正」も同様です。日本国憲法は、明治憲法の改正手続に則（のっと）って成立しましたが、本質的内容に変更（天皇主権から国民主権へ）があるため、実質的には憲法制定とされます。

↓憲法制定と改正の境界線

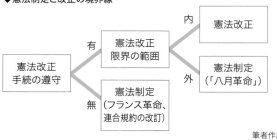

筆者作成

問1　憲法制定には、定められた手続がある。
問2　日本国憲法は、手続的には、明治憲法の改正という形で成立した。

## 2 硬性憲法と軟性憲法

↓憲法改正手続の比較

| | [軟性]通常の法律成立要件と同じ | | イギリス・イスラエル・ニュージーランド | | | | | |

| | ◆議会の議決数 | ◆+再度の議決 一定期間後に同一構成の議会 | ◆+再度の議決 選挙後の議会で再度の議決 | 憲法議会もしくは両院合同会議 | ◆+国民投票 すべての改正につき必要 | ◆+国民投票 重要事項についてのみ必要 | ◆+再度の議決+国民投票 | ◆+州承認 （）内は要件 |
|---|---|---|---|---|---|---|---|---|
| 過半数(50%) | | イタリア | スウェーデン | | アイルランド フランス | | アルジェリア デンマーク パナマ | オーストラリア(1/2) スイス(1/2) |
| 5分の3 | スロバキア チェコ チリ | トルコ ニカラグア ブラジル | | ロシア | | | | |
| 3分の2 | クウェート ドイツ パキスタン ポーランド ポルトガル マレーシア モナコ 中国 | ウクライナ エクアドル コスタリカ ペルー ベラルーシ | アイスランド オランダ ノルウェー フィンランド ベルギー | ハイチ パラグアイ | **日本** オーストリア 韓国 モロッコ ルーマニア | シンガポール スーダン スリランカ バングラディシュ モザンビーク | スペイン | アメリカ(3/4) インド(1/2) エチオピア(全) カナダ(2/3) メキシコ(1/2) 南アフリカ(2/3) |
| 4分の3 | シリア ブルガリア モンゴル | | | 台湾 | フィリピン | | | |

(左欄：[硬性]通常の法律成立要件を加重／議会議決要件よりも厳しい)

自由人権協会 HP をもとに筆者作成

憲法には、変えやすい憲法と変えにくい憲法があります。各国の憲法によって、改正手続が異なるからです。改正しやすい憲法のことを軟性憲法、改正しづらい憲法のことを硬性憲法といいます。一般的に、両者を分ける基準は、通常の法律制定手続よりも憲法改正手続が厳格かどうかです。憲法改正手続には、◆議会での議決、①再度の議決、②国民投票、③州による承認があります。◆を必須の要素として、各国それぞれで①・②・③を組み合わせる手続になっています。

## II 各国の憲法改正

### 1 憲法改正に関する実証データ

↓憲法の寿命

〈現存憲法典の寿命〉
平均16年　寿命(年数)
0 50 100 150 200 250

アメリカ
ベルギー
オランダ
カナダ
ルクセンブルク
オーストラリア
メキシコ
リヒテンシュタイン
アイルランド
アイスランド
オーストリア
日本
イタリア
韓国
イスラエル
インド
ドイツ
コスタリカ
ヨルダン
デンマーク

〈現存未改正憲法典の寿命〉
平均7年　寿命(年数)
0 20 40 60 80

日本
デンマーク
ナウル
セントビンセント
アンティグア
セントキッツ・ネイビス
フィリピン
リベリア
ベナン
ラオス
ウズベキスタン
サウジアラビア
パラグアイ
マリ
クウェート
ハイチ
ジブチ
ギニア

ケネス・盛・マッケルウェイン「日本国憲法の特異な構造が改憲を必要としてこなかった」中央公論2017年5月号81頁をもとに作成

近時、憲法改正に関する実証的な研究がなされており、興味深い結論が導かれています。全体でみると、アメリカ憲法は発効から230年以上と圧倒的長寿を誇っています。われらが日本国憲法も、平均寿命が16年のところ、施行から70年以上とかなり長寿であるといえます（12位）。また現存する未改正憲法だけで比べると、日本国憲法は最も古い憲法であることになります（平均寿命7年）。平均寿命の違いからも推察されるように、一般的に言って、憲法は改正された方が寿命は長くなると考えられます。修理して使った方が長持ちするのと同じ理屈です。日本国憲法がユニークなのは、修理していないのに長持ちしている点です。その理由は、日本国憲法の規律する事項が、他国に比べて相当少ないことにもあるようです。つまり、他国であれば憲法改正を必要とする事柄でも、日本では法律改正で済んでしまうので、憲法改正に頼らなくてもメンテナンスできてしまうわけです。

★○×問題でチェック★
問3　現在では、軟性憲法をもつ国はない。
問4　日本国憲法は、平均と比べれば、長寿である。

| | 国 | 制定年 | 改正率 | 議会での改正手続 |
|---|---|---|---|---|
| 1 | スウェーデン | 1974 | 82% | 過半数で2回 |
| 2 | ホンジュラス | 1982 | 80% | 3分の2 |
| 3 | インド | 1949 | 74% | 絶対多数 |
| 4 | ブラジル | 1988 | 74% | 5分の3 |
| 5 | メキシコ | 1917 | 72% | 3分の2 |
| 7 | オーストリア | 1945 | 66% | 3分の2 |
| 11 | ドイツ | 1949 | 52% | 3分の2 |
| 40 | アイルランド | 1937 | 23% | 過半数 |
| 93 | アメリカ | 1789 | 7% | 3分の2 |

マッケルウェイン・同前

世界ではどれくらいの頻度で改正がなされているのでしょうか（各国の改正手続比較は1・2の図を参照）。スウェーデンでは、比較的緩やかな改正手続で、ほぼ毎年のように改正されています。議会ハードルが低い方が、改正頻度が比較的高いことが見て取れます。もっとも、議会ハードルが3分の2のホンジュラスでもほぼ年1回改正されていますし、硬性憲法をもつその他の上位国でも、3年に2回や2年に1回ほど改正されています。

安倍晋三首相（当時）は、2013年の施政方針演説で、憲法96条（憲法改正手続条項）が厳格すぎるので96条を先行して改正しようという姿勢を打ち出しました。しかしこのデータによれば、（もちろん単純比較は禁物ですが）憲法改正の議会発議要件が3分の2という設定が、憲法改正を阻むほど厳格であるということにはならなさそうです。

## 2 各国の憲法改正の具体例

↓アメリカ連邦憲法第27修正が成立した経緯

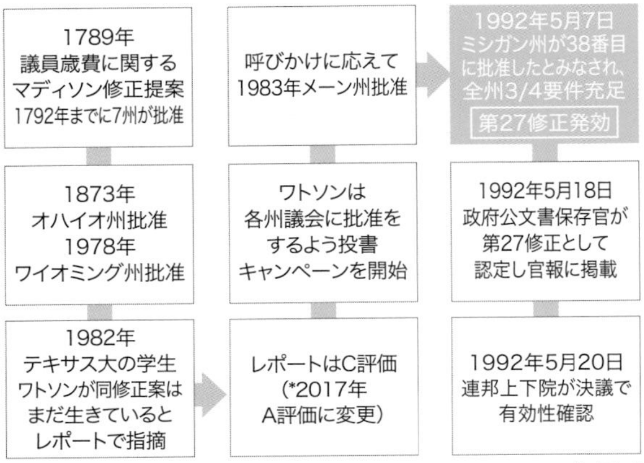

| | | |
|---|---|---|
| 1789年 議員歳費に関するマディソン修正提案 1792までに7州が批准 | 呼びかけに応えて1983年メーン州批准 | 1992年5月7日ミシガン州が38番目に批准したとみなされ、全州3/4要件充足 **第27修正発効** |
| 1873年 オハイオ州批准 1978年 ワイオミング州批准 | ワトソンは各州議会に批准をするよう投書キャンペーンを開始 | 1992年5月18日 政府公文書保存官が第27修正として認定し官報に掲載 |
| 1982年 テキサス大の学生ワトソンが同修正案はまだ生きているとレポートで指摘 | レポートはC評価（*2017年A評価に変更） | 1992年5月20日 連邦上下院が決議で有効性確認 |

筆者作成

各国にはそれぞれ憲法改正の理解や仕方に特徴があります。アメリカ憲法は、元の憲法文書はそのままに、後から修正条項を追加していく方法をとり、修正により廃止される条文もそのまま残ります。たとえば、州人口算出の際に奴隷を3/5人として数える1条2節3項（1868年の第14修正で改正）もまだ憲法典に残っています。アメリカ憲法は1788年に発効し、次の年に権利章典として第1〜10修正を追加しました。興味深い修正としては、1865年の奴隷制の禁止（第13修正）、1919年の禁酒条項（第18修正）、1933年の禁酒条項の廃止（第21修正）などがあります。左の図にあるように、最新の修正は1992年の第27修正で、18世紀末に提案された修正案が202年7か月10日越しに成立した、世界に類をみない修正です。1人の学生のレポートがきっかけとなったもので、アメリカ憲法のダイナミズムがよく表れています。

↓フランスのパリテ法（選挙候補者の性別割当制）導入の経緯とその効果

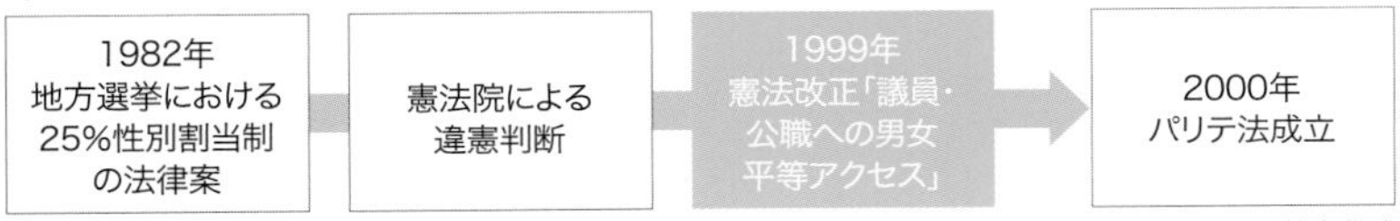

| | | |
|---|---|---|
| 1982年 地方選挙における25%性別割当制の法律案 | 憲法院による違憲判断 | 1999年 憲法改正「議員・公職への男女平等アクセス」 → 2000年 パリテ法成立 |

筆者作成

| 選挙の種類 | パリテ法制定直前（%） | 直近の選挙（%） |
|---|---|---|
| **厳密なパリテ規定** | | |
| 欧州議会議員 | 40.2 | 43.2 |
| 県議会 | 9.2 | 50.1 |
| 市町村議会 人口3500人以上（パリテ法前）／1000人以上（最新） | 21.7 | 48.2 |
| **部分的あるいは奨励的なパリテ規定** | | |
| 上院議員 | 5.3 | 25 |
| 下院議員 | 10.9 | 26.9 |
| **パリテ規定なし** | | |
| 県議会の議長 | 11.5 | 9.1 |
| 市町村議会首長（規模の区別なし） | 7.5 | 16 |
| 市町村議会 人口3500人未満（パリテ法前）／1000人未満（最新） | 21 | 38.5 |

村上彩佳「フランスの非営利市民団体（アソシアシオン）によるパリテ実践活動の現状」
年報人間科学38号（2017年）162頁をもとに筆者作成（％は女性の割合）

フランスでは、憲法改正は政策実現手段の1つと捉えられている節があります。日本では、裁判所が法律を違憲と判断すると、その政策はもはや実現不可能であると捉えられるのが普通です。しかしフランスでは、憲法院の違憲判断は、法律制定ではダメだから、憲法改正手続をとるべきとのシグナルだと解されることがあります（違憲判断の転轍機能）。たとえば、議員等の性別割当制（いわゆる「パリテ」）が違憲とされると、それに関する憲法改正がなされ、パリテが合憲になるようにしてしまいました。つまり改正により、憲法判断の基準となる憲法それ自体を変えてしまったわけです。この憲法政策により、フランスでは議員や公職に就く女性が明らかに増加しました。この種のプラグマティズム（実用主義）は、日本にはみられません。

★○×問題でチェック★

問5 日本国憲法改正の議会ハードルは、世界の憲法と比べると特別厳格である。
問6 硬性憲法は、ほとんど改正されることはない。

# Ⅲ　日本国憲法の改正手続

↓憲法96条で定められた改正手続

| 手続 | 要件 |
|------|------|
| 国会の発議 | 各議院の総議員2/3以上 |
| 国会の提案 | （広報周知） |
| 国民の承認 | 国民投票の過半数 |
| 天皇の公布 | ― |

筆者作成

　日本国憲法はこれまで一度も改正されたことがありません。それは戦後の政治情勢のせいかもしれませんし、憲法の規律事項が少ないことに由来するのかもしれません。確かなのは、この伝家の宝刀が、一度も抜かれたことがないという事実です。もっとも憲法自体は、96条で改正手続を定めています

ので、改正することはできます。国会の発議要件は、各議院の総議員の3分の2以上の賛成となっており、法律制定と比べて加重された要件になっています。さらに、その成立には、国民投票における過半数の賛成を必要としており、比較的厳格な硬性憲法となっています。しかし、どのような手続で発議するのか、そして国民投票を行うのかについては、かなり最近まで具体的な定めがありませんでした。そもそも「抜けない宝刀」だったというわけです。

　ちなみに、日本では改憲派と護憲派の対立がありますが、重要なのは、近代立憲主義の基本的立場（自由や平等、個人の尊重）を維持しつつ、改正が本当に必要か、改正案の内容が良いものかどうかを各自が判断することでしょう。

↓日本国憲法の改正手続

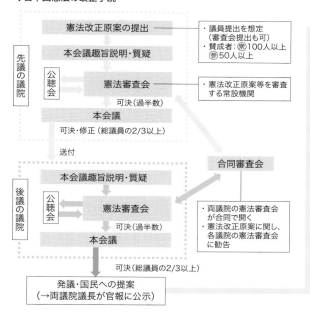

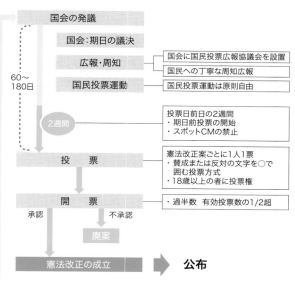

ニッポンドットコム HP をもとに筆者作成

　2007年に、「日本国憲法の改正手続に関する法律」が成立し、憲法改正手続が具体化されました（同法により国会法の一部も改正）。同法の制定自体に対して批判の声もありましたが、憲法を補完する法律が整備されたことはむしろ評価してよいでしょう。なお、同法の成立過程でいくつか議論になった論点があります。第1に、改正原案はどの程度のまとまりをもつべきかという問題です。全面改憲案が可能だとすると、自分が賛成する部分と反対する部分が混然一体となっている可能性があり、投票の際に正確な意思の表明が困難になります。そこで、国会法68条の3では、改正原案の提案は、「内容において関連する事項ごとに区分して行う」とされました（個別発議の原則）。内容上関連しない事項を一緒くたに提案することは許されない一方で、関連する事項を小分けにして提案することもできないということになります。第2に、国民投票に最低投票率制度を設けるかという問題です。投票率があまりにも低い場合には、国民の意思を十分に反映したものとはいえないとも考えられますが、憲法に規定のない加重要件になる等の懸念から導入は見送られました。

　国民投票は、憲法改正案ごとに1人1票です。憲法改正案ごとに投票用紙を受け取り、記入・投函し、そのあと次の憲法改正案の投票に移るという方法が想定されています。

↓国民投票用紙

総務省 HP

★○Ｘ問題でチェック★

問7　日本国憲法は、すでに何度か改正されたことがある。
問8　日本国憲法の改正手続が法律で具体化されたのは、比較的最近である。

# I 論文答案の書き方

### ↓事例問題の答案例

**【設問例】**

Xは2か月後に控えた県知事選挙に立候補予定であった。出版社Yは、月刊誌『H』4月号に、Xを「ゴキブリ」などと非難する記事を掲載しようとした。そのことを知ったXは、『H』4月号の印刷・頒布等の差止めをW地方裁判所に求め、W地方裁判所はこれを認める旨の決定を下した。本件でのW地方裁判所による印刷・頒布等の差止めは憲法21条2項に違反するか。

**【答案例】**

（問題提起）
1. 本件差止めは、『H』4月号の出版を事前に禁じるものであるため、憲法21条2項の禁止する「検閲」に該当し、同項に違反するか否かが問題となる。

（規範定立）
2. 憲法は、21条1項において「表現の自由」を広く保障したうえで、同条2項において「検閲」の禁止を特に定めている。そして、検閲がその性質上表現の自由に対する最も厳しい制約となること、および、検閲による思想弾圧の歴史に鑑みれば、同項の「検閲」禁止は、例外を認めない絶対的禁止と解される。そうすると、同項の「検閲」は厳格に解され、①行政権が主体となって、②思想内容等の表現物を対象とし、③その全部または一部の発表の禁止を目的として、④対象とされる一定の表現物につき網羅的一般的に、⑤発表前にその内容を審査したうえ、⑥不適当と認めるものの発表を禁止することを指す（税関検査事件判決）。

（あてはめ）
3. 本件差止めを決定した主体は、W地方裁判所である。W地方裁判所は行政権の担い手ではなく、司法機関である（①不充足）。したがって、本件差止めは憲法21条2項の「検閲」に該当しない。

（結論）
4. よって、本件差止めは憲法21条2項に違反しない。

筆者作成

### ↓法的三段論法のイメージ

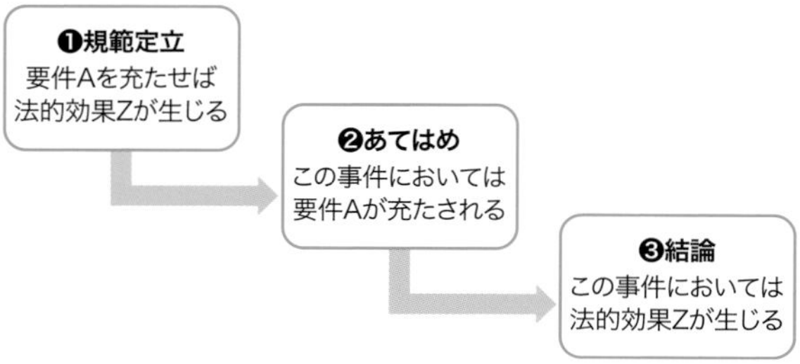

**❶規範定立**
要件Aを充たせば法的効果Zが生じる

**❷あてはめ**
この事件においては要件Aが充たされる

**❸結論**
この事件においては法的効果Zが生じる

筆者作成

左図の答案例は、事例問題における論文答案の一例です。紙幅の都合上、設問や答案は大幅に簡略化されています。ぜひ、事例の素材となった「北方ジャーナル」事件や、「検閲」の定義を示した税関検査事件の判決原文も読んでみてください（☞7-III❶）。ここでは、答案例も参照しながら、論文答案の作成にあたって意識してほしい点を確認していきます。

法学科目の答案作成における基本として身につけてほしいのは、①規範定立→②あてはめ→③結論という手順で論証を進める「法的三段論法」です。まず、①規範定立では、問題となる法的効果を生じさせるための要件（または基準）を提示します。その際、要件・基準を導き出す条文解釈などの根拠も提示することを心がけましょう。答案例では、「2」が規範定立にあたります。ここでは、税関検査事件判決で示された「検閲」の定義を記述することで、憲法21条2項の禁止する「検閲」に該当するか否かを判断する要件が提示されています。次に、②あてはめでは、①で提示した要件・基準が具体的事件において充たされるか否かを検討します。ここでは、どの事実をどのように評価して「要件・基準が充たされる／充たされない」といえるのかを示すことも重要です。答案例では、「3」があてはめにあたります。ここでは、出版・頒布の差止めを決定したのが裁判所であるという事実に着目し、裁判所は司法機関であって行政機関ではないと評価することで、「検閲」の要件が充たされないと述べられています。なお、答案例では要件①しか検討していませんが、試験本番ではその他の要件にも点数が割り振られている可能性が高いですから、それらも検討しておきましょう。最後に、③結論では、②での検討に従って導かれる帰結を記述します。答案例では「4」が結論にあたります。あてはめにおいて「検閲」の要件が充たされなかったことに従って、本件差止めが憲法21条2項に違反しないという帰結が導かれています。

また、答案作成においては、項目立てを見るだけで答案の構造がわかるようにすることも大切です。答案例では、主に法的三段論法に即した形で、項目立てをしています。

さらに、答案作成においては、問題の所在を明らかにする問題提起も重要です。ここでは、出題者からの問いかけの趣旨を、法的観点から明確にします。答案例では「1」がこれにあたり、「憲法21条2項に違反するか」という問いかけについて、なぜ憲法21条2項違反が問われているのかを説明しています。事例問題の場合、このように問題提起によって問題の所在を明らかにする際に、事例のどういった事実関係からその法的問題が生じるのかを示すことが大切です。

このほか、試験には一行問題という出題形式もあります（たとえば「検閲の禁止について論じなさい」）。この場合は、問われている専門用語の意味内容や、関係する法令・学説（主張内容と根拠）・判例（事案と判旨）などを論理的に記述しましょう。

# Ⅱ　レポートの作成

## 1　レポート作成の基本

　はじめに注意してほしいのは、レポートと「読書感想文」はまったく違うものだということです。法学科目のレポートでは「感想」は求められていません。

　レポートの出発点は、課題で問われている法的論点を明確にすることです。「何が」「なぜ」問題になるのかを、「法」の観点から示しましょう。次に、その法的論点に関するこれまでの議論（先行研究）を整理します。「誰の」「どの文献・判例によれば」「どのような」主張や議論がなされているかを示しましょう。また、各先行研究の論拠や法的構成とこれに対する批判の紹介も怠ってはいけません。そして、その法的論点について、先行研究に照らして導かれる結論を明らかにします。場合によっては、ここで自己の立場を選択します。その際は、自己の立場が「なぜ」適切かの論拠を提示しましょう。論拠となるのは、個人の経験や感性（「良いと思うか

**↓レポート提出までの流れ**

課題・文字数・締切・提出方法等の確認 → 関連資料の検索・収集 → 資料の熟読 → レポートの作成 → 推敲・形式確認 → 提出締切厳守！

筆者作成

ら」「ダメだと思うから」など）ではなく、論理や法的構成の適切さです。これらは、一行問題を解くうえでも大切です。

　形式面では、「ですます調」ではなく、「である調」に統一しましょう。また、項目立て（見出し）や段落分け、段落はじめの一字下げも重要です。さらに、頁番号を付けましょう。Microsoft Wordの場合、［挿入］タブ→［ページ番号］から付けることができます。

　レポート提出までの流れには多くの段階があり、推敲を繰り返すことも必要です。なるべく早くレポート作成に取りかかりましょう。小まめな保存・バックアップもお忘れなく！

## 2　文献引用の作法

　文献を引用する場合には、引用部分と出典の明示が必要です。これを怠ると「無断引用（盗用）」にあたり、単位取得は認められず、停学処分などが科されます。著作権侵害となる可能性もあります。引用部分の明示には、カギカッコや字下げ、フォント変更などを用いましょう。出典は、著者名・題名・掲載媒体名・発行元（雑誌

**↓共著書・ウェブサイトからの引用・参照例**

> 先端科学研究に関しては、特に生命倫理との関係で、「科学の発展と狂気は紙一重」[1]と指摘されることがあり、文部科学省においても様々な取組[2]がなされている。
>
> ―――――――――――――
> 1 石塚壮太郎「学問の自由と大学の自治」斎藤一久・堀口悟郎編『図録 日本国憲法〔第2版〕』（弘文堂、2021年）43頁。
> 2 文部科学省ウェブサイト「生命倫理・安全に対する取り組み」（https://www.lifescience.mext.go.jp/bioethics/index.html）を参照（最終閲覧2021年2月28日）。

筆者作成

の場合は不要）・発表年・該当ページなどを示すのが原則です。日本語文献の場合、論文名は「 」、書籍名は『 』で括り、雑誌名はカギカッコ無しで示すのが法学の慣例です。出典の明示には、脚注挿入機能を活用しましょう。Microsoft Wordの場合、［参考資料］タブ→［脚注の挿入］から、脚注を挿入できます。

**↓引用元が単著書・雑誌論文の場合の明示例**

| 単著書 | 平良小百合『財産権の憲法的保障』（尚学社、2017年）233頁。 |
|---|---|
| 雑誌論文 | 大野悠介「秩序に彩られる国家 ── 小売市場判決再訪」慶應法学34号（2016年）265頁。 |

筆者作成

**↓Microsoft Wordでの脚注の挿入方法**

筆者撮影

## 3　書籍・論文の検索・収集方法

　書籍や論文の検索・収集には、CiNiiや国立国会図書館サーチ（https://www.ndl.go.jp）、大学図書館OPACでの検索が便利です。また近年は、研究論文などを大学・研究機関がインターネット上で公開する機関リポジトリも普及してきています。機関リポジトリで公開されている論文は、CiNiiなどの検索結果ページにリンクが表示されますので、ぜひ活用しましょう。もっとも、インターネット上で公開されている論文だけでは、資料収集としては不十分です。図書館に足を運び、研究書や紀要、雑誌、論文集などを根気強く調べていくことも必要です。いざというときのために図書館との心理的距離を縮めておきましょう。ぜひ、（最低限お昼寝をするだけでも）普段から足を運んでみてくださいね。

　そして、これらの方法でも資料が集まらない場合や、収集した資料が多く、どれから手をつけるべきかわからない場合には、担当教員に尋ねてみましょう。

**↓CiNii検索画面**

CiNii HP（https://cir.nii.ac.jp）

**↓OPAC検索画面**

山口大学図書館HP（http://www.lib.yamaguchi-u.ac.jp）

# ◯×問題の解説

**■1 憲法とは何か**
問1：◯（マグナ・カルタは、国王の権力を制限するという意味において、憲法の源流である）
問2：×（生存権の議論など、ドイツの影響は大きい）
問3：◯（なお，constitutionには構造といった意味もある）
問4：◯（憲法が最高法規である以上、行政処分も憲法に反することはできない）
問5：◯（イギリスには、マグナ・カルタなどがあるが、1つのまとまった憲法典を有しない）
問6：×（憲法改正に衆参両院の3分の2以上の多数が必要で、国民投票も要していることから、硬性憲法である）
問7：×（日本国憲法は法の支配を採用している）
問8：◯（日本は成文法主義を採用している）

**■2 人権の射程**
問1：◯（判例・通説は、外国人や法人にも、権利の性質上可能な限り憲法上の権利が保障されるとしている）
問2：×（森川キャサリーン事件判決）
問3：×（南九州税理士会事件判決）
問4：◯（判断能力の未熟な未成年に対しては、成人と異なる観点からその権利が制約されうる）
問5：×（猿払事件判決）／問6：×（よど号ハイジャック事件判決）／問7：×（間接適用説によれば、人権は私人間に適用され、民法等の解釈において考慮される）
問8：◯（三菱樹脂事件判決）

**■3 新しい人権**
問1：◯（「公共の福祉」に基づいて人権制限が許容される場合がある）／問2：◯（これに対し、外在的制約原理によれば、人権は抽象的な「公益」に基づいて制限される）
問3：×（一般的自由説においては、他人の人権を侵害しない限り、個人の幸福追求に対する人権は保障されるべきと考える）／問4：×（人格的利益説においては、13条は、私たち人間が「人間らしく生きる」ために不可欠な自由のみを保障していると考える）
問5：◯（人権の相互調整の必要性を踏まえて、プライバシー権が表現の自由を制約する人権であることが判示された）
問6：×（最高裁は、本人に無断で警察に個人を識別できる情報を提出したことを違法であると判示した）
問7：×（患者の輸血拒否の意思を「人格権」として尊重すると述べるにとどまる）
問8：×（最高裁は、「環境権」という権利の保障について明確に言及していない）

**■4 法の下の平等**
問1：×（戦前の憲法（大日本帝国憲法）には平等条項すら存在しなかった）
問2：◯（憲法24条2項は家族制度についての立法の指針として、個人の尊重と両性の平等を定めている）
問3：◯（14条1項後段列挙事由は、歴史的経緯から考えられる許されない差別の例示であるとされている）
問4：×（多数意見は立法目的を合憲としつつ刑罰加重の程度を違憲とした。なお、少数意見は立法目的を違憲とした）
問5：◯（最高裁平成25年9月4日決定）
問6：×（再婚禁止期間のうち100日を超える部分は違憲とされたが、100日分は存続している）
問7：◯（最高裁平成27年12月16日判決）
問8：×（日本の法律では同性婚が認められておらず、地方自治体の同性パートナーシップ制度も法的効力はない）

**■5 思想・良心の自由**
問1：×（治安維持法の展開とともに、弾圧の対象はほとんど無限定に拡大された）
問2：◯（これに対して内心説は、内心におけるものの見方ないし考え方が広く保障されると考える）
問3：◯（民法723条）

問4：×（謝罪広告強制事件判決は、「単に事態の真相を告白し陳謝の意を表明するに止まる程度」のものは合憲とした）
問5：×（麹町中学校事件判決）
問6：×（国旗国歌法は、国旗は日章旗とし国歌は君が代と定めるのみで、そのような義務づけは行っていない）
問7：×（最高裁は、命令に必要性・合理性があれば憲法上許されるとした）
問8：◯（懲戒処分事件の最高裁判決）

**■6 信教の自由**
問1：◯（憲法20条により信仰の自由が保障されている）
問2：◯（信仰に基づく外部的行為は、他人の人権を侵害する可能性を含むため、規制されうる）
問3：×（牧会活動事件判決のように無罪とされる場合もある）
問4：◯（オウム真理教解散命令事件判決は、規制が違憲とされる余地を認めている）
問5：◯（国が特定の宗教と結びつくと、その宗教を信仰しない者の信教の自由が侵害されるおそれがあるためである）
問6：◯（政教分離に違反するのは、国と宗教の関わり合いが「相当とされる限度を超える」場合のみである）
問7：◯（総合的な判断により、「相当とされる限度を超える」とされた）
問8：◯（総合的な判断に基づき、市が特定の宗教施設に対する優遇措置をとることに対して、政教分離原則違反と判断した）

**■7 表現の自由・総論**
問1：×（政府は法律であれば表現をいくらでも規制できた）
問2：◯（発禁を恐れて、自主的に「伏せ字」をしていた）
問3：◯（自己統治や権力監視も表現の自由の価値とされる）
問4：◯（情報公開法3条）／問5：◯（税関検査事件判決）
問6：◯（ちなみに、BPOはBroadcasting Ethics & Program Improvement Organizationの略称である）
問7：×（内容規制。時・場所・方法に関する規制が、内容中立規制である）
問8：◯（道路や公園、公民館などがパブリック・フォーラムと考えられている）

**■8 表現の自由・各論**
問1：×（チャタレイ事件判決）
問2：◯（青少年保護育成条例や出会い系サイト規制法がある）
問3：◯（自己の性的好奇心を満たす目的で単純所持していた場合も、処罰される）／問4：×（政治家や官僚を批判する言論は、表現の自由で保護されることもある）
問5：◯（フィクションであっても、私生活を「のぞき見」するような描写があればプライバシー権侵害の可能性がある）
問6：◯（不法行為や威力業務妨害罪にあたる場合がある）
問7：×（選挙の公正や候補者の平等のための規制は許される）
問8：×（選挙権をもたない人や団体にも、政治活動の自由は認められる）

**■9 集会・結社の自由**
問1：×（大日本帝国憲法29条は「法律の範囲内」ではあるが集会・結社の自由を保障していた）
問2：◯（成田新法事件判決）／問3：◯（地方自治法244条）
問4：×（条例全体および条例の施行規則を総合すれば規制の対象が不明確とはいえないとした）
問5：◯（新潟県公安条例事件判決）
問6：◯（東京都公安条例事件判決）
問7：×（結社の自由には団体に加入しない自由も含まれる）
問8：◯（公安調査庁から解散指定の請求がなされたものの、公安審査委員会は請求を棄却した）

**■10 学問の自由と大学の自治**
問1：◯（研究の自由・発表の自由・教授の自由）
問2：×（23条の解釈により、大学の自治が導かれるとされている）
問3：×（滝川事件、天皇機関説事件）

問4：◯（プライバシー権や環境保護に基づく制約）
問5：×（今日では、教員人事権や施設・学生管理権が認められるにすぎない）
問6：×（2004年以降、国立大学法人が設置する大学となった）
問7：◯（東大ポポロ事件、九大井上事件）
問8：×（大学執行部や教授会の決定が、個々の教員の学問の自由と衝突することがありうる）

**■11 職業選択の自由**
問1：◯（職業遂行の自由も保障されていると考えられている）
問2：◯（これに対し、社会・経済政策のための規制を積極目的規制という）／問3：◯（小売市場事件判決）
問4：◯（薬事法事件判決）
問5：×（昭和30年判決は合憲判決である）
問6：◯（昭和30年判決から平成元年判決にかけて、消極目的規制から積極目的規制へと変化したと考えられている）
問7：×（京都府風俗案内所規制条例事件等は小売市場判決を引用している）
問8：◯（最高裁令和2年9月16日判決）

**■12 財産権**
問1：◯（財産権の具体的な内容は憲法限りでは明らかではなく、法律によって具体的に定められる必要がある）
問2：◯（憲法上財産権の制限に該当するとして審査された結果、違憲とされた）／問3：×（判例・通説では、条例による財産権の制限も許されると解されている）
問4：◯（たとえば、土地所有権は社会的拘束を強く受けやすく、建築規制などを受けることがある）
問5：×（国有農地売払特措法事件は、自作農創設に役立たなかった土地の売払いをめぐって生じた問題である）
問6：×（公法上の権利にも憲法上の財産権の保障が及ぶと考えられている）／問7：×（土地収用は、国や地方自治体が強制的にその土地の所有権を取得できる制度である）
問8：◯（河川附近地制限令事件判決）

**■13 生存権**
問1：◯（自由権とは、国家が介入しないことを求める権利である）
問2：×（抽象的権利説の説明である）
問3：◯（生活保護法の制定によって初めて具体的権利になると説き、生存権の具体的権利性を否定した）
問4：◯（厚生大臣の判断が裁量権の逸脱・濫用にあたる場合には司法審査の対象となる）
問5：◯（生存権の具体化立法は、著しく合理性を欠き明らかに裁量の逸脱・濫用でない限り合憲だとされた）
問6：×（合憲とされた）／問7：×（社会保険の説明である。社会手当は無拠出型の社会保障である）
問8：◯（多くの自治体が社会福祉の一環として子ども食堂を支援または主催しつつある）

**■14 教育を受ける権利**
問1：◯（教育勅語には、「永遠に続く天皇家を守れ」などの記述があった）／問2：×（国民教育権説は、国会ではなく教師に教育権を認める学説である）
問3：×（国家教育権説とも国民教育権説とも異なる第三の見解をとった）
問4：◯（第一次家永教科書訴訟判決）
問5：◯（最高裁昭和39年2月26日判決）
問6：×（憲法26条2項前段は、保護者に対して子どもに普通教育を受けさせる義務を課したものである）
問7：×（四肢不自由な障害児である原告に対する普通高校への入学不許可処分を合憲と判断した）
問8：◯（2013年の学校教育法施行令改正以降、障害児の就学先決定において本人や保護者の意思が尊重されている）

**■15 勤労の権利・労働基本権**
問1：×（労働基本権ではなく、勤労の権利に基づくものである）
問2：◯（地方裁判所への申立てによって労働審

判制度を利用できる)／問3：×（ユニオン・ショップ協定に基づき、労働組合への加入を強制することができる）

問4：×（一部の労働者の抜け駆けを防ぐために、労働協約が労働契約に優先する）

問5：×（サボタージュではなくストライキである）

問6：○（不当労働行為の主な類型として、不利益取扱い、団体交渉拒否、支配介入、報復的不利益取扱いがある）

問7：○（労働委員会による救済の手続を経ることなく、直接に裁判所に救済を求めることもできる）

問8：○（公務員の大半を占める非現業の公務員には、労働協約締結権に加え、団体行動権も認められていない）

**■16 参政権と選挙制度**

問1：○（通説である二元説の立場である）

問2：×（衆議院議員選挙において、女性が選挙権を行使できるようになったのは、戦後の1945年12月である）

問3：○（1998年に参議院の比例代表選挙での投票が認められ、2006年からは選挙区選挙での投票も認められている）

問4：×（インターネットを利用した選挙運動は2013年に解禁されたが、電子メールを用いた運動は禁止される）

問5：○（小選挙区制は、1位となった候補者のみが当選する制度となっている）／問6：○（小選挙区比例代表並立制がとられているのは、衆議院議員選挙である）

問7：×（最高裁はこれまでに違憲判決を出したことはあるが、混乱を避けるため、選挙は無効としていない）

問8：×（しかし、近年は統制を強めており、5倍や4.77倍でも違憲状態と判断している）

**■17 刑事手続上の権利**

問1：×（憲法31条は、罪刑法定主義、刑罰規定の明確性、罪刑の均衡なども保障している）

問2：○（成田新法事件判決）／問3：○（刑事手続の流れは、捜査→公判→判決である）／問4：×（最長48時間である）

問5：×（現行犯逮捕や緊急逮捕にあたる場合には、無令状での逮捕が認められている）

問6：○（憲法35条）／問7：×（裁判所は、有罪の証明がない限り、無罪判決を下すべきである）

問8：×（死刑は原則として「残虐な刑罰」にあたらない。なお、「残虐な刑罰」は絶対禁止であり、許容はありえない）

**■18 統治機構・総論**

問1：○（この立憲主義こそ憲法の基礎中の基礎である）

問2：×（立憲主義の歴史は古く、18世紀の市民革命期以降の近代国家においてすでに明確に登場していた）

問3：○（その典型例が三権分立である）

問4：×（国会と内閣が逆になっている）

問5：○（権力分立によって抑制と均衡をはかる目的は、権力の集中を防止し国家機関の暴走を防ぐことである）

問6：○（法律は裁判所による違憲審査の対象の1つである）

問7：×（戦後の日本国憲法下では、国民主権の正統性の契機から、天皇は正統性の根拠ではなくなった）

問8：○（国民投票のような直接民主制や、政治的表現のような非制度的な方法による政治参加も可能である）

**■19 国会**

問1：×（通説は、「最高機関」の文言から国会の法的権限を導き出すことはできないと考える）

問2：○（憲法95条）／問3：○（憲法96条により、憲法改正の発議には、各議院の総議員の3分の2以上の賛成が必要とされる）

問4：×（法律案については、両議院の議決が異なる場合でも両院協議会を開かなくてもよい）

問5：×（憲法改正案の審査は、憲法審査会で行うものとされている。国会法102条の6）／問6：○（国会法56条1項）

問7：○（近年、内閣提出法律案の成立率は9割前後であるのに対し、議員提出法律案の成立率は3割にも満たない）

問8：×（内閣提出法律案に対する与党による事前審査は法令で義務づけられているわけではない）

**■20 院内と議員**

問1：×（議員の除名に必要なのは、総議員ではなく出席議員の3分の2以上の議決である）

問2：○（議院における証人の宣誓及び証言等に関する法律である）／問3：○（国会法12条）

問4：×（議院の議決により特に付託された案件については、国会が閉会した後も委員会で審査し、後会に継続される）

問5：×（議事・議決ともに本会議の定足数は、総議員の3分の1以上である）／問6：○（憲法57条1項）

問7：×（逮捕・勾留等の身体的拘束を伴わなければ、起訴は認められる）／問8：×（国会議員が免責されるのは、あくまで法的責任であって政治的責任ではない）

**■21 内閣**

問1：×（内閣総理大臣を直接に補佐するのは、内閣官房の役割である）

問2：○（閣議自体は、出席者の忌憚のない意見交換を可能にするため非公開とされている）

問3：×（内閣は、国民ではなく国会に対して責任を負う。憲法66条3項）

問4：×（大日本帝国憲法下では軍部大臣を現役の軍人が務めている期間が長く、その弊害が顕著だった）

問5：×（学説・政府見解・実務ともに、元自衛官の文民性を認めている）／問6：×（ロッキード事件丸紅ルート判決は、総理大臣に閣議を経ずに指導・助言等をする権限を認めている）

問7：×（大日本帝国憲法下では、総理大臣は複数存在する大臣たちの中の1人（同輩中の首席）にすぎなかった）

問8：×（連立政権は、もともと異なる主張をもった複数の政党の寄り合い所帯なので、一般的に不安定である）

**■22 行政**

問1：×（控除説はすべての国家作用から司法・立法を引いた残りの部分を行政権とみなす）

問2：×（内閣官房は内閣法に基づいて設置されており憲法には規定されていない）

問3：○（選挙で選ばれていない官僚が就くことのできる最高位のポストは、大臣政務官の下の事務次官である）

問4：×（日本の官僚制は戦前から存在しており、アメリカには常設・巨大な官僚機構は存在しない）

問5：○（人数は圧倒的に官僚の方が多いが、階層組織の最上層部は、選挙で選ばれた人物によって独占されている）

問6：×（むしろ今日では専門家の知見や民間の活力の活用が強く求められている）

問7：○（平均寿命がかつてないほど高まる中、わが国の健康寿命がさして高くないことなどにも注目すべきであろう）

問8：○（反対に、市場をなるべく自由に任せ、国の市場原理に対する規制は緩和すべきだという発想を「小さな政府」という）

**■23 裁判所**

問1：×（家庭裁判所は通常裁判所の系統に属しているため、特別裁判所には該当しない）

問2：○（裁判所法10条3号により大法廷で行う）

問3：○（平賀書簡事件）／問4：×（懲戒処分は国会の弾劾裁判所ではなく裁判所の分限裁判で行う）

問5：○（「公の秩序又は善良の風俗を害する虞がある」と裁判官が全員一致で判断した場合には対審を非公開にできる）

問6：×（国民審査の対象は最高裁の裁判官のみであり、下級裁判所裁判官は対象とされていない）

問7：×（量刑についても裁判官と裁判員が合議で決定する）

問8：×（評決は多数決で行われる。もっとも裁判員・裁判官双方の賛成が必要となる）

**■24 司法権と憲法訴訟**

問1：○（警察予備隊訴訟。法律上の争訟のうち事件性の要件を欠く）

問2：○（法律上の争訟を満たす訴訟であっても司法権の限界にあたる場合は司法をすることができない）

問3：○（アメリカや日本が付随的違憲審査制を採用している）

問4：○（日本では憲法裁判所が設置されていない）

問5：○（憲法81条は処分も対象としている）

問6：○（違憲判断の方法は法令違憲と適用違憲がある）

問7：×（日本では違憲判決の効力は個別的であり、国会による廃止がない限り、法律自体は有効なままである）

問8：○（一般にそのような傾向は司法消極主義とよばれている）

**■25 地方自治**

問1：×（地方自治が憲法で保障されるようになったのは、戦後、日本国憲法が制定されてからである）

問2：×（「地方自治の本旨」は住民自治と団体自治とからなり、それらを反映させるべく地方自治法などが制定されている）

問3：×（「三割自治」とは、地方公共団体の独自財源が三割程度しかないため自治の範囲が狭いことを指す言葉である）

問4：○（平成の大合併は、権限委譲を行えるだけの「体力」がある自治体を作り出すために進められてきた）

問5：○（地方公共団体は、長と議会という二元的な統治構造（二元代表制）を採用している）

問6：×（条例に基づいて実施される住民投票の場合、地方自治法との整合性から、法的拘束力を認めることは難しい）

問7：○（最高裁は、法律や条令の趣旨・目的・内容・効果などを比較して、許される場合か否かを判断している）

問8：○（地方特別法は、1952年に制定されたものが最後となっている）

**■26 財政**

問1：○（この考えが、広く国王の決定に議会の同意を求める考え方に発展し、議会の財政統制を支えた）

問2：×（税に関する主要な部分は法律で定める必要があるが、それ以外は、行政に委任することも許されている）

問3：×（消費税は、所得税や法人税と並び、歳入の重要な要素となっている）

問4：○（日本国憲法には予算が成立しなかった場合の規定がないため、財政法上の暫定予算を利用することになる）

問5：×（公金支出を制限する憲法89条前段についても、20条3項と同様、目的効果基準が判断の中心とされている）

問6：×（日本の大学の75％以上は私立学校であり、かなりの割合を占めている）

問7：○（会計検査院は、書面検査とあわせて、実地検査も実施している）／問8：×（日本国憲法には、中央銀行である日本銀行についての規定はない）

**■27 天皇**

問1：○（大日本帝国憲法4条に規定されている）

問2：×（皇室典範に規定されている）／問3：○（憲法3条）

問4：×（憲法6条。指名ではなく、任命）

問5：○（憲法7条3号。69条解散は過去に4回のみ）

問6：×（国事行為の場合のみ）／問7：○（崩御の場合のみ）

問8：○（天皇の退位等に関する皇室典範特例法）

**■28 平和主義**

問1：×（日本では8月15日を終戦の日としている。なお、アメリカ等では9月2日を対日戦勝記念日としている）

問2：×（マッカーサー・ノート第2原則は、戦争の放棄について言及している）

問3：×（侵略戦争を放棄する旨の規定は、諸外国の憲法でも多くみられる）／問4：×（2項全面放棄説）

問5：×（国連憲章51条は、自衛権として個別的自衛権と集団的自衛権を挙げている）

問6：○（砂川事件最高裁判決）／問7：×（米軍駐留は、主権国家の自衛権と認められていない）

問8：○（憲法前文第3段、98条2項）

**■29 日本憲法史**

問1：○（領事裁判権の存在と関税自主権の制限が、不平等条約とされるゆえんであった）

問2：×（政府だけでなく、民間においても多数の憲法草案（私擬憲法）がつくられた）

問3：×（明治憲法体制では、皇室典範と大日本帝国憲法が同格の法規とみなされ、両者をあわせて「典憲」と称した）

問4：×（大日本帝国憲法には、「臣民権利義務」の章がおかれていた）

問5：×（日本国憲法は、国民主権を基本原則の1つとする）

問6：○（憲法改正無限界説に立つなら、憲法改正によって主権の所在が変わったといえば足りる）

問7：○（政策的配慮から、大日本帝国憲法73条の規定が用いられた）

問8：×（日本国憲法の公布は1946年11月3日であり、1947年5月3日は日本国憲法の施行日である）

**■30 憲法改正**

問1：×（憲法の制定に一定の手続はない）

問2：○（大日本帝国憲法73条の改正手続に則って改正された）

問3：×（イギリス、イスラエル、ニュージーランド）

問4：○（平均16年、日本国憲法70年以上）

問5：○（憲法改正の議会ハードルが2/3の国は多い）

問6：○（ホンジュラスやドイツなど）

問7：○（一度もない）／問8：○（2007年の「日本国憲法の改正手続に関する法律」）

# 索引

するときは、その裁判官は、罷免される。

④審査に関する事項は、法律でこれを定める。

⑤最高裁判所の裁判官は、法律の定める年齢に達した時に退官する。

⑥最高裁判所の裁判官は、すべて定期に相当額の報酬を受ける。この報酬は、在任中、これを減額することができない。

第八十条　下級裁判所の裁判官は、最高裁判所の指名した者の名簿によって、内閣でこれを任命する。その裁判官は、任期を十年とし、再任されることができる。但し、法律の定める年齢に達した時には退官する。

②下級裁判所の裁判官は、すべて定期に相当額の報酬を受ける。この報酬は、在任中、これを減額することができない。

第八十一条　最高裁判所は、一切の法律、命令、規則又は処分が憲法に適合するかしないかを決定する権限を有する終審裁判所である。

第八十二条　裁判の対審及び判決は、公開法廷でこれを行ふ。

②裁判所が、裁判官の全員一致で、公の秩序又は善良の風俗を害する虞があると決した場合には、対審は、公開しないでこれを行ふことができる。但し、政治犯罪、出版に関する犯罪又はこの憲法第三章で保障する国民の権利が問題となつてゐる事件の対審は、常にこれを公開しなければならない。

## 第七章　財政

第八十三条　国の財政を処理する権限は、国会の議決に基いて、これを行使しなければならない。

第八十四条　あらたに租税を課し、又は現行の租税を変更するには、法律又は法律の定める条件によることを必要とする。

第八十五条　国費を支出し、又は国が債務を負担するには、国会の議決に基くことを必要とする。

第八十六条　内閣は、毎会計年度の予算を作成し、国会に提出して、その審議を受け議決を経なければならない。

第八十七条　予見し難い予算の不足に充てるため、国会の議決に基いて予備費を設け、内閣の責任でこれを支出することができる。

②すべて予備費の支出については、内閣は、事後に国会の承諾を得なければならない。

第八十八条　すべて皇室財産は、国に属する。すべて皇室の費用は、予算に計上して国会の議決を経なければならない。

第八十九条　公金その他の公の財産は、宗教上の組織若しくは団体の使用、便益若しくは維持のため、又は公の支配に属しない慈善、教育若しくは博愛の事業に対し、これを支出し、又はその利用に供してはならない。

第九十条　国の収入支出の決算は、すべて毎年会計検査院がこれを検査し、内閣は、次の年度に、その検査報告とともに、これを国会に提出しなければならない。

②会計検査院の組織及び権限は、法律でこれを定める。

第九十一条　内閣は、国会及び国民に対し、定期に、少くとも毎年一回、国の財政状況について報告しなければならない。

## 第八章　地方自治

第九十二条　地方公共団体の組織及び運営に関する事項は、地方自治の本旨に基いて、法律でこれを定める。

第九十三条　地方公共団体には、法律の定めるところにより、その議事機関として議会を設置する。

②地方公共団体の長、その議会の議員及び法律の定めるその他の吏員は、その地方公共団体の住民が、直接これを選挙する。

第九十四条　地方公共団体は、その財産を管理し、事務を処理し、及び行政を執行する権能を有し、法律の範囲内で条例を制定することができる。

第九十五条　一の地方公共団体のみに適用される特別法は、法律の定めるところにより、その地方公共団体の住民の投票においてその過半数の同意を得なければ、国会は、これを制定することができない。

## 第九章　改正

第九十六条　この憲法の改正は、各議院の総議員の三分の二以上の賛成で、国会が、これを発議し、国民に提案してその承認を経なければならない。この承認には、特別の国民投票又は国会の定める選挙の際行はれる投票において、その過半数の賛成を必要とする。

②憲法改正について前項の承認を経たときは、天皇は、国民の名で、この憲法と一体を成すものとして、直ちにこれを公布する。

## 第十章　最高法規

第九十七条　この憲法が日本国民に保障する基本的人権は、人類の多年にわたる自由獲得の努力の成果であつて、これらの権利は、過去幾多の試錬に堪へ、現在及び将来の国民に対し、侵すことのできない永久の権利として信託されたものである。

第九十八条　この憲法は、国の最高法規であつて、その条規に反する法律、命令、詔勅及び国務に関するその他の行為の全部又は一部は、その効力を有しない。

②日本国が締結した条約及び確立された国際法規は、これを誠実に遵守することを必要とする。

第九十九条　天皇又は摂政及び国務大臣、国会議員、裁判官その他の公務員は、この憲法を尊重し擁護する義務を負ふ。

## 第十一章　補則

第百条　この憲法は、公布の日から起算して六箇月を経過した日から、これを施行する。

②この憲法を施行するために必要な法律の制定、参議院議員の選挙及び国会召集の手続並びにこの憲法を施行するために必要な準備手続は、前項の期日よりも前に、これを行ふことができる。

第百一条　この憲法施行の際、参議院がまだ成立してゐないときは、その成立するまでの間、衆議院は、国会としての権限を行ふ。

第百二条　この憲法による第一期の参議院議員のうち、その半数の者の任期は、これを三年とする。その議員は、法律の定めるところにより、これを定める。

第百三条　この憲法施行の際現に在職する国務大臣、衆議院議員及び裁判官並びにその他の公務員で、その地位に相応する地位がこの憲法で認められてゐる者は、法律で特別の定をした場合を除いては、この憲法施行のため、当然にはその地位を失ふことはない。但し、この憲法によつて、後任者が選挙又は任命されたときは、当然その地位を失ふ。

あれば、内閣は、その召集を決定しなければならない。

第五十四条　衆議院が解散されたときは、解散の日から四十日以内に、衆議院議員の総選挙を行ひ、その選挙の日から三十日以内に、国会を召集しなければならない。
② 衆議院が解散されたときは、参議院は、同時に閉会となる。但し、内閣は、国に緊急の必要があるときは、参議院の緊急集会を求めることができる。
③ 前項但書の緊急集会において採られた措置は、臨時のものであつて、次の国会開会の後十日以内に、衆議院の同意がない場合には、その効力を失ふ。

第五十五条　両議院は、各々その議員の資格に関する争訟を裁判する。但し、議員の議席を失はせるには、出席議員の三分の二以上の多数による議決を必要とする。

第五十六条　両議院は、各々その総議員の三分の一以上の出席がなければ、議事を開き議決することができない。
② 両議院の議事は、この憲法に特別の定のある場合を除いては、出席議員の過半数でこれを決し、可否同数のときは、議長の決するところによる。

第五十七条　両議院の会議は、公開とする。但し、出席議員の三分の二以上の多数で議決したときは、秘密会を開くことができる。
② 両議院は、各々その会議の記録を保存し、秘密会の記録の中で特に秘密を要すると認められるもの以外は、これを公表し、且つ一般に頒布しなければならない。
③ 出席議員の五分の一以上の要求があれば、各議員の表決は、これを会議録に記載しなければならない。

第五十八条　両議院は、各々その議長その他の役員を選任する。
② 両議院は、各々その会議その他の手続及び内部の規律に関する規則を定め、又、院内の秩序をみだした議員を懲罰することができる。但し、議員を除名するには、出席議員の三分の二以上の多数による議決を必要とする。

第五十九条　法律案は、この憲法に特別の定のある場合を除いては、両議院で可決したとき法律となる。
② 衆議院で可決し、参議院でこれと異なった議決をした法律案は、衆議院で出席議員の三分の二以上の多数で再び可決したときは、法律となる。
③ 前項の規定は、法律の定めるところにより、衆議院が、両議院の協議会を開くことを求めることを妨げない。
④ 参議院が、衆議院の可決した法律案を受け取った後、国会休会中の期間を除いて六十日以内に、議決しないときは、衆議院は、参議院がその法律案を否決したものとみなすことができる。

第六十条　予算は、さきに衆議院に提出しなければならない。
② 予算について、参議院で衆議院と異なつた議決をした場合に、法律の定めるところにより、両議院の協議会を開いても

意見が一致しないとき、又は参議院が、衆議院の可決した予算を受け取った後、国会休会中の期間を除いて三十日以内に、議決しないときは、衆議院の議決を国会の議決とする。

第六十一条　条約の締結に必要な国会の承認については、前条第二項の規定を準用する。

第六十二条　両議院は、各々国政に関する調査を行ひ、これに関して、証人の出頭及び証言並びに記録の提出を要求することができる。

第六十三条　内閣総理大臣その他の国務大臣は、両議院の一に議席を有すると有しないとにかかはらず、何時でも議案について発言するため議院に出席することができる。又、答弁又は説明のため出席を求められたときは、出席しなければならない。

第六十四条　国会は、罷免の訴追を受けた裁判官を裁判するため、両議院の議員で組織する弾劾裁判所を設ける。
② 弾劾に関する事項は、法律でこれを定める。

## 第五章　内閣

第六十五条　行政権は、内閣に属する。

第六十六条　内閣は、法律の定めるところにより、その首長たる内閣総理大臣及びその他の国務大臣でこれを組織する。
② 内閣総理大臣その他の国務大臣は、文民でなければならない。
③ 内閣は、行政権の行使について、国会に対し連帯して責任を負ふ。

第六十七条　内閣総理大臣は、国会議員の中から国会の議決で、これを指名する。この指名は、他のすべての案件に先だつて、これを行ふ。
② 衆議院と参議院とが異なった指名の議決をした場合に、法律の定めるところにより、両議院の協議会を開いても意見が一致しないとき、又は衆議院が指名の議決をした後、国会休会中の期間を除いて十日以内に、参議院が、指名の議決をしないときは、衆議院の議決を国会の議決とする。

第六十八条　内閣総理大臣は、国務大臣を任命する。但し、その過半数は、国会議員の中から選ばれなければならない。
② 内閣総理大臣は、任意に国務大臣を罷免することができる。

第六十九条　内閣は、衆議院で不信任の決議案を可決し、又は信任の決議案を否決したときは、十日以内に衆議院が解散されない限り、総辞職をしなければならない。

第七十条　内閣総理大臣が欠けたとき、又は衆議院議員総選挙の後に初めて国会の召集があつたときは、内閣は、総辞職をしなければならない。

第七十一条　前二条の場合には、内閣は、あらたに内閣総理大臣が任命されるまで引き続きその職務を行ふ。

第七十二条　内閣総理大臣は、内閣を代表して議案を国会に提出し、一般国務及び外交関係について国会に報告し、並

びに行政各部を指揮監督する。

第七十三条　内閣は、他の一般行政事務の外、左の事務を行ふ。
一　法律を誠実に執行し、国務を総理すること。
二　外交関係を処理すること。
三　条約を締結すること。但し、事前に、時宜によつては事後に、国会の承認を経ることを必要とする。
四　法律の定める基準に従ひ、官吏に関する事務を掌理すること。
五　予算を作成して国会に提出すること。
六　この憲法及び法律の規定を実施するために、政令を制定すること。但し、政令には、特にその法律の委任がある場合を除いては、罰則を設けることができない。
七　大赦、特赦、減刑、刑の執行の免除及び復権を決定すること。

第七十四条　法律及び政令には、すべて主任の国務大臣が署名し、内閣総理大臣が連署することを必要とする。

第七十五条　国務大臣は、その在任中、内閣総理大臣の同意がなければ、訴追されない。但し、これがため、訴追の権利は、害されない。

## 第六章　司法

第七十六条　すべて司法権は、最高裁判所及び法律の定めるところにより設置する下級裁判所に属する。
② 特別裁判所は、これを設置することができない。行政機関は、終審として裁判を行ふことができない。
③ すべて裁判官は、その良心に従ひ独立してその職権を行ひ、この憲法及び法律にのみ拘束される。

第七十七条　最高裁判所は、訴訟に関する手続、弁護士、裁判所の内部規律及び司法事務処理に関する事項について、規則を定める権限を有する。
② 検察官は、最高裁判所の定める規則に従はなければならない。
③ 最高裁判所は、下級裁判所に関する規則を定める権限を、下級裁判所に委任することができる。

第七十八条　裁判官は、裁判により、心身の故障のために職務を執ることができないと決定された場合を除いては、公の弾劾によらなければ罷免されない。裁判官の懲戒処分は、行政機関がこれを行ふことはできない。

第七十九条　最高裁判所は、その長たる裁判官及び法律の定める員数のその他の裁判官でこれを構成し、その長たる裁判官以外の裁判官は、内閣でこれを任命する。
② 最高裁判所の裁判官の任命は、その任命後初めて行はれる衆議院議員総選挙の際国民の審査に付し、その後十年を経過した後初めて行はれる衆議院議員総選挙の際更に審査に付し、その後も同様とする。
③ 前項の場合において、投票者の多数が裁判官の罷免を可と

第十五条　公務員を選定し、及びこれを罷免することは、国民固有の権利である。
②　すべて公務員は、全体の奉仕者であつて、一部の奉仕者ではない。
③　公務員の選挙については、成年者による普通選挙を保障する。
④　すべて選挙における投票の秘密は、これを侵してはならない。選挙人は、その選択に関し公的にも私的にも責任を問はれない。
第十六条　何人も、損害の救済、公務員の罷免、法律、命令又は規則の制定、廃止又は改正その他の事項に関し、平穏に請願する権利を有し、何人も、かかる請願をしたためにいかなる差別待遇も受けない。
第十七条　何人も、公務員の不法行為により、損害を受けたときは、法律の定めるところにより、国又は公共団体に、その賠償を求めることができる。
第十八条　何人も、いかなる奴隷的拘束も受けない。又、犯罪に因る処罰の場合を除いては、その意に反する苦役に服させられない。
第十九条　思想及び良心の自由は、これを侵してはならない。
第二十条　信教の自由は、何人に対してもこれを保障する。いかなる宗教団体も、国から特権を受け、又は政治上の権力を行使してはならない。
②　何人も、宗教上の行為、祝典、儀式又は行事に参加することを強制されない。
③　国及びその機関は、宗教教育その他いかなる宗教的活動もしてはならない。
第二十一条　集会、結社及び言論、出版その他一切の表現の自由は、これを保障する。
②　検閲は、これをしてはならない。通信の秘密は、これを侵してはならない。
第二十二条　何人も、公共の福祉に反しない限り、居住、移転及び職業選択の自由を有する。
②　何人も、外国に移住し、又は国籍を離脱する自由を侵されない。
第二十三条　学問の自由は、これを保障する。
第二十四条　婚姻は、両性の合意のみに基いて成立し、夫婦が同等の権利を有することを基本として、相互の協力により、維持されなければならない。
②　配偶者の選択、財産権、相続、住居の選定、離婚並びに婚姻及び家族に関するその他の事項に関しては、法律は、個人の尊厳と両性の本質的平等に立脚して、制定されなければならない。
第二十五条　すべて国民は、健康で文化的な最低限度の生活を営む権利を有する。

②　国は、すべての生活部面について、社会福祉、社会保障及び公衆衛生の向上及び増進に努めなければならない。
第二十六条　すべて国民は、法律の定めるところにより、その能力に応じて、ひとしく教育を受ける権利を有する。
②　すべて国民は、法律の定めるところにより、その保護する子女に普通教育を受けさせる義務を負ふ。義務教育は、これを無償とする。
第二十七条　すべて国民は、勤労の権利を有し、義務を負ふ。
②　賃金、就業時間、休息その他の勤労条件に関する基準は、法律でこれを定める。
③　児童は、これを酷使してはならない。
第二十八条　勤労者の団結する権利及び団体交渉その他の団体行動をする権利は、これを保障する。
第二十九条　財産権は、これを侵してはならない。
②　財産権の内容は、公共の福祉に適合するやうに、法律でこれを定める。
③　私有財産は、正当な補償の下に、これを公共のために用ひることができる。
第三十条　国民は、法律の定めるところにより、納税の義務を負ふ。
第三十一条　何人も、法律の定める手続によらなければ、その生命若しくは自由を奪はれ、又はその他の刑罰を科せられない。
第三十二条　何人も、裁判所において裁判を受ける権利を奪はれない。
第三十三条　何人も、現行犯として逮捕される場合を除いては、権限を有する司法官憲が発し、且つ理由となつてゐる犯罪を明示する令状によらなければ、逮捕されない。
第三十四条　何人も、理由を直ちに告げられ、且つ、直ちに弁護人に依頼する権利を与へられなければ、抑留又は拘禁されない。又、何人も、正当な理由がなければ、拘禁されず、要求があれば、その理由は、直ちに本人及びその弁護人の出席する公開の法廷で示されなければならない。
第三十五条　何人も、その住居、書類及び所持品について、侵入、捜索及び押収を受けることのない権利は、第三十三条の場合を除いては、正当な理由に基いて発せられ、且つ捜索する場所及び押収する物を明示する令状がなければ、侵されない。
②　捜索又は押収は、権限を有する司法官憲が発する各別の令状により、これを行ふ。
第三十六条　公務員による拷問及び残虐な刑罰は、絶対にこれを禁ずる。
第三十七条　すべて刑事事件においては、被告人は、公平な裁判所の迅速な公開裁判を受ける権利を有する。
②　刑事被告人は、すべての証人に対して審問する機会を充分に与へられ、又、公費で自己のために強制的手続により証

人を求める権利を有する。
③　刑事被告人は、いかなる場合にも、資格を有する弁護人を依頼することができる。被告人が自らこれを依頼することができないときは、国でこれを附する。
第三十八条　何人も、自己に不利益な供述を強要されない。
②　強制、拷問若しくは脅迫による自白又は不当に長く抑留若しくは拘禁された後の自白は、これを証拠とすることができない。
③　何人も、自己に不利益な唯一の証拠が本人の自白である場合には、有罪とされ、又は刑罰を科せられない。
第三十九条　何人も、実行の時に適法であつた行為又は既に無罪とされた行為については、刑事上の責任を問はれない。又、同一の犯罪について、重ねて刑事上の責任を問はれない。
第四十条　何人も、抑留又は拘禁された後、無罪の裁判を受けたときは、法律の定めるところにより、国にその補償を求めることができる。

第四章　国会
第四十一条　国会は、国権の最高機関であつて、国の唯一の立法機関である。
第四十二条　国会は、衆議院及び参議院の両議院でこれを構成する。
第四十三条　両議院は、全国民を代表する選挙された議員でこれを組織する。
②　両議院の議員の定数は、法律でこれを定める。
第四十四条　両議院の議員及びその選挙人の資格は、法律でこれを定める。但し、人種、信条、性別、社会的身分、門地、教育、財産又は収入によつて差別してはならない。
第四十五条　衆議院議員の任期は、四年とする。但し、衆議院解散の場合には、その期間満了前に終了する。
第四十六条　参議院議員の任期は、六年とし、三年ごとに議員の半数を改選する。
第四十七条　選挙区、投票の方法その他両議院の議員の選挙に関する事項は、法律でこれを定める。
第四十八条　何人も、同時に両議院の議員たることはできない。
第四十九条　両議院の議員は、法律の定めるところにより、国庫から相当額の歳費を受ける。
第五十条　両議院の議員は、法律の定める場合を除いては、国会の会期中逮捕されず、会期前に逮捕された議員は、その議院の要求があれば、会期中これを釈放しなければならない。
第五十一条　両議院の議員は、議院で行つた演説、討論又は表決について、院外で責任を問はれない。
第五十二条　国会の常会は、毎年一回これを召集する。
第五十三条　内閣は、国会の臨時会の召集を決定することができる。いづれかの議院の総議員の四分の一以上の要求が

# 日本国憲法

（昭和二十一年十一月三日公布／昭和二十二年五月三日施行）

## 目次

朕は、日本国民の総意に基いて、新日本建設の礎が、定まるに至つたことを、深くよろこび、枢密顧問の諮詢及び帝国憲法第七十三条による帝国議会の議決を経た帝国憲法の改正を裁可し、ここにこれを公布せしめる。

御名御璽

昭和二十一年十一月三日

内閣総理大臣兼
外務大臣　　　　　　吉田　茂
国務大臣　男爵　　　幣原喜重郎
司法大臣　　　　　　木村篤太郎
内務大臣　　　　　　大村　清一
文部大臣　　　　　　田中耕太郎
農林大臣　　　　　　和田　博雄
国務大臣　　　　　　斎藤　隆夫
逓信大臣　　　　　　一松　定吉
商工大臣　　　　　　星島　二郎
厚生大臣　　　　　　河合　良成
国務大臣　　　　　　植原悦二郎
運輸大臣　　　　　　平塚常次郎
大蔵大臣　　　　　　石橋　湛山
国務大臣　　　　　　金森徳次郎
国務大臣　　　　　　膳　桂之助

---

日本国民は、正当に選挙された国会における代表者を通じて行動し、われらとわれらの子孫のために、諸国民との協和による成果と、わが国全土にわたつて自由のもたらす恵沢を確保し、政府の行為によつて再び戦争の惨禍が起ることのないやうにすることを決意し、ここに主権が国民に存することを宣言し、この憲法を確定する。そもそも国政は、国民の厳粛な信託によるものであつて、その権威は国民に由来し、その権力は国民の代表者がこれを行使し、その福利は国民がこれを享受する。これは人類普遍の原理であり、この憲法は、かかる原理に基くものである。われらは、これに反する一切の憲法、法令及び詔勅を排除する。

日本国民は、恒久の平和を念願し、人間相互の関係を支配する崇高な理想を深く自覚するのであつて、平和を愛する諸国民の公正と信義に信頼して、われらの安全と生存を保持しようと決意した。われらは、平和を維持し、専制と隷従、圧迫と偏狭を地上から永遠に除去しようと努めてゐる国際社会において、名誉ある地位を占めたいと思ふ。われらは、全世界の国民が、ひとしく恐怖と欠乏から免かれ、平和のうちに生存する権利を有することを確認する。

われらは、いづれの国家も、自国のことのみに専念して他国を無視してはならないのであつて、政治道徳の法則は、普遍的なものであり、この法則に従ふことは、自国の主権を維持し、他国と対等関係に立たうとする各国の責務であると信ずる。

日本国民は、国家の名誉にかけ、全力をあげてこの崇高な理想と目的を達成することを誓ふ。

## 第一章　天皇

**第一条**　天皇は、日本国の象徴であり日本国民統合の象徴であつて、この地位は、主権の存する日本国民の総意に基く。

**第二条**　皇位は、世襲のものであつて、国会の議決した皇室典範の定めるところにより、これを継承する。

**第三条**　天皇の国事に関するすべての行為には、内閣の助言と承認を必要とし、内閣が、その責任を負ふ。

**第四条**　天皇は、この憲法の定める国事に関する行為のみを行ひ、国政に関する権能を有しない。

② 天皇は、法律の定めるところにより、その国事に関する行為を委任することができる。

**第五条**　皇室典範の定めるところにより摂政を置くときは、摂政は、天皇の名でその国事に関する行為を行ふ。この場合には、前条第一項の規定を準用する。

**第六条**　天皇は、国会の指名に基いて、内閣総理大臣を任命する。

② 天皇は、内閣の指名に基いて、最高裁判所の長たる裁判官を任命する。

**第七条**　天皇は、内閣の助言と承認により、国民のために、左の国事に関する行為を行ふ。

一　憲法改正、法律、政令及び条約を公布すること。

二　国会を召集すること。

三　衆議院を解散すること。

四　国会議員の総選挙の施行を公示すること。

五　国務大臣及び法律の定めるその他の官吏の任免並びに全権委任状及び大使及び公使の信任状を認証すること。

六　大赦、特赦、減刑、刑の執行の免除及び復権を認証すること。

七　栄典を授与すること。

八　批准書及び法律の定めるその他の外交文書を認証すること。

九　外国の大使及び公使を接受すること。

十　儀式を行ふこと。

**第八条**　皇室に財産を譲り渡し、又は皇室が、財産を譲り受け、若しくは賜与することは、国会の議決に基かなければならない。

## 第二章　戦争の放棄

**第九条**　日本国民は、正義と秩序を基調とする国際平和を誠実に希求し、国権の発動たる戦争と、武力による威嚇又は武力の行使は、国際紛争を解決する手段としては、永久にこれを放棄する。

② 前項の目的を達するため、陸海空軍その他の戦力は、これを保持しない。国の交戦権は、これを認めない。

## 第三章　国民の権利及び義務

**第十条**　日本国民たる要件は、法律でこれを定める。

**第十一条**　国民は、すべての基本的人権の享有を妨げられない。この憲法が国民に保障する基本的人権は、侵すことのできない永久の権利として、現在及び将来の国民に与へられる。

**第十二条**　この憲法が国民に保障する自由及び権利は、国民の不断の努力によつて、これを保持しなければならない。又、国民は、これを濫用してはならないのであつて、常に公共の福祉のためにこれを利用する責任を負ふ。

**第十三条**　すべて国民は、個人として尊重される。生命、自由及び幸福追求に対する国民の権利については、公共の福祉に反しない限り、立法その他の国政の上で、最大の尊重を必要とする。

**第十四条**　すべて国民は、法の下に平等であつて、人種、信条、性別、社会的身分又は門地により、政治的、経済的又は社会的関係において、差別されない。

② 華族その他の貴族の制度は、これを認めない。

③ 栄誉、勲章その他の栄典の授与は、いかなる特権も伴はない。栄典の授与は、現にこれを有し、又は将来これを受け

編者・執筆者紹介

【編者】

**斎藤一久**（さいとう・かずひさ）　1・27担当
[現在] 明治大学法学部教授
[略歴] 1972年生まれ。早稲田大学大学院法学研究科博士後期課程単位取得退学。主要著作として、『憲法パトリオティズムと現代の教育』（日本評論社・2022年）。

**堀口悟郎**（ほりぐち・ごろう）　14・17担当
[現在] 岡山大学学術研究院社会文化科学学域（法学系）准教授
[略歴] 1987年生まれ。慶應義塾大学大学院法務研究科修了。主要業績として、「教師の良心―憲法学と教育法学の距離」毛利透編『講座 立憲主義と憲法学 第3巻 人権II』（信山社、2022年）37-75頁。

【執筆者】※執筆順

**棟形康平**（むなかた・こうへい）　Appendix 1担当
[現在] 大阪教育大学多文化教育系特任講師
[略歴] 1992年生まれ。九州大学大学院法学府修士課程修了。主要著作として、「フランスにおける暴力行為の理論の展開」憲法理論研究会編『市民社会の現在と憲法』（敬文堂・2021年）169-181頁。

**大野悠介**（おおの・ゆうすけ）　2・11担当
[現在] 下関市立大学経済学部准教授
[略歴] 1989年生まれ。慶應義塾大学大学院法学研究科後期博士課程単位取得退学。博士（法学）。主要業績として、「グローバル化市場における人権保護」横大道聡ほか編『グローバル化のなかで考える憲法』（弘文堂、2021年）。

**髙橋基樹**（たかはし・もとき）　3・6担当
[現在] 元松蔭大学経営文化学部・経営法学科准教授
[略歴] 1982年生まれ。成城大学大学院法学研究科法律学専攻博士課程後期修了。博士（法学）。主要業績として、「フランスにおける単一公用語主義の憲法原理と地域言語の憲法的保障の研究（1）（2・完）」成城法学82号（2013年）25-106頁、83号（2014年）49-138頁。

**久保田祐介**（くぼた・ゆうすけ）　4・18担当
[現在] 専修大学法学部准教授
[略歴] 1988年生まれ。一橋大学大学院法学研究科博士後期課程修了。主要業績として、「連邦論序説のゆくえ―オリヴィエ・ボーとJus Politiciumを手がかりに（1）（2・完）」専修法学論集137号（2019年）103-152頁、138号（2020年）229-262頁。

**山本真敬**（やまもと・まさひろ）　5・9担当
[現在] 新潟大学法学部准教授
[略歴] 1985年生まれ。早稲田大学大学院法学研究科博士後期課程修了。博士（法学）。主要著作として、『立法裁量と過程の統制』（尚学社・2022年）。

**城野一憲**（しろの・かずのり）　7・8担当
[現在] 福岡大学法学部准教授
[略歴] 1984年生まれ。早稲田大学大学院法学研究科博士後期課程単位取得退学。主要著作として、「『暴力的ゲーム』の規制と表現の自由―有害表現規制におけるカテゴリー審査と利益衡量」田島泰彦編『表現の自由とメディア』（日本評論社・2013年）所収。

**石塚壮太郎**（いしづか・そうたろう）　10・30担当
[現在] 日本大学法学部准教授
[略歴] 1987年生まれ。慶應義塾大学大学院法学研究科後期博士課程単位取得退学。博士（法学）。主要著作として、「国家目標と国家目標規定」山本龍彦・横大道聡編『憲法学の現在地』（日本評論社・2020年）17-31頁。

**平良小百合**（たいら・さゆり）　12・16担当
[現在] 一橋大学大学院法学研究科准教授
[略歴] 1985年生まれ。九州大学大学院法学府公法・社会法学専攻博士後期課程単位取得退学。博士（法学）。主要著作として、『財産権の憲法的保障』（尚学社・2017年）。

**奥　忠憲**（おく・ただのり）　13・15担当
[現在] 駒澤大学大学院法学研究科・法学部専任講師
[略歴] 1989年生まれ。京都大学大学院法学研究科法政理論専攻博士後期課程修了。博士（法学）。主要業績として、「フランス公務員参加法における基本原理―官公吏関係法令規律原理と労働者参加原理（1）（2）（3・完）」法学論叢183巻3号（2018年）27-55頁、184巻1号（2018年）54-80頁、184巻6号（2019年）28-53頁。

**河嶋春菜**（かわしま・はるな）　Appendix 2担当
[現在] 東北福祉大学総合福祉学部准教授
[略歴] 1988年生まれ。エクス＝マルセイユ大学大学院法学研究科博士前期課程修了。修士（公法学）。主要著作として、「フランス―新たな法律上の『緊急事態』の創設」大林啓吾編『コロナの憲法学』（弘文堂・2021年）112-124頁。

**徳永貴志**（とくなが・たかし）　19・20担当
[現在] 和光大学経済経営学部・経済学科教授
[略歴] 1975年生まれ。一橋大学大学院法学研究科博士後期課程満期退学。主要著作として、「フランス議会上院における法案審議の合理化と政府統制機能の強化」岡田信弘編『議会審議の国際比較―【議会と時間】の諸相』（北海道大学出版会・2020年）99-121頁。

**三上佳佑**（みかみ・けいすけ）　21・22担当
[現在] 鹿児島大学法文教育学域法文学系助教
[略歴] 1989年生まれ。早稲田大学大学院法学研究科博士後期課程修了。博士（法学）。主要業績として、「フランス第二帝政下の憲法構造―執行権責任の内部構造に対する分析を中心として」南山法学42巻3・4合併号（2019年）31-72頁。

**橋爪英輔**（はしづめ・えいすけ）　23・24担当
[現在] 常磐大学総合政策学部・法律行政学科助教
[略歴] 1989年生まれ。慶應義塾大学大学院法学研究科後期博士課程単位取得満期退学。主要業績として、「フランス政治司法の例外裁判所的側面の一考察―例外状況の理論および裁判の前の平等の観点から」法学政治学論究115号（2017年）1-37頁。

**岩垣真人**（いわがき・まさと）　25・26担当
[現在] 沖縄大学経法商学部准教授
[略歴] 1986年生まれ。一橋大学大学院法学研究科博士後期課程満期退学。主要業績として、「アメリカ支配下での沖縄の統治構造と法制度」法経学部紀要28号（2018年）1-23頁。

**小川有希子**（おがわ・ゆきこ）　28・29担当
[現在] 帝京大学法学部助教
[略歴] 慶應義塾大学大学院法学研究科修士課程修了、パリ政治学院客員研究員（2015〜2016年）。主要業績として、「フランスにおける事前配慮原則の憲法的位置づけとその内容についての一考察―2008年憲法院判決を手がかりにして」法学政治学論究110号（2016年）33-65頁。

**前硲大志**（まえさこ・ひろし）　Appendix 3担当
[現在] 山口大学経済学部准教授
[略歴] 1986年生まれ。大阪大学大学院法学研究科博士後期課程単位取得退学。博士（法学）。主要業績として、「議会審議非公開の憲法原理的省察（1）（2・完）―ドイツ連邦議会の委員会審議を例として」阪大法学67巻5号（2018年）919-943頁、6号（2018年）1265-1284頁。

**図録 日本国憲法〔第2版〕**

2018（平成30）年 12 月 15 日　初　版 1 刷発行
2021（令和 3 ）年 12 月 23 日　第 2 版 1 刷発行
2024（令和 6 ）年 2 月 29 日　　同　 7 刷発行

編　者　斎藤一久・堀口悟郎

発行者　鯉渕　友南

発行所　株式会社　弘文堂　　101-0062　東京都千代田区神田駿河台 1 の 7
　　　　　　　　　　　　　　TEL 03(3294)4801　　振替 00120-6-53909
　　　　　　　　　　　　　　https://www.koubundou.co.jp

デザイン・イラスト　宇佐美純子
印　刷　三陽社
製　本　井上製本所

ISBN978-4-335-35896-8